성 김대건 안드레아 신부의 활동과 업적

성 김대건 안드레아 신부님 탄생 200주년 희년 기념 자료집 제2집
성 김대건 안드레아 신부의 활동과 업적

펴낸 날	1996년 9월 15일 초 판 1쇄 발행
	2021년 7월 22일 개정판 1쇄 발행
엮은 이	한국교회사연구소
펴낸 이	정순택
펴낸 곳	한국교회사연구소
	서울시 중구 삼일대로 330 평화빌딩
	대표전화 02-756-1691
	팩시밀리 02-2269-2692
	홈페이지 www.history.re.kr
인쇄·제본	분도인쇄소
등록번호	1981년 11월 16일 제10-132호
교회인가	2021년 7월 15일
ISBN	979-11-85700-32-8 (94230)
	979-11-85700-27-4 (세트)
정가	20,000원

ⓒ한국교회사연구소, 2021

성 김대건 안드레아 신부님 탄생 200주년 희년 기념 자료집 **제2집**

성 김대건 안드레아 신부의
활동과 업적

한국교회사연구소

절두산 순교성지 김대건 신부상

김대건 신부 활동도

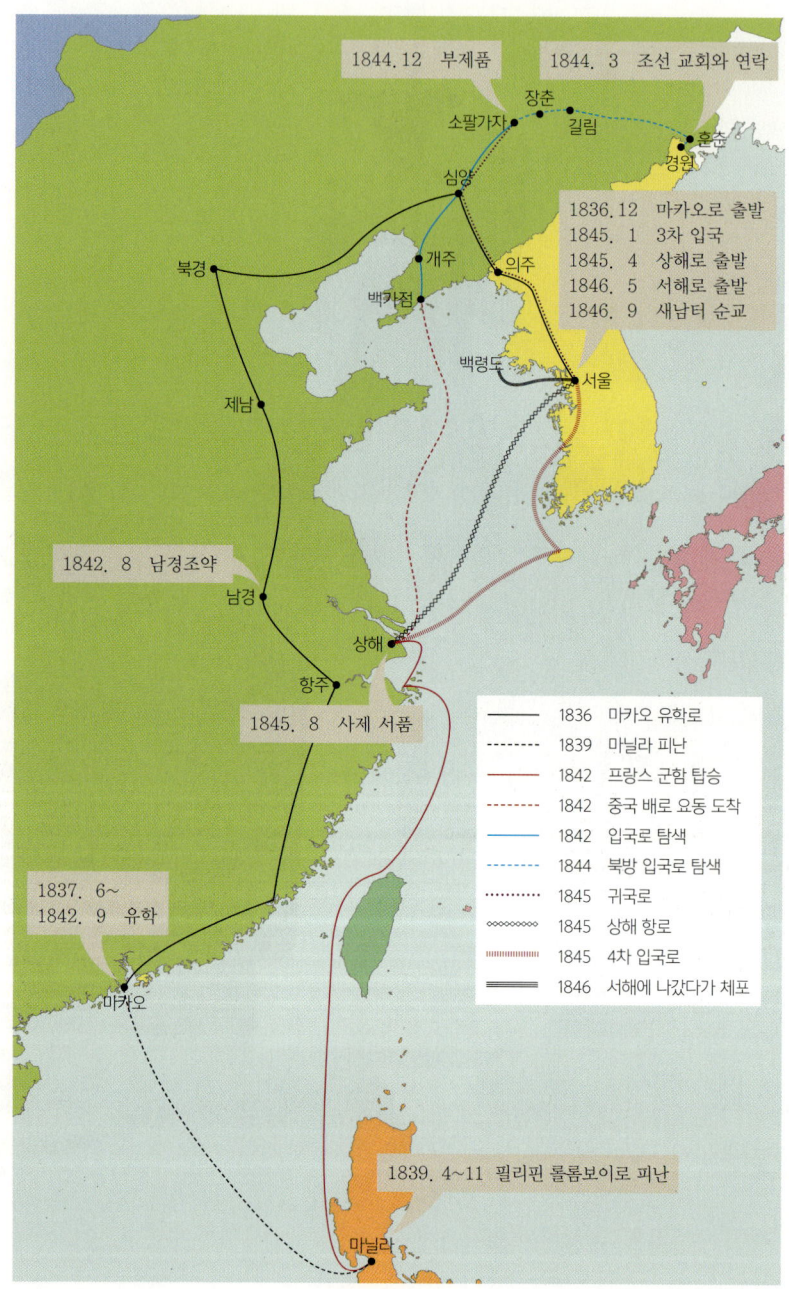

김대건 신부 국내 활동도

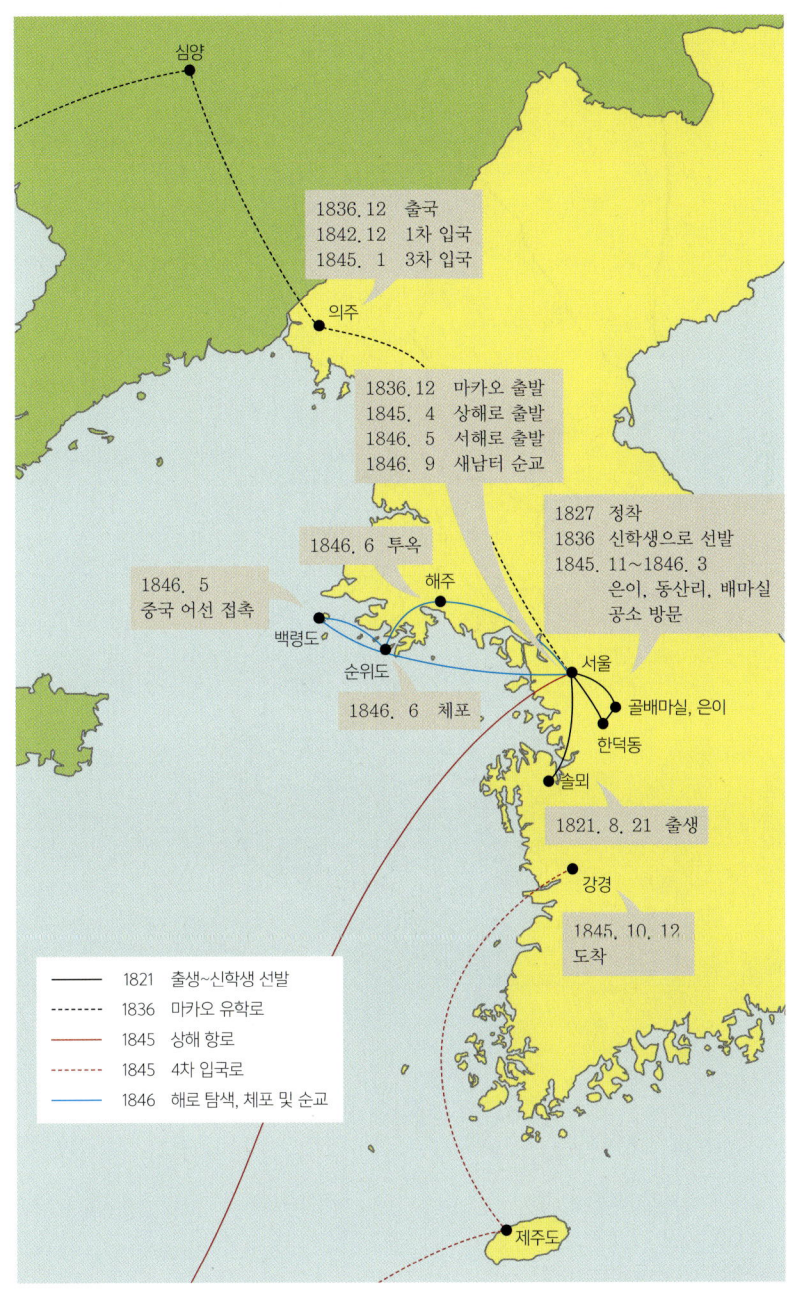

김대건 신부가 직접 그린 「조선 전도(朝鮮全圖)」 원본

자료 제공 : 프랑스국립도서관 소장본

개정판 간행사

성 김대건 안드레아 신부를 다시 생각하며

한국교회사연구소는 1996년 "성 김대건 신부 순교 150주년"을 기념하면서 세 권의 '전기 자료집'을 간행했습니다. 제1집은 『성 김대건 안드레아 신부의 서한』이고, 제2집은 『성 김대건 신부의 활동과 업적』, 그리고 제3집은 『성 김대건 신부의 체포와 순교』였습니다. 25년이 흐른 지금 "성 김대건 안드레아 신부님 탄생 200주년 희년(禧年)"을 기념하면서 그동안의 연구 성과를 반영한 개정판을 차례대로 간행하고자 합니다. 연초에 가장 먼저 제1집 『성 김대건 안드레아 신부의 서한』 개정판을 출간하였습니다.

올해 희년을 맞이하여 많은 분들이 서한 개정판을 찾아주셨고, 지금도 발췌와 필사를 하면서 김대건 신부님의 용덕과 신덕의 영성을 본받는 신자들이 많아졌습니다. 이번 제2집에서도 제1집에서 새롭게 판독하고 주석을 수정한 것처럼, 이전의 사본 가운데 잘 판독되지 않는 몇몇 자료를 새로 입수하여, 최대한 오류를 줄이고 새로운 연구 결과에 따라 주석도 많이 보완하였습니다. 단순한 표기 오류와 고유명사 등을 바로잡았고, 번역의 오류도 몇 문장 수정하였습니다. 제2집에서는 김대건 신부님 주변의 선교사들 서한을 부분적으로 발췌하였기 때문에, 한국어-프랑스어 및 라틴어 대역 형태로 편집하였습니다. 제목은 "성 김대건 신부의 활동과 업적"이라고 했지만, 실제로는 "김대건의 생애와 관련된 선교사들의 기록"이라고 하는 것이 더 옳을 것입니다.

이번 제2집의 개정판을 준비하면서 다시 한번 선배 연구자들의 노고에 감사하지 않을 수 없었습니다. 이렇게 개정판을 더 잘 낼 수 있었던 것은 초판에서 판독 및 번역·주석 등의 어려운 작업을 미리 해 놓으셨기 때문입니다. 그럼에도 이번 개정판 작업에서도 한국교회사연구소의 모든 직원이 자료 입수에서부터 주석 작업까지 서로 협력하여 완성했음을 또한 기억하고 싶습니다.

무엇보다 김대건 신부님의 희년을 맞아 개정판을 낼 수 있게 되어 기쁩니다. 제2집의 개정판을 위해 도움을 주시고 지켜봐 주신 여러분께 감사드립니다. 평소 순교자 현양에 관심이 많으시고 틈틈이 교회사 연구자들을 격려해 주시는 서울대교구장이신 염수정 추기경님께서는 서한집 개정판의 축사를 써 주셨습니다. 그리고 계속해서 더 좋은 자료집을 간행하라고 독려해 주셨습니다. 다시 한번 희년을 지내면서 많은 신부님들과 수녀님들 그리고 교우 여러분들의 기도와 도움에 감사드리며, 제2집 『성 김대건 신부의 활동과 업적』 개정판을 통해 좀 더 새로운 연구들이 많이 나오기를 기대합니다.

한국교회사연구소 소장
조한건 프란치스코 신부

개정판 축사

'성 김대건 안드레아 신부님 탄생 200주년'을 기념하며

+ 주님의 평화와 은총을 빕니다.

2021년은 한국의 첫 사제이며 성직자들의 수호성인이신 성 김대건 안드레아(1821~1846년) 신부님이 탄생하신 지 200주년이 되는 뜻깊은 해입니다. 한국 천주교회는 이를 기념하기 위하여 '성 김대건 안드레아 신부님 탄생 200주년 희년'(2020년 11월 29일~2021년 11월 27일)을 선포하였습니다.

프란치스코 교황님께서는 이 소식에 매우 기뻐하시며 이번 희년을 통하여 한국 교회의 영신 생활과 사명을 위한 풍성한 영적 열매가 맺어지기를 희망하셨습니다.

또한 2021년은 김대건 신부님과 같은 나이로 우리나라 두 번째 사제이신 최양업 토마스(1821~1861년) 신부님의 탄생 200주년이기도 합니다. 우리는 김대건 신부님은 '피의 증거자', 최양업 신부님은 '땀의 증거자'라고 기억합니다.

김대건 신부님은 지상에서 25년의 짧은 생을 사셨지만 죽음의 두려움을 떨쳐 버리시고 하느님을 향한 놀라운 신앙을 고백하셨으며, 형제적 애덕과 희생 그리고 사랑의 삶으로 예수 그리스도를 증언함으로써 영광된 순교의 월계관을 받으셨습니다. 최양업 신부님은 당시 조선팔도 가운데 남부 5개 도에 흩어져 있는 127개 교우촌 18,000명의 교우들을 위해 11년 6개월 동안 연중 7천 리 길을 걸으며 보살피시다가 마흔의 나이에 병사하신 진정한 목자이십니다. 이에 한국 교회는 2021년 한 해 동안 성 김대건 신부님의 탄생 200주년을 기뻐하는 동시에 가경자 최양업 신부님의 시복을 위해서도 열성을 다해 기도하는 한 해로 선포하였습니다.

전 세계는 지금 코로나19 팬데믹으로 교회는 물론 인류 전체가 크나큰 고통을 겪고 있습니다. 이런 때일수록 우리는 성 김대건 안드레아 신부님과 가경자 최양업 토마스 신부님의 모범을 본받아 실천으로 위기를 극복하고, 영적 쇄신을 통해 새로운 교회 공동체로 거듭나야 합니다. 김대건 신부님을 비롯한 우리 신앙 선조들은 하느님을 아버지로 모시며 모든 이를 형제자매로 받아들이셨고, 차별이 엄격하던 신분 사회에서 인간의 존엄을 지키고 평등과 박애, 이웃 사랑을 실천함으로써 하느님 나라를 보여주셨습니다.

김대건 신부님이 '2021년 유네스코 세계 기념 인물'로 선정된 이유도 '성 김대건 안드레아 신부'로 대표되는 한국 순교 성인들의 신앙이 이 시대에 절실한 인간 존엄성의 회복과 이웃 사랑의 실천을 의미하는 것이기 때문일 것입니다.

올해 희년의 주제는 "당신이 천주교인이오?"입니다. 이는 김대건 신부님께서 옥중 취조 때 받으셨던 물음으로, 김대건 신부님은 "그렇소. 나는 천주교인이오."라고 조금의 주저함도 없이 대답하셨습니다. 이 응답은 모든 그리스도인의 신앙 고백이기도 합니다. 김대건 신부님의 서한에는 이처럼 용감하게 신앙을 증거하고, 사제로서, 선교사로서 불꽃처럼 살다가 하느님의 부르심을 받으신 그분의 정신과 숨결이 생생하게 살아 있습니다. 옥중 서한에는 신앙으로 조국을 구하려는 용덕(勇德)이 잘 나타나 있으며, 마지막 서한에는 신자들에게 보내는 사랑의 마음이 잘 담겨져 있습니다.

한국교회사연구소가 이번 '성 김대건 안드레아 신부님 탄생 200주년 희년'을 기념하여 개정 출간하기로 한 데 대하여 무한한 격려와 감사를 드립니다. 김대건 신부님 서한의 개정 출간은 한국 교회의 모든 성직자·수도자들과 신자들의 영적 쇄신을 위해 꼭 필요한 일이었습니다.

서한집 간행에 노고를 아끼지 않으신 한국교회사연구소 조한건(프란치스코) 신부님과 직원 모두에게 주님 은총이 함께하기를 기도합니다.

성 김대건 안드레아와 한국의 모든 순교자들이여,
저희를 위하여 빌어 주소서.

천주교 서울대교구장
염수정 안드레아 추기경

초판 간행사

현양 운동에 촉진제가 되었으면

성 김대건 안드레아 사제의 순교 150주년을 기념하기 위하여 우리는 무엇보다도 이 성인의 '전기 자료집'을 편찬·간행하기로 하였다. 이는 150주년을 맞이하기까지 아직 그분의 생애와 활동과 순교에 관한 역사적인 기록을 총체적으로 정리하지 못하고 있다고 판단한 때문이다.

물론 그간 서한집이나 전기 등의 간행이 전혀 없었던 것은 아니다. 그러나 거기에는 미비한 점들이 적지 않았고, 더군다나 마카오 대표부의 자료처럼 중요한 자료들이 누락되어 있었다. 그러므로 너무 늦은 감이 없지 않으나, 그간 발표된 또는 미발표된 자료들이 종합적으로 시급히 정리되어야 하고, 이를 위해서는 순교 150주년이 더없이 좋은 기회로 생각되었다. 이 작업은 일반 신자들을 위해서도 절대로 필요하다. 왜냐하면 신자들의 순교 신심이나 현양도 신심 자료에 의해 뒷받침되지 않는 한 지탱되고 지속되기 어려울 것이기 때문이다.

이 자료집은 세 책으로 간행된다. 첫째 권은 김대건 신부의 서한집이고, 둘째 권은 그의 활동과 업적, 그리고 셋째 권은 그의 문초 기록과 시복 시성에 관한 자료들로 구성된다.

이 자료들의 소장처로 말하면, 구문(歐文) 자료들은 거의 모두가 파리 외방 전교회의 고문서고에 보관되어 있다. 그중 1,261권이 바로 김대건 신부의 서한집이다. 이 귀중한 서한집은 지난 1984년 한국 천주교회 창설 200주년 때 한국 교회에 기증되었다. 이래 잠시 한국천주교중앙협의회에서 보관하여 오다가 지금은 절두산 순교 기념관에서 보관하고 있다. 이 서한집에는 원본도 있고 사본도 있을 것으로 생각된다. 왜냐하면 1845년 마카오 대표부에서 원본 3통을 파리의 전교회 본부로 보냈다는 기록이 있고, 또 그중 한 통이 현재 파리 본부의 순교자 기념관에 전시되어 있기 때문이다.

마카오 대표부 자료는 파리 본부의 303, 304, 308, 322~324권에 수록되어 있다. 이 중에서 김대건 신부와 가장 관련이 깊은 페레올 주교, 모방 신부와 메스트르 신부의 서한들은 577권, 579권, 1,260권에 수록되어 있다. 그리고 HB 5권의 시복 자료들은 예부성성 자료의 복사본들이고, 한국에서의 재판 기록은 본 연구소에 소장되어 있다. 문초 자료는 관변 측 기록에서 추린 것이다.

이 자리를 빌려 귀중한 자료들을 우리에게 기증하여 주었을 뿐만 아니라 편집 도중에도 청하는 자료를 수시로 보내 보완할 수 있게 해준 파리 외방전교회에 깊이 감사한다.

이 자료집이 나오기까지 편찬에 협조를 아끼지 않으신 정진석 주교님을 위시해서 배세영(M. Pélisse) 신부님과 최승룡 신부님에게 진심으로 감사한다. 그리고 제작비 지원에 기꺼이 참여해 주신 전국의 성직자들에게 감사의 말을 전하며, 그 밖에 직접 간접으로 도움을 주신 모든 분들에게도 감사한다.

아울러 축사를 보내 주신 김수환 추기경님에게 특별한 감사를 드린다. 그리고 변우찬 신부님을 비롯해서 그간 교정과 편집을 하느라 수고를 많이 해준 연구소의 모든 이들에게 고마움을 표한다. 끝으로 이 자료집이 널리 읽히고 이용되어 연구자들에게는 새로운 자극제가 되고, 신자들에게는 순교 신심과 현양 운동에 새로운 촉진제가 되었으면 하는 마음 간절하다.

최석우

한국교회사연구소 초대 소장
최석우 안드레아 신부

초판 축사

관심과 정성이 어우러진 자료집

올해는 한국의 첫 사제이며, 성직자들의 수호성인이신 성 김대건(안드레아) 신부가 순교하신 지 150주년이 되는 해입니다. 이런 뜻깊은 해에 여러 신부님들의 관심과 정성이 어우러져 김대건 신부님에 관한 모든 자료들이 모아지고, 이것이 세 권의 자료집으로 묶여지게 된 것에 대해 축하를 드립니다.

성 김대건 신부님은 한국 교회의 입장에서 첫 번째 사제이며 순교자라는 특별한 위치를 지닌 분입니다. 동시에 조선인으로서는 가장 먼저 동료인 최양업 신부님과 함께 국제 도시 마카오에서 신학은 물론, 서양의 언어와 학문을 배운 분이었습니다. 또한 만주 벌판을 여행한 뒤 '민족 문화를 갖지 않은 만주인들의 말은 백 년 뒤에 사라져 갈 것'이라고 한 것처럼 역사적이고 학문적인 안목을 지닌 분이기도 했습니다.

이제 우리는 이 자료집들을 통해 성 김대건 신부님이 겪은 고난과 애환은 물론 조선 교회와 교우들을 사랑하는 마음, 언제나 하느님의 가르침에 충실하던 신앙심 등에 대해 아주 자세히 알 수 있게 되었습니다.

그분이 하느님의 자비와 성모님의 도우심을 굳게 믿으며 조선 입국로를 탐색하는 동안, 추위와 굶주림을 이겨내는 모습은 가슴이 뭉클해지는 감동으로 전해 옵니다. 또 부친은 참수당하고 모친은 의탁할 곳 없는 비참한 몸으로 떠돌아다닌다는 소식을 들은 후에도, 오직 목자 없는 양 떼와 같은 조선 교회를 생각하면서 교우들을 만나기 위해 수백 리, 수천 리를 여행하던 모습은 "내 어머니와 내 형제들은 하느님의 말씀을 듣고 행하는 이런 사람들입니다"(루카 8,21)라고 하면서 하느님의 말씀을 전하신 예수 그리스도의 모범과도 같은 것이었습니다.

그리던 조선으로 처음 귀국할 때에는 또 어떤 모습이었습니까? 발소리마저 없애려고 엄동설한의 눈길을 맨발로 걷기까지 하였습니다. 한양에 도착해서는 병에 걸려 허약한 몸인데도 불구하고 장차 신부님들을 영접할 수 있도록 준비하였고, 순교자들에 관한 자료도 정리하였습니다. 또 상해로 건너가 사제로 서품된 후, 페레올 주교와 다블뤼 신부를 모시고 두 번째로 귀국할 때의 모습은 지혜와 용기 있는 사람만이 가질 수 있는 그런 것이었습니다.

동시에 김대건 신부님은 사랑 가득한 사제로서의 인간적인 모습도 보여주고 있습니다. 아주 짧은 기간을 조선에서 활동하는 동안 그분이 조선 교우들을 위해 스승 신부님들에게 청한 것은 성경책과 영신 수련을 위한 묵상 책, 십자고상, 상본, 그리고 천연두로 죽어 가는 어린아이들을 치료할 수 있는 처방전이었습니다. 옥중에서 처형을 앞두고 페레올 주교님과 최양업 신부님께 가엾은 모친을 거듭 부탁하는 내용은 또 우리에게 너무나 인간적인 모습으로 다가옵니다.

이처럼 김대건 신부님은 충실한 신앙인으로, 열정적인 사제로, 용기 있는 의인으로 일생을 살았습니다. 그러므로 그분에 관한 모든 내용을 담은 이 자료집들이, 우리 신앙의 후손들 모두에게 철저한 신앙과 헌신을 배울 수 있는 계기를 마련해 주게 되기를 바랍니다. 다시 한번 이 전기 자료집의 간행을 축하드리며, 이를 후원해 주신 모든 분들에게, 그리고 그 간행을 위해 노고를 아끼지 않으신 최석우(안드레아) 신부님과 한국교회사연구소의 모든 식구들에게 주님의 은총이 함께하기를 기원합니다.

김수환

천주교 서울대교구장
김수환 스테파노 추기경

차 례

개정판 간행사
성 김대건 안드레아 신부를 다시 생각하며 _ 조한건 신부 • 9

개정판 축사
'성 김대건 안드레아 신부님 탄생 200주년'을 기념하며 _ 염수정 추기경 • 11

초판 간행사
현양 운동에 촉진제가 되었으면 _ 최석우 신부 • 14

초판 축사
관심과 정성이 어우러진 자료집 _ 김수환 추기경 • 16

해 제 • 23
일러두기 • 27
김대건 신부 연보 • 29

제1장 신학생 선발과 마카오 유학

1. 신학생 선발과 유학 장소 논의

① 모방 신부가 파리 신학교 지도 신부들에게 조선에서 발송한 첫 번째 서한(1836. 4. 4) • 39
② 모방 신부가 르그레즈와 신부에게 보낸 서한(1836. 4. 4) • 49
③ 르그레즈와 신부가 모방 신부와 샤스탕 신부에게 보낸 답신(1837. 5. 2) • 55

2. 마카오로 출발

① 모방 신부가 르그레즈와 신부에게 보낸 서한과 신학생 서약서(1836. 12. 3) • 59

②샤스탕 신부가 르그레즈와 신부에게 보낸 서한(1836. 12. 18) • 69

3. 마카오 도착
①바랑탱 신부가 파리 신학교 지도 신부들에게 보낸 서한(1837. 6. 13) • 73
②칼르리 신부가 테송 신부에게 보낸 서한(1837. 10. 4) • 79
③칼르리 신부가 테송 신부에게 보낸 서한(1837. 10. 6) • 85

4. 마카오 추방 위기와 대응 방안 모색
①르그레즈와 신부가 마닐라 대주교에게 보낸 서한(1837. 8. 19) • 91
②르그레즈와 신부가 지도 신부들에게 보낸 서한(1837. 8. 19) • 93
③르그레즈와 신부가 칼르리 신부에게 보낸 서한 요약(1837. 8. 19) • 95
④르그레즈와 신부가 바랑탱 신부에게 보낸 서한(1837. 8. 21) • 97
⑤르그레즈와 신부가 파이바 씨에게 보낸 서한(1837. 8. 23) • 99
⑥르그레즈와 신부가 바랑탱 신부에게 보낸 서한(1837. 8. 25) • 101
⑦르그레즈와 신부가 지도 신부들에게 보낸 서한(1837. 12. 1) • 103

5. 최방제의 사망
①칼르리 신부가 뒤브와 신부에게 보낸 서한(1837. 12.) • 105
②르그레즈와 신부가 앵베르 주교에게 보낸 서한의 요약본(1838. 2. 20) • 113

제2장 마닐라 피신과 마카오 귀환

1. 마카오 소요와 마닐라 피신
①르그레즈와 신부가 파리 신학교 지도 신부들에게 보낸 서한(1839. 4. 28) • 117
②리브와 신부가 파리 신학교 지도 신부들에게 보낸 서한(1839. 5. 3) • 119

2. 롤롬보이에서의 생활
①리브와 신부가 르그레즈와 신부에게 보낸 서한(1839. 5. 16) • 127
②리브와 신부가 파리 신학교 지도 신부들에게 보낸 서한(1839. 5. 28) • 137
③르그레즈와 신부가 파리 신학교 지도 신부들에게 보낸 서한(1839. 6. 5) • 143

④ 리브와 신부가 르그레즈와 신부에게 보낸 서한(1839. 6. 6) • 145
⑤ 리브와 신부가 곤잘레스 신부에게 보낸 서한(1839. 6. 6) • 149
⑥ 리브와 신부가 르그레즈와 신부에게 보낸 서한(1839. 6. 9) • 151
⑦ 리브와 신부가 르그레즈와 신부에게 보낸 서한(1839. 6. 23) • 153
⑧ 리브와 신부가 랑글르와 신부에게 보낸 서한(1839. 8. 2) • 157
⑨ 리브와 신부가 르그레즈와 신부에게 보낸 서한(1839. 8. 11) • 159
⑩ 리브와 신부가 파리 신학교 지도 신부들에게 보낸 서한(1839. 8. 11) • 167
⑪ 리브와 신부가 파리 신학교 지도 신부들에게 보낸 서한(1839. 9. 21) • 171
⑫ 리브와 신부가 르그레즈와 신부에게 보낸 서한(1839. 9. 29) • 173

3. 마카오 귀환

① 리브와 신부가 뒤브와 신부에게 보낸 서한(1839. 10. 21) • 177
② 르그레즈와 신부가 파리 신학교 지도 신부들에게 보낸 서한(1839. 10. 21) • 179
③ 리브와 신부가 칼르리 신부에게 보낸 서한(1839. 10. 30) • 181

4. 1840~1841년 마카오에서의 신학 공부

① 르그레즈와 신부가 파리 신학교 지도 신부들에게 보낸 서한(1840. 3. 15) • 183
② 『한국 천주교회사』의 기록(하, 32쪽) • 187
③ 베르뇌 신부가 쿠트랭 본당 신부에게 보낸 서한(1840. 9. 24) • 189
④ 베르뇌 신부가 부비에 주교에게 보낸 서한(1840. 10. 27) • 191
⑤ 메스트르 신부가 알브랑 신부에게 보낸 서한(1841. 11. 17) • 193

제3장 마카오 출발과 조선 입국로 탐색

1. 에리곤호 승선과 마닐라 도착

① 리브와 신부가 르그레즈와 신부에게 보낸 서한(1842. 2. 11) • 201
② 리브와 신부가 파리 신학교 지도 신부들에게 보낸 서한(1842. 2. 12) • 203
③ 메스트르 신부가 알브랑 신부에게 보낸 서한 (1842. 2. 28) • 215

④ 리브와 신부가 파리 신학교 지도 신부들에게 보낸 서한(1842. 3. 4) • 217

⑤ 메스트르 신부가 르그레즈와 신부에게 보낸 서한(1842. 3. 8) • 219

⑥ 메스트르 신부가 리브와 신부에게 보낸 서한(1842. 3. 8) • 221

⑦ 리브와 신부가 파리 신학교 지도 신부들에게 보낸 서한(1842. 4. 1) • 225

⑧ 메스트르 신부가 리브와 신부에게 보낸 서한(1842. 4. 19) • 229

⑨ 리브와 신부가 대목구장들에게 보낸 서한(1842. 7. 2) • 233

2. 에리곤호 하선과 요동 체류

① 고틀랑 신부가 리브와 신부에게 보낸 서한(1842. 7. 21) • 239

② 메스트르 신부가 리브와 신부에게 보낸 서한(1842. 9. 21) • 241

③ 메스트르 신부가 알브랑 신부에게 보낸 서한(1842. 10. 2) • 247

④ 메스트르 신부가 리브와 신부에게 보낸 서한(1842. 10. 3) • 255

⑤ 메스트르 신부가 리브와 신부에게 보낸 서한(1842. 11. 14) • 259

3. 조선 교우들과의 접촉과 조선 입국로 탐색

① 페레올 주교가 르그레즈와 신부에게 보낸 서한(1843. 2. 20) • 269

② 메스트르 신부가 리브와 신부에게 보낸 서한(1843. 3. 1) • 273

③ 페레올 주교가 파리 신학교 지도 신부들에게 보낸 서한(1843. 3. 5) • 281

④ 메스트르 신부가 르그레즈와 신부에게 보낸 서한(1843. 3. 7) • 283

⑤ 메스트르 신부가 리브와 신부에게 보낸 서한(1843. 11. 21) • 291

⑥ 페레올 주교가 르그레즈와 신부에게 보낸 서한(1844. 1. 20) • 295

⑦ 메스트르 신부가 알브랑 신부에게 보낸 서한(1844. 3. 28) • 303

4. 김대건과 최양업의 부제 서품

① 페레올 주교가 리브와 신부에게 보낸 서한(1844. 5. 18) • 307

② 메스트르 신부가 르그레즈와 신부에게 보낸 서한(1844. 5. 19) • 311

③ 페레올 주교가 리브와 신부에게 보낸 서한(1844. 12. 10) • 313

제4장 김대건의 활동과 사제 수품

1. 김대건 부제의 조선 입국

① 메스트르 신부가 알브랑 신부에게 보낸 서한(1845. 5. 25) • 319

② 메스트르 신부가 리브와 신부에게 보낸 서한(1845. 5. 25) • 321

③ 페레올 주교가 파리와 리옹의 참사회원들에게 보낸 서한(1845. 5. 25) • 325

2. 김대건 부제의 상해 도착과 사제 수품

① 고틀랑 신부가 리브와 신부에게 보낸 서한(1845. 5. 30) • 329

② 예수회 고틀랑 신부가 같은 회 소속 신부에게 보낸 서한(1845. 7. 8) • 333

③ 페레올 주교가 리브와 신부에게 보낸 서한(1845. 8. 28) • 349

④ 다블뤼 신부가 바랑 신부에게 보낸 서한(1845. 8. 28) • 353

3. 김대건 신부의 조선 귀국

① 페레올 주교가 바랑 신부에게 보낸 서한(1845. 10. 29) • 359

② 페레올 주교가 리브와 신부에게 보낸 서한(1845. 11. 2) • 381

③ 페레올 주교가 포교성성 장관 추기경에게 보낸 서한(1845. 11. 6) • 383

④ 메스트르 신부가 르그레즈와 신부에게 보낸 서한(1846. 1. 19) • 385

⑤ 메스트르 신부가 알브랑 신부에게 보낸 서한(1846. 1. 20) • 387

4. 김대건 신부의 「조선전도」

① 메스트르 신부가 리브와 신부에게 보낸 서한(1848. 9. 8) • 391

② 메스트르 신부가 리브와 신부에게 보낸 서한(1849. 5. 15) • 395

색 인 • 398

해 제

수록 자료와 출처

본 자료집은 1996년 "성 김대건 신부 순교 150주년 기념 전기 자료집" 제2집으로 펴낸 것을 기본으로 해서 수정 및 보완하여 개정한 것이다. 성 김대건 신부 탄생 200주년을 맞이하여 개정판을 발행하게 된 『성 김대건 신부의 활동과 업적』은 김대건이 신학생으로 선발된 이후 그와 함께 생활한 프랑스인 선교사들의 서한과 기타의 자료에서 그와 관련된 기록들을 발췌한 후 판독 · 번역하여 엮은 것이다. 그러므로 제목을 '활동과 업적'이라고 하였지만 실세로는 '김대건의 생애와 관련된 선교사들의 기록'이라고 이해하는 것이 더 좋을 것이다.

수록된 자료의 출처는 첫째, 파리 외방전교회 문서고에 소장되어 있는 프랑스 선교사들의 서한들, 둘째, 파리 외방전교회에서 교황청 예부성성(현재의 시성성)에 제출했던 시복 자료들, 셋째, 『전교회 연보(Annales de la Propagation de la Foi)』에 실린 선교사들의 서한들, 넷째, 샤를르 달레(Ch. Dallet)의 『한국 천주교회사(Histoire de L'église de Corée)』이다. 수

량을 살펴보면, 파리 외방전교회 문서 AMEP vol. 303, 304, 308, 322, 323, 324, 577. 579, 1256, 1260에서 선교사들의 서한 69건, 예부성성에 제출된 시복자료 HB 24에서 베르뇌 신부의 서한 2건, 『전교회 연보』에서 페레올 주교 · 고틀랑 신부 · 칼르리 신부 · 다블뤼 신부의 서한 5건을 발췌하였고, 『한국 천주교회사』 내용 중 한 부분을 선별하여 수록하였다. 따라서 본 자료집에 수록된 자료의 총 수량은 77건이다.

서한 발신지와 작성자

수록된 서한들의 발신지는 비록 김대건 신부 자신의 서한은 아닐지라도 그의 활동과 매우 밀접한 관련이 있는 장소들이다. 우선 1836년 신학생으로 선발된 이후 1842년 마카오를 떠나기 전까지는 서울(조선), 마카오, 롤롬보이, 마닐라 등에서 서한이 작성되었다. 1842년 이후 김대건 신부가 서품을 받는 1845년까지는 마카오, 마닐라, 강남, 요동, 몽골, 팔가자, 상해 등이 발신지로 나타나고 있는데, 그것은 김대건의 활동 경로와 거의 일치한다. 1845년 이후에는 상해, 강경(조선), 강남, 몽골, 서울(조선) 등에서 서한이 작성되었다.

본 자료집에는 선교사 11명의 서한이 수록되어 있다. 이들은 파리 외방전교회 선교사 곤, 르그레즈와 신부, 리브와 신부, 바랑탱 신부, 칼르리 신부, 모방 신부, 샤스탕 신부, 페레올 주교, 메스트르 신부, 베르뇌 신부, 다블뤼 신부, 그리고 1845년 상해로 건너간 김대건 일행에게 성사를 준 예수회의 고틀랑 신부 등이다.

서한 작성자들의 당시 직책 혹은 역할을 살펴보면 다음과 같다. 김대건이 모방 신부에 의해 신학생으로 발탁되어 마카오에 있던 파리 외방전교회 극동 대표부에 보내졌을 때 르그레즈와 신부는 그곳의 대표를, 바랑탱 신부는 부대표를 맡고 있었다. 조선 선교사로 임명되었으나 조선에 입국하지 못하고 있던 칼르리 신부는 조선인 신학생들을 맡았다. 1839년 칼르리 신부, 리브와 신부, 데플레슈 신부가 신학생들을 데리고 마카오를 떠나 마닐라로 피신하였고, 롤롬보이에서 지내는 동안 리브와 신부는 누구보다도 김대건에 관한 기록을 많이 남겼다. 르그레즈와 신부가 1841년 말 프랑스로 귀국하자 리브와 신부가 그 뒤를 이어 이듬해 대표로 임명되었다.

그 후 김대건은 마카오를 떠나게 되면서 조선 선교사로 임명된 메스트르 신부와 동행하였다. 이때부터 김대건의 스승 역할을 한 메스트르 신부는 그의 활동과 당시 상황을 자신의 서한에 기록하였다. 1845년에 김대건 신부의 안내로 조선에 입국한 제3대 조선 대목구장 페레올 주교 또한 조선 교회의 장상으로서, 그리고 김대건에게 부제품과 사제품을 준 당사자로서 그의 활동과 업적에 관한 기록을 남겼다.

이 밖에도 김대건을 신학생으로 발탁한 모방 신부, 조선 선교사 샤스탕 신부, 1840년에 마카오 대표부에 머무르고 있던 베르뇌 신부, 김대건 신부의 첫 미사 때 복사를 선 다블뤼 신부 또한 김대건에 관한 기록을 남겼다.

사료적 가치와 자료집의 의의

첫째, 본 자료집에 수록된 자료들은 모두 1차 사료로서의 가치를 지닌다. 이 자료들은 김대건의 생애와 활동, 신심과 업적, 그리고 그의 인간적인 면까지 자세하게 이해하는 데 빼놓을 수 없는 것이라 하겠다.

둘째, 자료에 나타나는 1836년부터 1846년까지의 사실들, 즉 마카오 유학과 신학생 최방제의 죽음, 마닐라 피신과 마카오 귀환, 에리곤호의 승선과 조선 입국로 탐색, 사제 수품과 순교 등은 한국 천주교회사 그 자체라고 해도 좋을 것이다. 아울러 김대건의 동료인 최양업, 마카오 대표부의 선교사들, 조선 선교사 페레올 주교와 메스트르 신부, 다블뤼 신부의 활동사도 본 자료집을 통해 보완될 수 있을 것이다.

셋째, 샤를르 달레 신부는 일찍이 『한국 천주교회사』를 저술하면서 이 자료들을 자주 인용하였다. 그러나 실제로 인용된 자료보다는 인용되지 않은 자료들이 많으므로 본 자료집을 통해 많은 부분이 보완될 수 있을 것이다. 그뿐만 아니라 제1집 『성 김대건 안드레아 신부의 서한』에 나타나지 않은 사실들, 특히 1842년 이전에 있었던 마닐라와 롤롬보이로의 피신, 1845년에 있었던 사제 수품 후의 귀국 상황 등은 본 자료집에 상세히 나타나 있다.

끝으로 이번 자료집은 기존의 자료집에서 지명과 숫자 등 단순한 오류는 물론 원문을 새로 입수하여 판독상의 오류도 많이 바로잡았다. 또한 적지 않은 부분에서 번역을 새롭게 하면서 자료들의 순서를 날짜에 따라 재배치하였다. 따라서 이 자료집을 통해서 기존의 작은 오류들이 좀 더 보완되기를 바라며 연구자들에 의해 많이 활용되기를 기대한다.

일러두기

1. "성 김대건 신부 순교 150주년 기념 전기 자료집" 제2집으로 간행되었고, 김대건 신부 탄생 200주년을 맞이하여 개정판으로 새롭게 간행되는 본 자료집은 중국과 조선에서 활동한 프랑스인 선교사들의 기록에서 김대건 신부와 관련된 내용을 발췌·번역하여 편찬한 것이다.

2. 본 자료집은 한글 번역문과 프랑스어·라틴어 판독문을 대역으로 조판하였다.

3. 원문의 철자 오류는 고치지 않고 그대로 두었다. 대신 오류가 있는 단어 옆에 [ ]를 덧붙여 그 안에서 바로잡았다.

4. 원문 판독을 할 수 없는 경우에는 *로 표시하였다.

5. 한글 번역문에서 내용을 이해하는 데 필요한 경우에는 ( )를 사용하여 내용을 보완하였다.

6. 필요한 사항은 각주를 통해 설명하였으며, 그간의 연구 성과도 반영하였다.

7. 본 자료집에 수록된 자료의 출처는 다음과 같다.
   · AMEP : 파리 외방전교회 문서고(Archives de la Société des Missions Etrangères de Paris)

· HB : 파리 외방전교회에서 교황청 예부성성에 제출한 시복 자료
· APF : 『전교회 연보(Annales de la Propagation de la Foi)』
· 『한국 천주교회사(Histoire de L'église de Corée)』 : 샤를르 달레 저, 안응렬 · 최석우 역주, 한국교회사연구소, 1979~1980.

8. 본 자료집 편찬에 참여한 사람은 다음과 같다.
　〈초판〉
　· 감수 및 번역 | 故 최석우(안드레아) 몬시뇰
　· 원문 판독 | 故 배세영(마르첼리노) 신부
　〈개정판〉
　· 기획 | 조한건(프란치스코) 신부(한국교회사연구소 소장)
　· 해제 및 각주 | 한국교회사연구소 연구부
　· 판독 및 번역 교정 | 고문서고
　· 편집 및 디자인 | 출판부

김대건 신부 연보

1821년 8월 21일 : 충청도 솔뫼(현 충남 당진군 우강면 송산리)에서 성 김제준(金濟俊, 이냐시오)과 고(高) 우르술라의 장남으로 탄생
* 부친 김제준의 보명은 '제린(濟麟)', 자는 '신명(信明)'
* 김대건의 아명은 '재복(再福)', 보명은 '지식(芝植)', 관명은 '대건(大建)'

1827년 : 부친을 따라 서울 청파(靑坡)로 이주하였다가 경기도 용인의 한덕동(寒德洞, 현 경기도 용인군 이동면 墨里)으로 이주
* 훗날 한덕동에서 골배마실(현 경기도 용인군 내사면 南谷里)로 이주

1836년 4월 : 골배마실 이웃의 '은이 공소'에서 모방(P. Maubant, 羅伯多祿) 신부에게 세례를 받은 뒤 신학생 후보로 선발
* 2월 6일 : 동료 최양업(崔良業, 토마스)이 모방 신부 댁에 도착
* 3월 14일 : 동료 최방제(崔方濟, 프란치스코 하비에르)가 모방 신부 댁에 도착
* 7월 11일 : 김대건 소년 모방 신부 댁에 도착

12월 2일 : 동료 신학생들과 함께 모방 신부가 바라보는 가운데 십자가 앞에서 성경에 손을 얹고 순명과 복종 서약

12월 3일 : 성 정하상(丁夏祥, 바오로), 성 조신철(趙信喆, 가롤로) 등의 인도를 받아 변문(邊門)으로 출발

12월 28일 : 조선 입국을 위해 요동에 머무르고 있던 샤스탕(J. Chastan, 鄭牙各伯) 신부 댁에 도착

1837년 6월 7일 : 중국 대륙을 남하하여 마카오에 도착
이후 파리 외방전교회 극동 대표부(대표 : 르그레즈와 신

부)에 설치된 "조선 신학교"에서 칼르리(M. Callery) 교장 신부, 르그레즈와(P. Legrégeois) 신부, 리브와(N. Libois) 신부 등에게서 수학

* 그 후 르그레즈와 신부가 교장을 맡았고, 임시로 마카오에 머무르던 데플레슈(M. Desfleches) 신부가 신학생들을 잠시 지도
* 11월 27일 : 동료 신학생 최방제(프란치스코 하비에르), 열병으로 선종

1839년　4월　6일 : 아편 관련 소요로 인해 필리핀으로 피신

　　　　4월　7일 : 마카오를 출발하여 19일 마닐라에 도착

　　　　5월　3일 : 도미니코 수도회 참사회의 호의로 롤롬보이(Lolomboy)에서 수학

* 9월 21일 : 제2대 조선 대목구장 앵베르(L. Imbert, 范世亨) 주교의 순교로, 페레올 주교가 제3대 조선 대목구장 승계

　　　　11월　　　: 마카오로 귀환

1840년　1월　8일 : 메스트르(J. Maistre, 李) 신부 마카오 도착. 신학생들의 교육을 함께 맡음

1841년 11월　　　: 철학 과정 이수, 신학 과정 입문

1842년　2월 15일 : 메스트르 신부와 함께 세실(J.B.M. Cécille) 함장이 이끄는 프랑스 함대의 에리곤(l'Érigone)호에 승선하여 2월 16일 출발(1차 탐색 여행)

　　　　2월 20일 : 마닐라 도착.

　　　　2월 28일 : 마닐라에서 르그레즈와 스승 신부에게 서한 발송(첫 번째 서한)

　　　　4월 21일 : 마닐라를 떠나 대만으로 향함

　　　　5월 11일 : 양자강(楊子江) 앞바다의 주산도(舟山島)에 입항. 주산에서 리브와 스승 신부에게 서한 발송(두 번째 서한 : 유실됨)

　　　　6월 26일 : 오송구(吳淞口) 도착

* 7월 17일 : 동료 최양업, 만주 선교사 브뤼니에르(M.B. de la Brunière, 寶) 신부와 함께 프랑스 군함 파보리트(la Favorite)호에 탑승하여 마카오 출발

8월 27일 : 브뤼니에르 신부, 최양업이 메스트르 신부와 합류

8월 29일 : 남경조약(南京條約) 체결식장에 참석

9월 11일 : 에리곤호 북상 포기. 메스트르 신부와 함께 외교인 황세홍(黃世興)의 집에 유숙

* 브뤼니에르 신부와 최양업이 중국인 반 요한의 안내를 받아 상해로 출발

9월　　 : 리브와 스승 신부에게 서한 발송(세 번째 서한)

9월 17일 : 메스트르 신부와 함께 상해에 머물던 산동 대목구장 겸 남경교구장 서리 베시(L.M. Besi, 羅類思) 주교 댁에 도착. 최양업과 상봉

10월 2일 : 베시 주교의 주선으로 브뤼니에르 신부, 메스트르 신부, 동료 최양업, 반 요한 등과 함께 중국 배를 타고 상해를 출발하여 북상

10월 23일 : 요동(遼東)의 남단 태장하(太莊河) 해안에 도착
반 요한이 보낸 그 지방의 회장 두(杜) 요셉과 최양업이 세관에 간 동안 지방민들이 다가와 위협하였으나 김대건의 기지로 무사

10월 26일 : 태장하 인근의 백가점(白家店)에 도착. 두 요셉 회장 집에서 유숙

* 백가점 : 태장하 인근, 즉 훗날 선교사들의 조선 입국 거점이 된 차쿠(岔溝) 이웃의 교우촌

11월 3일 : 두 요셉 회장 집에서 나와 인근의 새 거처로 옮김

* 브뤼니에르 신부, 최양업과 함께 요동 북단에 있는 개주(蓋州) 부근의 양관(陽關) 교우촌으로 이동

12월 9일 : 백가점에서 르그레즈와 스승 신부에게 서한 발송(네 번째 서한)

12월 21일 : 백가점에서 리브와 스승 신부에게 서한 발송(다섯 번째 서한)

12월 23일 : 봉황성(鳳凰城)의 책문(柵門)으로 출발(2차 탐색 여행)

12월 27일 : 책문 인근에서 조선 교회의 밀사 김 프란치스코와 상봉

12월 29일 : 책문 출발. 의주(義州) 변문(邊門)을 통해 조선으로 귀국(1차 입국)

12월 31일 : 압록강을 다시 건너 책문으로 이동

1843년 1월 1일 : 책문 도착

1월 6일 : 백가점 도착

1월 15일 : 백가점에서 르그레즈와 스승 신부에게 서한 발송(여섯 번째 서한)

*1843년 초 : 페레올 주교, 교황 그레고리오 16세의 칙서를 받고 비로소 제3대 조선 대목구장에 임명된 사실을 알게 됨

2월 16일 : 백가점에서 리브와 스승 신부에게 서한 발송(일곱 번째 서한)

3월(음) : 책문으로 나가 조선 교회의 밀사와 접촉한 뒤 백가점으로 귀환(3차 탐색 여행)

4월 : 소팔가자(小八家子)로 거처를 옮겨 최양업과 함께 신학 공부 계속

* 소팔가자 : 길림성(吉林省)의 장춘(長春) 서북쪽에 있던 교우촌으로, 만주 대목구의 초대 대목구장인 베롤(J. Verrolles, 方若望) 주교가 1841년에 일대의 광대한 토지를 매입하고 성당을 건립함

9월(음) : 책문으로 나가 조선 교회의 밀사와 접촉한 뒤 소팔가자로 귀환(4차 탐색 여행)

12월 31일 : 개주의 양관에서 있은 제3대 조선 대목구장 페레올 주교의 성성식(집전 : 만주 대목구장 베롤 주교)에 참석한 뒤 소

			팔가자로 귀환

1844년　2월　5일 : 페레올 주교의 명으로 북방 입국로 탐색을 위해 훈춘(琿春)으로 출발(5차 탐색 여행)

　　　　3월　8일 : 훈춘을 거쳐 조선으로 귀국(2차 입국)
　　　　　　　　　경원(慶源)에서 조선 교우와 상봉

　　　　4월　　　: 소팔가자로 귀환하여 신학 공부 계속

　　　　5월 17일 : 소팔가자에서 리브와 스승 신부에게 서한 발송(여덟 번째 서한)

　　　　12월　　 : 최양업과 함께 페레올 주교로부터 삭발례부터 부제품까지 받음

　　　　12월 15일 : 소팔가자에서 페레올 주교에게 서한 발송(아홉 번째 서한)

1845년　1월　1일 : 봉황성 책문으로 나가 조선 교회의 밀사와 상봉하여 조선으로 귀국(3차 입국)

　　　　1월 15일 : 서울 도착. 돌우물골[石井洞]에 유숙

　　　　2월　　　: 중병에 걸려 15일 동안 고생함

　　　　3월　　　: 신학생 2명 지도

　　　　3월 27일 : 서울에서 리브와 스승 신부에게 서한 발송(열 번째 서한)

　　　　3~4월　　: 서울에서 현석문(玄錫文, 가롤로) 등의 도움으로 「조선 순교사와 순교자들에 관한 보고서」 작성

　　　　4월　6일 : 서울에서 리브와 스승 신부에게 서한 발송(열한 번째 서한)

　　　　4월　7일 : 서울에서 리브와 스승 신부에게 서한 발송(열두 번째 서한)

　　　　4월 30일 : 선교사 영입을 위해 현석문 등 11명의 조선인 교우들과 함께 제물포 출발

　　　　5월 28일 : 오송 도착

　　　　6월　4일 : 상해 도착. 리브와 스승 신부에게 서한 발송(열세 번째 서한)
　　　　　　　　 : 상해에서 페레올 주교에게 서한 발송(열네 번째 서한)

　　　　6월　　　: 상해에서 강남 대목구 소속 예수회 선교사인 고틀랑(C.

　　　　　　　　　　Gotteland, 南格祿) 신부에게 서한 발송(열다섯 번째 서한 : 유실)

　7월 23일 : 상해에서 리브와 스승 신부에게 서한 발송(열여섯 번째 서한)

　　　　　　： 상해에서 리브와 스승 신부에게「조선 순교사와 순교자
　　　　　　　들에 관한 보고서」발송

　　　　　　： 상해에서 페레올 주교에게 서한 발송(열일곱 번째 서한)

　8월 17일 : 상해 연안에 있는 김가항(金家港) 성당에서 페레올 주교
　　　　　　로부터 사제 서품

　8월 24일 : 상해에서 약 30리 되는 횡당(橫堂) 성당에서 첫 미사

　8월 31일 : 페레올 주교, 다블뤼 신부와 함께 라파엘(Raphael)호를
　　　　　　타고 상해 출발

　9월 28일 : 제주도 표착

　10월 12일 : 충남 강경 부근의 황산포(黃山浦) 나바위[羅岩] 도착

　11~12월 : 서울 및 용인의 은이 공소 순방

　11월 20일 : 서울에서 리브와 스승 신부에게 서한 발송(열여덟 번째 서한)

* 1846년 1월 : 매스트르 신부와 최양업 부제, 조선의 북방 지역으로 입국하고
　　　　　　　자 했으나 실패

1846년 4월 13일 : 은이 공소에서 미사 후 서울로 출발

　5월 14일 : 서해 해로를 통한 선교사 입국로를 개척하라는 페레올
　　　　　　주교의 지시에 따라 교우들과 함께 마포 출발

　5월 25일 : 연평도 도착

　5월 27일 : 순위도(巡威島) 등산진(登山鎭) 도착

　5월 29일 : 백령도(白翎島)에서 중국 어선과 접촉. 편지와 지도를 메
　　　　　　스트르 신부에게 탁송

　6월 1일 : 순위도 등산진으로 귀환

　6월 5일 : 체포

　6월 10일 : 해주(海州) 감영으로 압송

　6월 21일 : 서울 포도청으로 이송

	6월 22일 :	이후 40여 차례 문초
	7월 30일 :	옥중에서 스승 신부들에게 보내는 마지막 서한 작성(열아홉 번째 서한)
	8월 26일 :	옥중에서 페레올 주교에게 보내는 마지막 서한 작성(스무 번째 서한)
		이 무렵 세계 지도를 작성하고, 지리 개설서 저술
	8월 말 :	조선 교우들에게 보내는 마지막 회유문 작성(스물한 번째 서한)
	9월 15일 :	반역죄로 사형 선고
	9월 16일 :	새남터에서 군문 효수형으로 순교
	10월 26일 :	이민식(李敏植, 빈첸시오)에 의해 미리내에 안장
1857년	9월 24일 :	가경자로 선포
1901년	5월 21일 :	유해가 미리내에서 발굴되어 용산 예수성심신학교로 이장
1901년	10월 17일 :	유해가 용산 예수성심신학교 성당으로 옮겨져 안치
1925년	7월 5일 :	시복
1949년	11월 15일 :	모든 한국 성직자들의 대주보로 결정. 로마 교황청에서 7월 5일을 김대건 신부 축일로 지정
1950년	6월 25일 :	유해가 용산 성직자 묘지로 옮겨져 안치
	9월 28일 :	유해가 경남 밀양 성당으로 옮겨져 안치
1951년	:	서울 수복 후 유해가 서울 혜화동의 소신학교 성당으로 옮겨져 안치
1960년	7월 5일 :	유해가 혜화동 가톨릭대학으로 옮겨져 안치
1984년	5월 6일 :	시성
2019년	11월 14일 :	2021년 유네스코 세계 기념 인물로 선정
2020년	11월 29일 :	성 김대건 안드레아 신부님 탄생 200주년 희년 개막 미사(2020. 11. 29~2021. 11. 27) 선포

제1장
Chapitre 1

신학생 선발과 마카오 유학

Sélection des séminaristes et leurs études à Macao

1. Sélection des séminaristes et de leur lieu d'études

① Extrait d'une lettre de M`r` Maubant aux directeurs du séminaire des MEP
(AMEP vol. 1260 ; ff. 77~92)

Haniang capitale de la Corée

4 Avril 1836

Reçue le 23 mai 1838

Rendons grâce à Dieu, Messieurs et très chers confrères,

1. 신학생 선발과 유학 장소 논의

① 모방[1] 신부가 파리 신학교 지도 신부들에게 조선에서 발송한 첫 번째 서한[2]

- 발신일 : 1836년 4월 4일
- 발신지 : 조선의 수도 한양
- 수신인 : 파리 외방전교회 신학교 지도 신부들
- 수신일 : 1838년 5월 23일
- 출　처 : AMEP(Archives des Missions Etrangères de Paris) vol. 1260, ff. 77~92
- 참　조 : 『전교회 연보(Annales de la Propagation de la Foi)』 1839년 제64호, pp. 342~348

  Ch. 달레, 『한국 천주교회사』 중, 331~334쪽

조선의 수도 한양

1836년 4월 4일

1838년 5월 23일 수신

하느님께 감사합시다. 친애하는 동료 신부님들께,

1　모방(P.P. Maubant, 羅伯多祿, 1803~1839) : 성인. 파리 외방전교회 선교사. 1836년 1월 12일 자정에 정하상, 유진길 등의 안내를 받아 조선에 입국하였다. 1839년 9월 21일(음력 8월 14일) 새남터에서 순교하였다.

2　모방 신부는 조선에 입국하여 부활 축일을 지낸 다음(1836년 4월 4일 자 서한), 경기도와 충청도의 16~17개 교우촌을 방문하고, 대인 213명에게 세례를 주었다(모방 신부가 파리 신학교 지도자들에게 보낸 1836년 12월 9일 자 서한, AMEP vol. 1260, ff. 109~117).

...

Je demandai à M^r Yu presqu'aussitôt après mon arrivée ce que savaient les deux élèves qu'il nous avait annoncés ; il me proposa en effet deux gens qu'il nourrissait dans une maison séparée ; un veuf qui, me dit-il, est d'une paresse extraordinaire et incapable d'étudier. Ce jeune homme ne m'a jamais fait proposer d'étudier et n'en a assurément jamais eu le véritable désir.

L'autre était un jeune homme échappé de la maison de son père pour éviter les mauvais trements[traitements] ; il était fiancé et son père le cherchait pour conclure le mariage. Je le fis questionner pour connaître sa vocation. Il ne cessait d'exposer des raisons pour démontrer qu'il ne pouvait être prêtre ou plutôt pour exprimer sa véritable volonté, il ne me parut libéré d'inquiétude et content que lorsque je lui promis la dispense pour terminer le mariage avec la payenne à qui son père aussi payen l'avait fiancé. M^r Yu me parla encore d'un autre enfant qui était mort deux ou trois jours après son baptême. Voici les circonstances de sa mort.

Cet enfant s'était écarté seul du village probablement au bord d'une forêt. Un tigre se lança sur lui le gouspilla et l'aurait dévoré. Mais cet enfant connaissait et observait la religion chrétienne ; alors il se mit à crier de toutes ses forces Jésus et Marie ayez pitié de moi Jésus et

…[중략]…

저는 (한양에) 도착한 직후 유³ 신부에게 그가 전에 우리에게 말한 학생 두 명이 얼마나 배웠는지 물었습니다. 그러자 실제로 그는 따로 떨어진 집에서 자기가 부양하고 있던 젊은이 두 명을 제게 소개하였습니다. 그의 말로는, 한 명은 홀아비로 더없이 게으르고 공부할 능력이 없다고 합니다. 이 젊은이는 공부하고 싶다고 제게 말한 적이 없으며, 참된 원의(願意)도 분명히 없었습니다.

또 한 명은 학대를 피해 아버지의 집을 뛰쳐나온 젊은이였습니다. 그는 약혼한 상태였고, 그를 결혼시키기 위해 아버지가 그를 찾고 있었습니다. 저는 그의 성소를 알아보려고 그에게 질문하게 했습니다. 그는 자기가 사제가 될 수 없다는 것을 보여주기 위해, 오히려 자신의 진짜 바람을 표명하기 위해 끝도 없이 이유를 댔습니다. 외교인인 아버지가 자신과 약혼시킨 그 외교인 여인과의 혼인 문제를 끝내도록 제가 관면을 주겠다고 그에게 약속하자 그제야 그는 근심에서 벗어나 만족한 듯 보였습니다. 유 신부는 영세 후 2~3일이 지나 죽은 또 다른 소년 이야기도 했습니다. 그 소년이 죽은 경위는 이러합니다.

이 소년은 마을에서 떨어져 아마도 숲 기슭에 혼자 있었습니다. 호랑이 한 마리가 그에게 덤벼들어 그를 잡아먹으려 했습니다. 소년은 천주교를 알고 또 실천하고 있었습니다. 그래서 온 힘을 다해 "예수 마리아 저를 불쌍히 여기소서, 예수 마리아 저를 불쌍히 여기소서." 하고 소

---

3   유방제(劉方濟, 파치피코, 1795~1854) : 조선에 입국한 두 번째 중국인 신부. 본명은 여항덕(余恒德)이지만, 조선 신자들에게는 유방제 신부로 알려졌다. 1834년 1월 3일 조선에 입국하여 만 3년간 활동하다가 1836년 12월 3일에 김대건, 최양업, 최방제 세 신학생을 마카오 유학 보낼 때 중국으로 돌아갔다.

Marie ayez pitié de moi ; de ce moment le tigre ne fit plus que jouer avec lui toutes fois qu'il remuait, sans le blesser. Cependant les parents de cet enfant et plusieurs personnes sortent, l'aperçoivent et l'entendent prier Jésus et Marie ayez pitié de moi. Ils courent plusieurs à son secours et l'apportent à la maison. La Divine providence l'avait conservé et délivré de cet accident pour lui faire imprimer le charactère du chrétien. On le baptiza et il mourut quatre jours après.

On a connu mon désir de faire étudier quelques jeunes gens. On m'en a envoyé deux qui sont avec moi depuis plus d'un mois. Ils commencent à lire les livres européens. le premier arrivé s'appelle Thomas tchou yangaipi, l'autre François Kouatchauri. Je ne sais encore si nous pourrons les envoyer car ils ont eu dans leur enfance un mal d'oreille qui leur a rendu la gauche paresseuse. J'avais pensé à les envoyer l'hiver prochain malgré ce défaut et il est encore incertain si je ne les enverrai point. De bons prêtres indigènes pourront conserver la foi en cas de persécution.

Or comme il est à craindre qu'elle ne s'élève bientôt, il est très important de les envoyer le plutôt possible. Mais où? Si vous pensiez à me dire de les garder et de les instruire en Corée je vous prierai de considérer que si la persécution qui nous menace continuellement venait à éclater,

리 지르기 시작했습니다. 그러자 호랑이는 소년과 그저 놀기만 할 뿐 그를 해치지 않고 움직였습니다. 그 사이 소년의 부모와 여러 사람이 나와 소년을 알아보고, 소년이 '예수 마리아 저를 불쌍히 여기소서.' 하고 기도하는 소리를 들었습니다. 여럿이 가서 그를 구해 내어 집으로 데리고 갔습니다. 천주님의 섭리는 이 소년에게 교우의 인호(印號)를 박아 주기 위해 그를 그 사고에서 구해 내셨던 것입니다. 그 소년은 세례를 받았고, 나흘 후에 죽었습니다.

교우들은 제가 소년들 몇 명을 공부시키고자 하는 것을 알고 제게 두 명을 보냈습니다. 이들은 한 달 이상 저와 함께 지내고 있습니다. 이들은 서양 책을 읽기 시작하였습니다. 제일 처음에 온 소년은 최양업 토마스[4]라고 하고, 다음은 과추리[5] 프란치스코라고 합니다. 이들을 우리가 보낼 수 있을지 아직은 모르겠습니다. 왜냐하면 그들은 어렸을 때 귓병을 앓아 왼쪽 귀가 잘 안 들리기 때문입니다. 이러한 결함에도 불구하고 그들을 다음 겨울에 보내려고 생각했었습니다만, 그들을 보낼지 아직은 확실하지 않습니다. 훌륭한 현지인 사제들이 된다면 박해 때 신앙을 지킬 수 있을 것입니다.

그런데 곧 박해가 일어나지 않을까 걱정이 되니, 그들을 될 수 있는 한 빨리 보내는 것이 매우 중요합니다. 그러나 어디로 보내야 합니까? 만일 여러분께서 저더러 그들을 조선에서 맡아 가르치라고 말씀하실 생각이라면, 끊임없이 우리를 위협하고 있는 박해가 일어나면 이 아이들이 어떻게

4   최양업(崔良業, 토마스, 1821~1861) : 1821년 3월 1일 청양 다락골의 새터(현 충남 청양군 화성면 농암리)에서 최경환(프란치스코)과 이성례(마리아)의 장남으로 태어났다. 1836년 12월 3일에 김대건, 최방제와 함께 신학 공부를 위해 마카오 유학 갔다. 1849년 4월 15일 남경교구장 서리 마레스카(Maresca) 주교의 주례로 사제품을 받았다. 1849년 12월 3일 조선에 귀국한 후 활동하다가 1861년 6월 15일 선종하였다.
5   "과추리"는 집안에서 부르던 최방제(崔方濟)의 아명인 것 같다.

et il ne faut pour cela qu'un seul mot dit au moindre des militaires ; il y a ici un Européen, que faire à ces jeunes gens. Il n'en est pas ici comme en chine ou le feu de la persécution s'éteint dans la province où il a éclaté, ou les affaires d'une province n'occupent aucunement les mandarins de la province voisine. La présence d'un Européen dans la Corée la ferait toute bouleverser pour le trouver. Assurément nos pauvres élèves seraient les premiers arrêtés et massacrés. Si donc vous voulez, comme nous conserver un séminaire de missionnaires Coréens vous approuverez notre dessein de les envoyer ailleurs. Mais où?

Feu Mon très ch. S de B. et votre serviteur avions pensé à ériger ce Séminaire dans le Leaotung. Je crois vous avoir envoyé dans une autre lettre des raisons propres à vous faire voir qu'il n'est pas non plus expédient d'établir un Séminaire de Coréens dans cette province. Ce serait les mettre dans une espèce de nécessité d'apprendre la langue chinoise et par là rendre l'étude de la langue latine difficile laborieuse et extrêmement lente. D'ailleurs cette maison de Coréens dans une province qui communique fréquemment avec les Coréens exposerait la Mission de Corée, aussitôt que le roi saurait qu'il y a un séminaire de Coréens avec les Européens, il s'empresserait de persécuter et de détruire la Religion dans son royaume et d'opposer peut-être les obstacles que du japon à son retour. Ce serait aussi exposer la Mission

될지 고려해 보시기 바랍니다. 박해가 일어나는 데에는 제일 말단의 군사에게 '여기 서양인이 있다.'는 말 한마디면 충분합니다. 중국에서는 한 지방에서 일어난 박해가 스스로 사그라지기도 하고, 한 지방의 사건에 인근 지방의 관원들이 전혀 관여하지 않지만 여기는 중국과는 다릅니다. 조선에 서양인이 한 명 있다는 것이 알려지면 그를 찾기 위해 나라가 발칵 뒤집힐 것입니다. 틀림없이 우리의 가여운 학생들이 제일 먼저 잡혀 학살될 것입니다. 그러므로 저희와 마찬가지로 만일 여러분께서도 조선인 사제를 위한 신학교를 유지하고 싶으시다면 그들을 다른 데로 보내려는 저희의 계획을 승인해 주시기 바랍니다. 그런데 어디로 보내야 합니까?

고(故) 브뤼기에르[6] 주교님과 저는 이 신학교를 요동에 세울 생각을 했었습니다. 저는 지난번 편지에서 조선인 신학교를 요동에 세우는 것 또한 적절하지 않다는 것을 보여주는 타당한 이유들을 여러분께 말씀드렸습니다. 그렇게 되면 중국말이 일종의 필수 과목이 될 텐데, 그 결과 라틴어 공부는 더 어렵고 힘들어질 것이고 그 속도도 극도로 늦어질 것입니다. 또한 지방에 있는 이 조선인(학생)들의 집을 조선 사람들이 자주 드나들게 될 것이고, 그러면 조선 포교지가 위험에 처하게 될 수도 있습니다. (조선의) 임금이 거기에 서양인들과 함께 조선인 신학교가 있다는 사실을 알게 되면 그 즉시 자기 나라에서 천주교를 박해하고 근절시키려 할 것이고 일본과 같은 방법으로 난관에 대항할 것입니다. 요동 선교지 또한 위험에 처하게 될 것이고, 이 신학교, 즉 외국인, 외국인 천주교인, 외국인 선교사를 양성하는 신학교를 박해하지도 괴롭히지 않음으로써

---

6   브뤼기에르(B. Bruguière, 蘇, 1792~1835) : 파리 외방전교회 선교사. 1826년부터 시암(Siam, 지금의 태국)에서 활동하였고, 1829년 6월에 주교품을 받았다. 1831년 9월 9일 조선 대목구가 설립되면서 초대 대목구장에 임명되었다. 1832년에 페낭을 떠나 중국 대륙을 통과하여 조선으로 오던 중 1835년 10월 20일 마가재(馬架子)에서 선종하였다.

du Leaotung et tenter la tolérance des Mandarins qui contreviendraient à trois décrets en ne persécutant pas et ne faisant pas renverser ce Séminaire, d'étrangers, d'étrangers chrétiens, d'étrangers Missionnaires. Cependant il est de la dernière importance de déterminer un lieu où l'on puisse les réunir pour les instruire.

Chaque missionnaire ne pourrait en avoir plus d'un ou deux avec soi. Ce sera plutôt un temps d'épreuve que d'étude. je ne puis recevoir la réponse de votre dessein que dans ou trois ans. il m'est d'ailleurs impossible de conserver une dizaine de jeunes gens dans une même maison et d'être toujours avec eux comme il le faudrait. je ne connais point d'autre lieux[lieu] que Manille Sincapour ou pulopinang. Je présumerai donc votre assentiment et l'hiver prochain si je le puis j'en enverrai quelques uns à Mr Legrégeois avec la recommandation de les établir en Séminaire dans le lieu qu'il jugera le plus convenable.

…

J'invite Mr Chastan à venir à mon secours au mois de janvier prochain. Les hommes Coréens qui accompagneront M^r Yu s'en retournant au … introduiront Mr Chastan en revenant. Il serait bien à désirer

법령 세 가지를 위반하게 될 관리들의 관용을 시험에 들게 할 수도 있습니다. 그렇지만 학생들을 모아 놓고 가르칠 장소를 결정하는 것이 정말로 중요합니다.

선교사가 각자 한두 명 이상의 학생을 맡을 수는 없습니다. 그것은 공부라기보다는 시련의 시기가 될 것입니다. 저는 여러분의 계획이 담긴 회답을 3년 후에야 받게 될 것입니다. 게다가 십여 명의 학생을 한집에 데리고서 그들과 늘 잘 지내는 것은 불가능한 일입니다. 제가 아는 곳은 마닐라, 싱가포르, 페낭[7]뿐입니다. 그러므로 저는 여러분께서 동의하실 것을 예상하고, 할 수 있으면 오는 겨울에 학생 몇 명을 르그레즈와[8] 신부님에게 보내면서 그분이 가장 적절하다고 판단하는 곳에 신학교를 마련해 줄 것을 부탁드리고자 합니다.

…[중략]…

샤스탕[9] 신부에게 다음 해 1월에 와서 저를 도와달라고 요청했습니다. 유 신부와 동행할 조선인들이 돌아올 때 샤스탕 신부를 데리고 올 것입니다. 우리가 보내는 젊은이들을 받을 수 있도록 요동 동쪽 지방에 동

---

7   페낭(Penang) : 말레이반도에 있는 섬으로 '피낭(Pinang)'이라고도 부른다. 1807년 파리 외방전교회가 아시아 지역의 현지인 사제 양성을 위해 이 섬에 신학교를 세웠다.
8   르그레즈와(P.L. Legrégeois, 1801~1866) : 파리 외방전교회 선교사. 1828년에 마카오로 파견되어 1830년부터 파리 외방전교회 마카오 대표부의 대표직을 맡았다. 1842년 신학교 지도 신부로 임명되어 파리로 돌아갔다. 마카오 대표부에 있을 때 신학생 김대건과 최양업을 가르치기도 하였다.
9   샤스탕(J.H. Chastan, 鄭牙各伯, 1803~1839) : 성인. 파리 외방전교회 선교사. 1837년 1월 1일 조선에 입국하여 사목하였다. 1839년 9월 21일(음력 8월 14일) 새남터에서 순교하였다.

que nous eussions un confrère dans la partie orient. du Leaotung pour recevoir les jeunes que nous enverrons.

...

Votre très humble et très obéissant serviteur

p.ph. Maubant

miss. in Coreæ regno

② Lettre de Mr Maubant à Mr Legrégeois
(AMEP vol. 1260 ; ff. 97~98)

료 신부 한 명을 두면 좋을 듯합니다.

…[이하 생략]…

지극히 미천하고 순명하는 종
조선 선교사
피에르 필리베르 모방

② 모방 신부가 르그레즈와 신부에게 보낸 서한

· 발신일 : 1836년 4월 4일

· 발신지 : 조선의 수도 한양

· 수신인 : 마카오 대표부[10] 르그레즈와 신부

· 수신일 : 1837년 4월 18일

· 출　처 : AMEP vol. 1260, ff. 97~98

10　파리 외방전교회는 중국, 인도차이나 등의 선교지에서 활동하는 동회(同會) 선교사들을 지원하기 위해 1685년 중국 광주(廣州)에 대표부를 설치하였다. 1732년에 마카오로 옮겼다가 1847년에 홍콩으로 이전했다.

Haniang, 4 Avril 1836

Reçue le 18 Avril 1837

Monsieur et très cher confrère,

Ouvrez et lisez les lettres que j'envoie à M.M. nos directeurs.

Je vous enverrai en décembre prochain 2 ou trois jeunes Coréens, veuillez bien trouver un lieu où établir leur collège et des instituteurs. Il ne nous est pas possible de les instruire ici ni je crois dans le Leaotung.

Je n'ai aucun moment pour écrire à mes parents et amis qui peut-être mon[m'ont] écrit, je n'ai encore reçu aucune autre lettre de France que celles de Mr Langlois. Je ne puis écrire. faites s'il vous plaît mémoire de moi dans vos lettres à toutes les personnes à qui vous écrivez.

Monsieur Chastan entrera en Corée au mois de janvier prochain. Il serait bien à désirer que vous eussiez mis quelque confrère en route pour s'établir dans le Leaotung et y recevoir nos correspondances. Nous n'enverrons plus à Pekin qu'une fois pour apporter nos malles

1836년 4월 4일

1837년 4월 18일 수신

친애하는 신부님,

제가 우리 지도 신부님들께 보내는 편지를 개봉하여 읽어 보시기 바랍니다.

오는 12월에 2~3명의 조선 소년들을 신부님께 보내겠습니다. 그들을 위한 신학교를 세울 장소와 교사들을 찾아봐 주십시오. 여기서 그들을 가르치는 것이 불가능하고, 요동에서도 마찬가지일 듯합니다.

제 부모님과 친구들에게 편지를 쓸 시간이 전혀 없습니다. 그들이 아마도 저에게 편지를 썼을 텐데, 저는 랑글르와[11] 신부님의 편지 외에는 여태껏 프랑스로부터 다른 편지는 한 통도 받지 못했습니다. 제가 편지를 쓸 수 없으니 부디 신부님께서 편지 보내는 모든 사람들에게 대신 안부해 주십시오.

샤스탕 신부는 오는 1월에 조선에 입국할 것입니다. 아직 임지가 없는 선교사가 있으면 그를 요동에 정착시켜 거기서 우리의 편지를 받을 수 있게 해주시면 좋겠습니다. 우리는 북경에 가서 우리 짐을 가져올 사람을 (일 년에) 한 번밖에 보내지 못할 것입니다. 우리 조선인 밀사[12]들은

---

11 랑글르와(C.F. Langlois, 1767~1851) : 파리 외방전교회 선교사. 1792년부터 1805년까지 서(西)통킹 대목구에서 사목 활동을 하였다. 1814년에는 파리 외방전교회 지도 신부, 1819년에는 파리 외방전교회 장상 보좌가 되었고, 1823~1850년에는 파리 외방전교회 신학교 장상과 보좌직을 맡았다.

12 당시 조선 교회의 밀사로 활약하던 교우는 정하상(丁夏祥, 바오로), 유진길(劉進吉, 아우구스티노), 조신철(趙信喆, 가롤로) 등이었다.

qui y ******.¹ Ce sera à Pien men que nos courriers coréens iront une ou deux ou trois fois l'année s'il le faut.

Peut-être allez vous vous fâcher mais pourtant il n'y avait pas d'autre manière d'agir. M^r Yu s'est interdit. yeou chen fou lay ouotchy tao ouo che² suspensus, quand il y aura des prêtres en Corée je serai interdis, je le sais. S'il vous est permis d'en connaître les causes de cet interdit lisez la lettre au cardinal préfet de la propagande vous les y verrez en bien plus grand nombre qu'il ne faudrait.

Agréez l'assurance de mon parfait attachement et des respects avec lesquels j'ai l'honneur d'être en union de prières et de S.S. Sacrifice.

    Monsieur et très cher confrère

        Votre très humble et très obéissant Serviteur

            p.phil. Maubant

            miss. de Corée

Haniang

4 avril 1836

    J'ai l'honneur de saluer Mr Barantin.

---

1 판독 불가.

2 판독 불명확.

변문[13]으로 갈 것인데, 필요하다면 1년에 한 번, 두 번 아니 세 번까지도 갈 것입니다.

신부님께서 화를 내실지도 모르지만 다른 방법이 없었습니다. 유 (파치피코) 신부는 성무 정지 처분을 받았습니다.[14] 조선에 다른 신부들이 오면 저도 정지 처분을 받게 되겠지요. 저도 그것을 알고 있습니다. 이 정지 처분의 이유를 알고 싶으시면 포교성성[15] 장관 추기경께 올린 저의 편지를 읽어 보십시오. 편지에서 신부님은 그 처분이 필요했던 수많은 이유를 발견하실 것입니다.

기도와 미사성제로 일치를 이루며, 깊은 애정과 존경을 담아 인사드립니다.

지극히 미천하고 순명하는 종
조선 선교사
피에르 필리베르 모방

한양
1836년 4월 4일

바랑탱[16] 신부님께 인사 전합니다.

---

13 변문(邊門) : 조선시대 북경으로 가는 사신들이 통과하던 곳으로, '책문(柵門)'이라고도 했다. 현재 요녕성(遼寧省) 단동시(丹東市)에 속한 봉성시(鳳城市) 변문진(邊門鎭)에 위치하였다.

14 모방 신부는 유방제 신부의 선교 방식과 조선에서의 행실을 문제 삼아 교황청 포교성성에 제소하였고, 브뤼기에르 주교로부터 위임받은 총대리 자격으로 유방제 신부를 중국으로 돌려보냈다.

15 포교성성(布敎聖省) : 1622년 교황 그레고리오 15세가 설립한 교황청 기관. 정식 교계 제도가 설정되지 않은 선교 지방이나, 교계 제도가 설정되었지만 교회가 충분히 성장하지 못한 지역 교회를 담당한다. 개편을 통해 현재는 '인류복음화성(人類福音化省)'이라고 부르고 있다.

16 바랑탱(A. Barentin, 1806~1887) : 파리 외방전교회 선교사. 1832년 마카오에서 활동하

③ Extrait d'une lettre de Mr Legrégeois à Mrs Maubant et Chastan
(AMEP vol. 322 ; ff. 409~411)

à Mrs Maubant et Chastan

2 mai 1837

J'ai reçu ces jours derniers la lettre de Mr Maubant du 4 Avril avec celle qu'il adresse au Cardinal Préfet. Je regrette beaucoup que celle qui était adressée à M^rs les Directeurs ait été à PéKin. Nous avons gémi sur la conduite du P. P[Pacifique]. quel parti prendra la Propagande? Je désire beaucoup que vous ne preniez point de décision sur l'envoi des élèves coréens avant d'avoir connu les intentions de Mgr Imbert votre V^re Ap^que. Il me semble que s'il y avait moyen d'instruire ces jeunes gens au Leao-tong ou ailleurs, cela vaudrait beaucoup mieux que de les envoyer dans ces pays-ci pour y être témoins des scandales des Européens.

③ 르그레즈와 신부가 모방 신부와 샤스탕 신부에게 보낸 답신

· 발신일 : 1837년 5월 2일
· 발신지 : (마카오)
· 수신인 : 모방 신부와 샤스탕 신부
· 출   처 : AMEP vol. 322, ff. 409~411

친애하는 신부님들께,

1837년 5월 2일

　　모방 신부님의 4월 4일 자 편지와 포교성성 장관 추기경께 올리는 편지를 최근에 받았습니다. (파리 신학교) 지도 신부님들에게 보낸 편지가 북경으로 간 것은 매우 유감스럽습니다. 우리는 유 (파치피코) 신부의 처신에 탄식하였습니다. 포교성성에서 어떤 결정을 내릴까요? 조선 학생들을 보내는 문제에 대해서는 여러분의 (조선) 대목구장이신 앵베르[17] 주교님의 의향을 알기 전에는 여러분께서 그 어떤 결정도 내리지 않으시기를 간절히 바랍니다. 그 학생들을 요동이나 다른 곳에서 가르칠 방법이 있을 듯합니다. 그렇게 하는 것이 그들을 여기로 보내어 서양인들의 볼미스러운 일들을 보게 하는 것보다 훨씬 나을 것입니다.

기 시작하였고, 1838년까지 마카오 대표부의 부대표를 지냈다.

17　앵베르(L.-J.-M. Imbert, 范世亨, 1796~1839) : 성인. 파리 외방전교회 선교사. 제2대 조선 대목구장. 1836년 4월 26일 조선 대목구 부주교로 임명되었고, 1837년 5월 14일 주교로 서품되었다. 그해 12월 31일 서울에 도착하여 조선 대목구를 담당하였다. 1839년 9월 21일 새남터에서 순교하였다.

Il me semble vous ferez bien de ne pas vous presser trop de faire ordonner Joseph Tao. Le P. P. est un terrible exemple ; d'ailleurs il vaut mieux que vous laissiez ce soin à Mgr Imbert. Je pense que Sa Gr. prendra avec elle quelqu'un de nos Confrères du Sutchuen et peut-être aussi qu'elle voudra prendre d'autres plans que ceux que vous auriez formés ; raison de plus de ne rien précipiter.

J'ai donné des nouvelles de Mr Maubant à sa famille.

…

왕 요셉[18]에게 서품 주는 일은 너무 서두르지 않는 것이 좋을 것 같습니다. 유 신부가 끔찍한 본보기입니다. 그 문제도 앵베르 주교님께 맡기는 것이 좋을 것입니다. 주교님은 우리 사천(四川) 선교사 중 한 명을 데리고 가실 듯합니다. 그리고 여러분이 계획한 것과는 아마도 다른 것을 하시려는 듯합니다. 그러니 더더욱 서두를 것이 전혀 없습니다.

모방 신부님의 소식을 신부님의 가족들에게 전했습니다.
…[이하 생략]…

---

18 왕 요셉 : 중국 사천 대목구 출신의 신학생으로 페낭 신학교에서 공부하다가 조선으로 떠나는 브뤼기에르 주교를 따라다니면서 보좌하였다. 1835년 브뤼기에르 주교가 선종한 후 서만자(西灣子)에 있었다. 1837년 11월과 12월에는 서만자에서 변문까지 앵베르 주교를 따라가기도 하였다. 조선 교우들의 기록에는 '왕(王)' 씨로, 선교사 서한에는 'Tao', 'Vam' 등으로 되어 있다.

2. Départ pour Macao

① Extrait d'une lettre de Mr Maubant à Mr Legrégeois
(AMEP vol. 1260 ; ff. 105~107)

Sehoul 3 X^b 1836
Reçue le 7 juin 1837

Monsieur et très cher confrère,

Le temps ne me permet de vous écrire toutes les nouvelles que je désirerais de vous envoyer. Vous en connaîtrez un abrégé en lisant la lettre que j'ai adressée à M.M. nos directeurs.

J'avais promis de vous envoyer deux enfants Coréens, la crainte de ne pas avoir d'occasion de vous en envoyer à l'avenir m'a engagé à leur en ajouter un troisième, quoiqu'il n'ait passé que 4 ou 5 mois avec moi.

Voici leurs noms selon l'ordre de leur arrivée. Thomas Tchu 6 février dernier, François Tchu 14 de mars. André Kin le 11 juillet. Leurs parents sont des meilleurs chrétiens de Corée. Il sont pauvres.

2. 마카오로 출발

① 모방 신부가 르그레즈와 신부에게 보낸 서한과 신학생 서약서

- 발신일 : 1836년 12월 3일
- 발신지 : 서울
- 수신인 : 르그레즈와 신부
- 수신일 : 1837년 6월 7일
- 출   처 : AMEP vol. 1260, ff. 105~107

1836년 12월 3일, 서울
1837년 6월 7일 수신

친애하는 신부님,

신부님께 전하고 싶은 소식을 전부 쓸 시간이 없습니다. 제가 지도 신부님들에게 쓴 편지를 읽어 보시면 소식들을 대충 아실 수 있을 것입니다.

신부님께 조선 소년 2명을 보내겠다고 제가 약속드렸었지요. 그런데 앞으로 또 기회가 없을까 걱정이 되어, 비록 저하고 4~5개월밖에 같이 있지는 않았지만 세 번째 소년을 추가로 함께 보내기로 하였습니다.

그들의 도착순으로 이름을 소개하면, 지난 2월 6일 최(양업) 토마스, 3월 14일 최(방제) 프란치스코, 7월 11일 김(대건) 안드레아입니다. 그들의 부모들은 조선에서 가장 뛰어난 교우들입니다. 그들은 가난합니다.

Les parents de François Tchu, quoique changteng gen (homme de l'ordre supérieur ce qui correspond à nos nobles en France) ont subi cette année au mois de 8bre dernier un coup de persécution qui les a réduit à n'avoir pas même de quoi se couvrir. Ils sont à la merci des chrétiens. J'en ai reçu un dont j'espère faire un catéchiste, le frère aîné de François est captif pour la foi.

Ces enfants sont d'un charactère docile. J'espère qu'avec la grâce du bon Dieu vous en serez content. Ils m'ont bien promis de s'appliquer à l'étude avec ferveur et d'observer une docilité angélique à la voix du supérieur que la Divine providence leur donnera. Si la Divine Miséricorde daigne nous conserver la paix telle quelle dont nous jouissons, j'espère que l'on pourra vous en envoyer d'autres peut-être même l'année prochaine ou dans deux ans. Si l'on est de mon avis on en fera sortir maintenant un nombre bien plus que suffisant pour administrer un jour les chrétiens de Corée. dans peu de temps il y aura en Corée une persécution générale ou bien la Religion chrétienne sera tolérée. Vu le caractère des Coréens il nous est moralement impossible d'habiter avec les chrétiens à l'insçu du gouvernement. on dit déjà et depuis plusieurs mois que les régents ou au moins le premier des trois régents principaux du royaume sçait qu'il y a en Corée des étrangers ministres de la Religion chrétienne.

최 프란치스코 일가는 상등인(上等人, 프랑스의 귀족에 해당하는 높은 지위에 있는 사람)이지만, 올해 10월 박해를 겪고 몸에 걸칠 것 하나 없는 처지가 되었습니다. 그들은 교우들의 신세를 지고 있습니다. 저는 그중 한 명을 받아들였는데 그를 회장으로 삼고자 합니다. 프란치스코의 형[19]은 신앙 때문에 수감되어 있습니다.

이 소년들은 온순합니다. 그들이 신부님의 마음에 드시길 바랍니다. 그들은 열심히 공부하고, 하느님의 섭리로 그들의 교장이 될 분의 말씀에 순명하겠다고 제게 굳게 약속했습니다. 하느님의 자비가 지금과 같은 평온을 유지해 주신다면, 어쩌면 바로 내년 혹은 후년에 다른 학생들을 보낼 수 있을 것으로 기대합니다. 제 의견이 받아들여진다면, 앞으로 조선 교우들에게 성사를 집전하기에 충분한 수의 소년들을 내보낼 것입니다. 얼마 안 있어 조선에 전국적으로 박해가 일어나거나 아니면 천주교가 허용될 것입니다. 조선인의 성격에 비추어 볼 때, (조선) 조정이 모르게 우리가 교우들과 함께 지내는 것은 불가능합니다. 벌써 수개월 전부터 나라의 정승들, 혹은 주요한 3명의 정승 중 적어도 맨 윗사람은 조선에 외국인 천주교 사제들이 있는 것을 알고 있었다고 합니다.

---

19 최방제의 형은 최수(崔燧, 베드로)와 최형(崔炯, 베드로)인데 1836년 12월 당시에 그들 중 누가 수감되었는지는 알 수 없다.

Vous enverrez les jeunes Coréens au meilleur endroit que vous aurez pu trouver pour établir un collège. Vous nous direz, s'il vous plait dans vos premières lettres où vous aurez institué le Collège de nos élèves Coréens. Je prie M^r leur supérieur de nous écrire au moins une fois chaque année.

…

Mr Chastan vous apprendra comment il aura disposé la conduite des jeunes Coréens, de Pien men à Macao. Je ne leur ai donné de viatique que pour se rendre à Pien men. Ma bourse ne me permettait pas de les conduire plus loin.

J'aurais désiré d'avoir la formule du Serment que les élèves du Setchuen prêtent avec de sortir du Setcheun. Voici comme j'y ai suppléée. Voyez la feuille ci incluse.

8 ou 10 heures avant leur départ les 9 ou 10 hommes y compris les élèves qui étaient préparés pour partir ont failli me rester. On leur avait annoncé que le gouvernement avait mis à la poursuite d'un rebelle ; ils sont venus tout épouvantés me demander s'ils iraient ou remettraient à l'an qui vient. J'ai eu à travailler pendant plus d'heure pour rétablir leur coeur <u>dans son assiette</u>, enfin ils se sont résignés.

Je recommande et recommande nos chrétiens à vos charitables prières et suis en union de prières et S.S. Sacrifice.

    Monsieur et très cher confrère,

Je prie de communiquer ou faire passer cette lettre à M^r Le Supérieur de nos élèves Coréens et de saluer à ma place Mr Barrentin

신학교를 두기에 제일 좋은 장소로 조선 소년들을 보내 주십시오. 다음 편지에서 우리 조선 학생들의 신학교를 어디에 세우셨는지 저희에게 알려 주십시오. 그들의 교장 신부님이 적어도 1년에 한 번은 우리에게 편지를 보내 주셨으면 합니다.

…[중략]…

변문에서 마카오까지의 조선 소년들의 여정을 어떻게 준비시켰는지는 샤스탕 신부님이 알려드릴 것입니다. 저는 그들에게 변문까지 가는 여비밖에 주지 못했습니다. 더 멀리까지 가는 여비를 주기에는 제 주머니 사정이 여의치 않았습니다.

사천의 신학생들이 사천을 떠날 때 하는 서약의 양식을 제가 갖고 있었더라면 좋았을 것입니다. 그것을 대신하여 제가 만든 서약서를 동봉합니다.

출발을 8~10시간 앞두고 학생들을 포함해서 떠날 준비가 다 되었던 9~10명의 교우들이 하마터면 떠나지 못할 뻔하였습니다. 조정에서 어떤 반역자를 추적하기 시작했다는 소식이 전해졌기 때문입니다. 그들은 완전히 겁에 질려 떠나야 할지 아니면 내년으로 미루어야 할지 제게 물으러 왔습니다. 그들을 안심시키는 데 여러 시간이 소요되었고 마침내 그들은 인송(忍從)하였습니다.

저는 신부님의 기도에 우리 신자들을 의탁하고 또 의탁하며, 기도와 미사성제로 신부님과 일치를 이룹니다.

친애하는 신부님, 우리 조선 학생들의 교장 신부님에게 내용을 알려 주시거나 이 편지를 전달해 주십시오. 그리고 바랑탱 신부에게 대신 인사 전해 주십시오.

Votre très h. et très ob. Serviteur

petrus philibertus Maubant

miss. Coreæ

[Le serment des élèves Coréens rédigé par M⁰ Maubant]
(AMEP vol. 1260 ; ff. 99)

à M' Le Supérieur du College des Coréens à ⋯

+

In nomine Patris et Filii et Spiritus Sancti

Promittis-ne mihi et Coreae Missionis successoribus meis obedientiam et submissionem?
Promitto.

Promittis-ne mihi et successoribus meis Coreae Missionis supe-

지극히 미천하고 순명하는 종

조선 선교사

피에르 필리베르 모방

[모방 신부가 작성한 신학생 서약서]

· 발신일 : 1836년 12월 3일
· 수신인 : 조선 신학교 교장
· 출   처 : AMEP vol. 1260, f. 99

···에 있는 조선 신학교 교장 신부님께

+

성부와 성자와 성령의 이름으로

  나와 나를 이어 조선 포교지의 장상이 될 분들에게 순종하고 순명할 것을 약속합니까?
  약속합니다.

  나와 나를 이어 조선 포교지의 장상이 될 분들에게, 장상에게 청하여

rioribus te non ad alias Congregationes seu ad alia loca quam loca designata a tuo superiore, absque ejus licentia petita et obtenta.

Promitto.

Ego infra scriptus necessario Missionis Coreae superior Societatis sacerdotum Missionum ad exteros sacerdos Missionarius in Corea has praescriptas promissiones Francisci Tchu filii Jacobi et Annae Hoang Namian Kiangkito prov. oriundi nec non Thomae Tchu Hongtchou Taraccol Tchongtchingto prov. oriundi et Andreae Kim mintsiensol-may Tchongtchingto prov. oriundi recepi super S. Evangelio manu posita factas ante D.N.J. Christi Crucifixum. 2 die X^{bris} an. D. 1836

Petrus-Philibertus Maubant
miss. Coreae

허락을 받지 않고서는 다른 회에 들어가지 않고, 장상이 지정한 장소 외에 다른 장소로 가지 않을 것을 약속합니까?

약속합니다.

파리 외방전교회 소속 조선 선교 사제이며 부득이 조선 포교지의 장상이 된, 아래 서명한 본인은 경기도 남양 출신 최 야고보[20]와 황 안나의 아들 최(방제) 프란치스코, 충청도 홍주 다락골 출신 최(양업) 토마스, 충청도 면천 솔뫼 출신 김(대건) 안드레아로부터 1836년 12월 2일 예수 그리스도의 십자가 앞에서 성경에 손을 얹고 이 서약을 받았습니다.

조선 선교사
피에르 필리베르 모방

---

20 최인호(崔仁浩, 야고보).

② Extrait d'une lettre de M' Chastan à M' Legrégeois
(AMEP vol. 1256 ; ff. 77~79)

M. Legrégeois
procureur

Chenyan le 18 X^{bre} 1836
Reçue le 27 Juin 1837

J.M.J.

Monsieur et très cher confrère,

…

Je suis parti de Chenyan le 19 et suis arrivé à la porte de la Corée le 25, beau jour de la Nativité. Nous avons pris un logement assez commode pour le lieu ; c'est chez un mahométan qui se garde bien de mettre le pied dans notre chambre parce que nous usons de viande

② 샤스탕 신부가 르그레즈와 신부에게 보낸 서한

· 발신일 : 1836년 12월 30일[21]
· 출   처 : AMEP vol. 1256, ff. 77~79
· 참   조 : Ch. 달레, 『한국 천주교회사』 중, 357쪽

르그레즈와 대표 신부님

1836년 12월 18일, 심양
1837년 6월 27일 수신

예수. 마리아. 요셉

친애하는 신부님께,

…[중략]…

저는 (12월) 19일에 심양(瀋陽)을 떠나, 25일 주님 성탄 대축일에 조선의 관문(변문)에 도착하였습니다. 그곳에 있는 것 치고는 제법 안락한 숙소를 잡았습니다. 이슬람교인의 집이었는데 그는 우리 방에 들어오는 것을 경계했습니다. 우리가 돼지고기를 먹고 포도주를 마시기 때문이지요.

---

21 서한 맨 첫 장 상단에는 작성일이 1836년 12월 18일로 적혀 있으나, 서한 맨 끝에는 1836년 12월 30일로 되어 있다.

de chchon et buvons du vin. Personne ne vint nous molester. Hier 29 le père Yu, 3 élèves, 4 chrétiens sont parvenus. Ces quatre catéchistes ne font nulle difficulté de m'introduire ; ce sera demain ou après demain que nous espérons nous mettre en route. On ne sait si le commencement de persécution aura des suites funestes. Je vais [être] résigné à tout même à la mort si le Bon Dieu m'en juge digne.

…

Pien men 30 X^{bre} 1836

Votre très humble et tout dévoué serviteur
J. Chastan m.a

아무도 우리를 괴롭히지 않았습니다. 어제 즉 29일, 유 (파치피코) 신부와 3명의 학생과 4명의 교우가 도착했습니다. 4명의 교우는 저를 입국시키는 일에 대해 전혀 까다롭게 굴지 않았습니다. 저희는 내일이나 모레 출발하기를 바라고 있습니다. 박해의 시작이 끔찍한 결과로 이어지게 될지는 모릅니다. 좋으신 하느님께서 저를 합당하게 여기신다면 저는 모든 것, 죽음까지도 받아들일 것입니다.

…[중략]…

1836년 12월 30일, 변문

당신의 지극히 미천하고 헌신하는 종
교황 파견 선교사 샤스탕

3. Arrivée à Macao

① Extrait d'une lettre de Mr Barentin aux Directeurs
(AMEP vol. 303 ; ff. 965~967)

Macao 13 Juin 1837

Messieurs,

...

Le 7 juin deux courriers envoyés par Mr Chastan nous ont amené trois élèves Coréens et apporté plusieurs lettres de Mr Maubant. Ces élèves de 17 à 18 ans nous paraissent être d'une admirable simplicité. Demain nous expédions ces mêmes courriers, afin qu'ils puissent arriver à Sivang assez à temps pour y prendre Mgr Imbert, qui a dû s'y

3. 마카오 도착

① 바랑탱 신부가 파리 신학교 지도 신부들에게 보낸 서한

- 발신일 : 1837년 6월 13일
- 발신지 : 마카오
- 수신인 : 파리 외방전교회 신학교 지도 신부들
- 수신일 : 1838년 5월 23일
- 출 처 : AMEP vol. 303, ff. 965~967

1837년 6월 13일, 마카오

신부님들께,

…[중략]…

샤스탕 신부님이 보낸 2명의 밀사가 (1837년) 6월 7일에 3명의 조선인 학생을 데리고 왔고, 모방 신부님의 편지도 여러 통 가져왔습니다. 17세에서 18세 사이인 이 학생들은 놀랄 만큼 순박해 보입니다. 우리는 이 밀사들이 서만자[22]에 제때 도착할 수 있도록 내일 떠나보낼 것입니다. 르그레즈와 신부님의 의견에 따라 서만자에 가 계시는 앵베르 주교님을

---

22 서만자(西灣子) : 현재 하북성 장가구시(張家口市) 숭례현(崇禮縣) 서만자진(西灣子鎭)이다. 프랑스 출신 라자로회의 관할 구역으로, 브뤼기에르 주교, 모방 신부, 앵베르 주교가 이곳에 머물다 조선으로 출발하였다.

rendre d'après l'avis que lui en a donné Mr Legrégeois, et le conduire à Fong pien men, afin qu'à la 11e lune les courriers Coréens puissent l'introduire.

Mr Chastan partait pour la Corée lorsqu'il nous écrivit sa lettre datée du 9$^{\&bre}$[9 9bre] 1836. Il est inutile de vous parler des nouvelles que Mr Maubant vous donne : les lettres qu'il vous envoie vous mettront au courant bien mieux que nous ne pourrions le faire. Nous nous bornerons à vous donner un petit abrégé de notre lettre à Mgr Imbert.

Nous déclarons à Mgr que nous entrons dans les vues de son digne prédécesseur et de nos deux Confrères Mrs Maubant et Chastan, que comme eux, nous désirons vivement qu'il y ait sur les frontières de Corée, une maison de correspondance : nous ajoutons que nous verrions un plus grand avantage, si cette maison servait tout à la fois de séminaire et nous motivons notre opinion sur les dépenses qu'on diminuerait, en les divisant moins ; sur la santé des jeunes gens à qui l'on épargnerait toutes les rigueurs d'un voyage de 8 mois : sur les immenses biens qui résulteraient pour ces enfants de n'être pas en contact avec des gens, dont les moeurs sont tout à fait différentes : ce qu'ils ne pourront éviter s'ils sont envoyés au Collège générale. Car, soit dit en passant, bien que les maîtres du Collège de Pinang soient d'excellents Confrères, cependant il règne dans ce Collège une espèce de gangrène : l'esprit de cotterie[coterie], d'orgueil et de controlle[contrôle]. Voilà l'apanage de presque tous les élèves chinois. Aussi nous nous garderons bien d'y envoyer ces jeunes Coréens, avant que Mgr Imbert ne nous ait déclaré sa volonté.

모셔와서, 조선인 밀사들이 음력 11월에 주교님을 (조선에) 입국시킬 수 있도록 봉황성 변문까지 안내하기 위해서입니다.

샤스탕 신부님은 1836년 11월 9일 우리에게 편지를 쓰고 조선을 향해 떠났습니다. 모방 신부님이 여러분께 전하는 소식을 말씀드릴 필요는 없겠지요. 여러분께 보내는 그의 편지를 통해 저희보다 더 자세히 아시게 될 것입니다. 그러므로 여기서는 앵베르 주교님께 보낸 저희의 편지를 요약해 전하는 것으로 그치고자 합니다.

저희는 (앵베르) 주교님께, 그분의 선임 주교님[23]과 두 동료 신부님, 즉 모방 신부님과 샤스탕 신부님과 견해를 같이한다고 말씀드렸습니다. 또 그들과 같이 저희도 조선 국경에 연락을 위한 집을 한 채 두기를 절실히 바란다고 하였습니다. 동시에 이 집이 신학교로도 사용된다면 더욱 좋을 것이라는 말을 덧붙이고, 다음과 같은 저희의 의견을 피력했습니다. 지출금 분배를 줄여 지출을 줄일 수 있고, 소년들이 8개월간의 혹독한 여행을 면하게 되면 건강에도 좋고, 또 이 소년들이 관습이 전혀 다른 사람들과 접촉하지 않아도 되니 거기서 오는 이점이 매우 크다는 것입니다. 이 마지막 문제는 소년들이 (페낭) 신학교로 보내질 경우 피할 수 없는 것입니다. 왜냐하면, 여담입니다만 페낭 신학교의 신부님들은 매우 훌륭하시지만 학교 안에 부패와노 같은 것이 퍼져 있습니다. 바로 파벌과 교만과 통제입니다. 이것이 거의 모든 중국인 학생들이 지닌 특성입니다. 그러므로 저희는 앵베르 주교님께서 당신의 의향을 저희에게 알리시기 전까지는 이 조선 학생들을 그리로 보내지 않을 것입니다.

---

23   브뤼기에르 주교.

J'espère que vous nous enverrez bientôt la permission que Mgr de Capse a demandée à Rome, d'avoir une maison en Tartarie, afin que nous ne soyons pas à la merci des étrangers : Mgr Bruguière a si bien motivé sa demande, qu'on ne refusera pas d'y souscrire. Cette concession deviendrait plus nécessaire encore, si Mgr Imbert voulait y établir son Collège, ce qui nous parait bien désirable.

Peut-être feriez-vous bien de demander à Rome des bulles, pour que Mgr Imbert pût dans un cas grave et impérieux se choisir et consacrer un Coadjuteur, afin que la mission ne pût être privée de Vicaire Apostolique. Ce qui est d'une grande importance dans les commencements d'une mission, où a commencé la persécution et où elle continuera peut-être encore longtemps et avec plus de force.

Nous envoyons à Sa Grandeur une somme de quinze cents piastres, afin qu'elle puisse exécuter le projet d'avoir une maison pour son Collège, comme nous le lui insinuons. Nous la félicitons beaucoup d'avoir perdu M^r Yu, tout en nous affligeant beaucoup de sa faute. Nous l'engageons à retarder, s'il est possible, l'ordination de Joseph Wang jusqu'à ce que Sa G^{deur} ait pu s'assurer par elle-même de ses dispositions. Ce jeune homme parait bien ignorant : il est absolument incapable de servir de correspondant.

…

갑사 명의 (브뤼기에르) 주교님께서, 저희가 외부인들에게 좌지우지되지 않도록 달단(韃靼)에 집 한 채를 두게 해달라고 로마에 요청하신 건에 대한 승인을 저희에게 곧 보내 주시기 바랍니다. 브뤼기에르 주교님께서 당신의 요청에 대해 훌륭한 근거를 대셨으니 승인이 거부되지는 않을 것입니다. 우리가 매우 바람직하게 여기는 바대로 앵베르 주교님께서 그곳에 신학교를 세우려 하신다면 이 승인은 더욱 필요해질 것입니다.

(조선) 포교지가 대목구장을 잃는 일이 없게 하기 위해, 중대하고 긴급한 경우에 앵베르 주교님께서 부주교를 선택하고 성성할 수 있도록 여러분께서 로마에 칙서를 요청하시는 것이 좋을 듯합니다. 포교지가 시작되는 시기에는 그것이 매우 중요합니다. 박해가 시작되었고 그 박해가 오랫동안 격렬하게 계속될 듯한 포교지에서는 말입니다.

우리가 (앵베르) 주교님께 시사한 대로 주교님께서 신학교를 위한 집 한 채를 마련하려는 당신의 계획을 이행하실 수 있도록 그분께 1,500피아스터[24]를 보냅니다. 자신의 과오로 우리를 몹시 슬프게 한 유 (파치피코) 신부를 잃은 것은 퍽 다행한 일입니다. 그리고 왕 요셉의 서품 건은 (앵베르) 주교님께서 직접 그의 자질을 확인하실 때까지 가능하면 연기하도록 권했습니다. 이 젊은이는 아주 무지해 보입니다. 절대로 연락원 일을 맡을 수 없는 사람입니다.

…[중략]…

---

24 피아스터(piastre) : 16세기 초 베네치아 공화국을 비롯한 지중해 동부 연안 지역과 오스만 투르크 제국 등에서 사용된 화폐였다. 이후 스페인이 당시 식민지였던 멕시코에서 주조한 은화와 멕시코가 독립하고 나서 주조한 은화를 '피아스터'로 지칭하였다. 이 은화들은 발행량이 많고 가치가 안정적인 이유로 19세기까지 국제 무역 통화로 널리 통용되었다.

Mr Legrégeois est bien mieux : avec beaucoup des ménagements j'espère qu'il pourra bientôt reprendre ses fonctions.

Mr Calleri[Callery] enseigne ces Jeunes Coréens jusqu'à ce que Mgr Imbert nous ait fait connaître sa volonté sur ce Confrère. Nous écrivons à Mgr Imbert que nous croyons ce Confrère très propre à présider à son Collège.

...

Votre très humble et obéissant serviteur

A. Barentin

② Extrait d'une lettre de Mr Callery à Mr Tesson
(AMEP vol. 303 ; ff. 997~1000)

르그레즈와 신부님은 많이 회복되었습니다. 아주 조심해 가면서 그분이 곧 다시 일하실 수 있기를 기대합니다.

앵베르 주교님께서 칼르리[25] 신부님에 대한 의사를 저희에게 알려올 때까지 칼르리 신부님은 조선 학생들을 가르칠 것입니다. 저희는 앵베르 주교님께 편지를 써서 칼르리 신부님이 주교님의 신학교[26]를 맡기에 아주 적임자라고 전하겠습니다.

…[중략]…

지극히 미천하고 순명하는 종
앙드레 바랑탱

② 칼르리 신부가 테송 신부에게 보낸 서한

- 발신일 : 1837년 10월 4일
- 발신지 : 마카오
- 수신인 : 파리 외방전교회 신학교 테송[27] 신부

---

25 칼르리(J.M. Callery, 1810~1862) : 전(前) 파리 외방전교회 선교사. 조선 선교사로 임명되어 1835년 프랑스를 떠났다. 조선 입국이 어려워지자 마카오에 머무르면서 김대건, 최양업, 최방제를 가르쳤다. 1842년에 파리 외방전교회를 탈퇴하였다.
26 파리 외방전교회 마카오 대표부에 둔 임시 신학교였다.
27 테송(J. Tesson, 1798~1876) : 파리 외방전교회 선교사. 1827년부터 인도 퐁디셰리(Pondichérry)에서 활동하였다. 1833년 파리 외방전교회 신학교의 지도자로 임명되었고, 1834년부터 경리 담당 신부 등을 역임하였다.

Macao 4 8bre 1837

Reçue le 17 mai 38

Monsieur et cher confrère,

...

Voici donc les différents commissions dont je prends encore la liberté de vous charger en suivant l'ordre de l'importance que j'y attache [Connaissance des Temps, niveau à bulles d'air, mètre à basses températures, aréomètre, baromètre, verres achromatiques, acide oxalique, crayons de 1ère qualité, caif, couteau de poche, ciseaux, médailles miraculeuses à inscription chinoise, sténographie, réveille-matin].

...

Ce dernier article [un réveil-matin indépendant chez Laresche, au Palais Royal n°164.] ainsi que plusieurs des précédents me sont presque nécessaires dans la position où je me trouve maintenant vis-à-vis de nos élèves coréens. Devenu supérieur de collège, maître d'école, directeur, père et médecin tout à la fois de ces pauvres jeunes gens, je me trouve avoir besoin de beaucoup de choses et il me manque tout.

· 수신일 : 1838년 5월 17일
· 출   처 : AMEP vol. 303, ff. 997~1000

1837년 10월 4일, 마카오
1838년 5월 17일 수신

친애하는 신부님,

…[중략]…

아래는 신부님께 부탁드리는 주문품인데 중요한 순서대로입니다. [천문력, 수준기(水準器), 온도계, 비중계, 기압계, 무색 렌즈, 옥살산,[28] 최상품 연필, 칼, 주머니칼, 가위, 한자가 새겨진 기적의 메달, 속기계, 자명종]

…[중략]…

위의 여러 물건과 마지막 물건(팔레 루아얄 164호에 있는 라레쉬사[-社] 자명종)은 조선 학생들을 대면하고 있는 지금의 제 상황에서 기의 필수적인 것들입니다. 이 학교의 교장이 된 저는 동시에 이 가엾은 소년들의 교사이자 지도자이며 아버지이자 의사입니다. 많은 것이 필요한데 하나도 없습니다. 내년에 그들과 같이 달단으로 가서 소신학교를 세울 듯합니다. 그런 시설에 필요한 여러 가지 작은 물건들을 어떻게 구해야 할까

---

28 옥살산(oxalic酸) : 염료의 원료나 표백제, 금속 연마 등에 쓰인다. 수산(蓚酸)이라고도 한다.

Il est probable que l'année prochaine j'irai avec eux établir un petit séminaire en Tartarie ; comment ferai-je pour me procurer les divers petits objets nécessaires dans un établissement de ce genre. Vous avez sans doute éprouvé vous-même que dans certaines circonstances on donnerait beaucoup pour avoir des aiguilles, des allumettes, chimiques, de l'amadou, des canifs et cinquante autres petites choses de ce genre, si utiles dans un ménage d'homme. Aussi sans vous en faire une recommandation spéciale, vous me feriez un grand plaisir de ne pas les oublier. Il n'est pas nécessaire de vous dire de m'envoyer les différentes choses que je vous demande au plutôt possible afin qu'elles me parviennent avant mon départ de Macao ou du moins peu de temps après.

Quand à l'époque à laquelle je partirai d'ici il n'y a encore rien de certain. Mr Legrégeois a écrit récemment à Mgr Imbert que je resterai ici jusqu'à ce que Sa Grandeur ait fait connaître ses volontés à l'égard du Collège Coréen dont je suis chargé pour le moment. Quant arrivera la réponse à cette lettre? au plutôt dans 8 mois : Quelle en sera le teneur? Je vous laisse deviner, si vous êtes plus soucis[soucieux] que moi. En tout cas je suis bien heureux d'appartenir à une Mission, où il y a tout à recueillir et où il n'y aura pas, j'espère, aucun germe de mésintelligence.

…

J'oubliais de vous dire que mes Coréens ayant la voix fort rauque et entièrement détonnée, je désirerais les redresser un peu en leur

요? 아마 신부님도 여러 상황에서 바늘, 성냥, 화학물, 부싯깃,[29] 주머니칼, 그 밖의 자질구레한 물건들, 남성들의 집안일에 아주 유용한 그런 것들을 어떻게 해서든 구하려 하신 적이 있었을 것입니다. 그러니 신부님께 따로 특별히 주문하지 않아도 그것들을 잊지 말아 주시면 매우 기쁘겠습니다. 신부님께 청한 여러 물건이 제가 마카오를 떠나기 전에, 아니면 적어도 그 직후에라도 제게 도착하도록 될 수 있는 한 빨리 보내 달라는 말씀은 굳이 드릴 필요가 없겠지요.

제가 이곳을 떠나는 시기에 대해서는 아직 확실한 것이 하나도 없습니다. 르그레즈와 신부님은 최근에 앵베르 주교님께 편지를 보내어, 현재 제가 책임지고 있는 조선 신학교에 대한 주교님의 의향을 알려주실 때까지는 제가 이곳에 머물러 있을 것이라고 하였습니다. 그 편지의 회답이 언제 올까요? 빨라야 8개월 뒤일 것입니다. 또 회답의 내용은 어떠할까요? 저보다 더 걱정되신다면 신부님께서 짐작해 보십시오. 어쨌든 추수할 것이 많은 포교지에 속하게 된 것이 기쁩니다. 거기에는 불화가 없기를 바랍니다.

···[중략]···

제 조선 학생들의 목소리가 매우 쉰 데다 음정도 엉망이라는 걸 말씀 드린다는 것을 잊었습니다. 그들에게 교회 노래와 성가를 가르쳐 그것을

---

29 부싯돌을 쳐서 일어나는 불똥을 받아서 불을 붙이는 물건. 바짝 마른 식물이나 천, 종이 등으로 만든다.

enseignant le chant de l'Eglise et quelques cantiques. Pour cela ce serait de merveille si je pouvais avoir un accordéon de 4 à 5 piastres ; mais la maison voudrait-elle faire ce petit cadeau à la Mission de Corée? Pour moi je n'ose pas le demander aperto marte ; sondez le terrain et profitez de ma confidence comme bon vous semblera. Plus tard, j'espère, nous pourrons voler de nos propres ailes et vous être moins à charge pour les choses dont on aura besoin.

Je m'arrête ici, mon cher Monsieur, afin de ne pas perdre l'occasion présente : j'espère vous écrire cette semaine encore par la voie d'Angleterre, ainsi d'un côté ou d'un autre vous receverez mes reproches et mes commissions!

...

③ Extrait d'une lettre de Mr Callery à Mr Tesson
   (AMEP vol. 303 ; ff. 727~730)

Macao 6 octobre 1837

좀 고쳐 볼까 하는데, 그러기 위해 4~5피아스터짜리 손풍금이 있으면 아주 좋겠습니다. 그러나 대표부에서 조선 포교지에 이 작은 선물을 하려고 할까요? 저로서는 그것을 노골적으로 감히 청할 수가 없습니다. 신부님 좋으실 대로, 상황을 보시고 저의 신뢰를 받아들이시면 됩니다. 나중에 우리가 우리 자신의 날개로 날게 되어 신부님께 신세를 덜 지게 되기를 희망합니다.

친애하는 신부님, 지금 편지 부칠 기회를 놓치지 않기 위해 이만 줄입니다. 이번 주에 영국 배편을 이용하여 신부님께 또 편지를 보낼 수 있기를 기대합니다. 그리하여 신부님은 또 한편 저의 핀잔과 주문을 받아 보시게 될 겁니다!
…[이하 생략]…

③ 칼르리 신부가 테송 신부에게 보낸 서한

· 발신일 : 1837년 10월 6일

· 발신지 : 마카오

· 수신인 : 파리 외방전교회 신학교 테송 신부

· 출　　처 : AMEP vol. 303, ff. 727~730

1837년 10월 6일, 마카오

Monsieur et cher Confrère,

Quoique j'ai déjà eu l'honneur de vous écrire avant-hier pour vous faire de grands reproches concernant les commissions que vous ne m'avez pas faites, les lettres auxquelles vous ne répondez pas etc etc ; je crois devoir ✶✶✶[3] profiter d'une bonne occasion, qui se présente aujourd'hui pour vous ✶✶✶✶✶[4] les même demandes qud j'ai essayé de vous faire dans ma présente lettre.

…

Vous me rendiez encore grand service si à ces différents objets vous ajoutiez des aiguilles à coudre, des allumettes chimiques, de l'amadou et autres bagatelles de ce genre, qui paraissent rien du tout, et qui me seraient très utiles dans mon séminaire Coréen que je dirige pour le moment ici et que je transporterai probablement l'année prochaine dans la haute Tartrie.

Les trois jeunes Coréens que Mr Maubant a envoyés cette année et dont Mr Legrégeois m'a abandonné entièrement l'éducation, sont des sujets accomplis sous tous les rapports désirables dans de bons prêtres ; piété, modestie, docilité, goût de l'étude, reconnaissance envers leurs maîtres, ils ont tout ce qui peut donner des consolations et dédommager de peines, que l'on a à les instruire. Déjà je sais un peu la langue coréenne ; encore quelque temps et tout ira bien, j'espère.

---

3   판독 불가.
4   판독 불가.

친애하는 신부님,

신부님께서 제 부탁을 이행하지 않으신 것과 답장을 하지 않으시는 것 등을 나무라기 위해 이미 그저께 신부님께 편지를 썼지만, 오늘 좋은 기회가 생겼기에 이 기회를 이용해 지난번에 한 부탁을 이 편지에서 다시 하려 합니다.

…[중략]…

이 여러 가지 물품들 외에 바늘, 성냥, 부싯깃, 그리고 이런 종류의 자잘한 것들을 더 보내 주신다면 제게 큰 도움이 될 것입니다. 이런 물건들은 하찮아 보이지만 현재 여기서 제가 지도하고 있는 조선 신학교에서는 대단히 유용한 것들입니다. 저는 이 학교를 내년에 달단으로 이전하게 될 듯합니다.

금년에 모방 신부님이 이곳으로 보내왔고 르그레즈와 신부님이 저에게 전적으로 교육을 맡긴 3명의 조선 소년들은 훌륭한 사제에게 바람직한 것, 즉 신심, 겸손, 온순함, 학구열, 스승에게 감사하는 마음 등 모든 면에서 완진합니다. 그들은 위로를 주고 그들을 가르치는 데 들어가는 수고를 보상하는 모든 것을 갖추고 있습니다. 저는 벌써 조선말을 조금 압니다. 조금만 더 있으면 모든 것이 잘되리라 기대합니다. 그렇다고 해서 제가 완전히 행복하다고는 생각하지 마십시오. 사람은 이 세상에서

Ne croyez pas toutefois que je sois entièrement heureux ; personne ne l'est dans ce monde, et moins encore moi qui ai rencontré une de ces petites têtes qui tout en mettant le dictamen de leur conscience en avant, causent beaucoup plus de chagrin que bien d'autres personnes dépourvues de piété. C'est là ma petite croix.

Vous n'ignorez pas que le bon Mr Legrégeois est à Manille pour rétablir sa santé et que nous venons de recevoir MM. Freycenon et Libois. Nous espérons que bientôt notre excellent procureur viendra faire autant d'heureux que nous sommes de confrères à la Procure.

J'oubliais de vous dire que mes Coréens, ayant la voix fort cassé, je désirerais fort avoir un petit accordéon pour leur apprendre un peu la note et les mettre à même de chanter les hymnes de l'Eglise, ainsi que quelques airs de cantiques adaptables à de compositions coréennes. Si vous pouviez en obtenir un de la Maison en faveur de la Corée, vous me feriez grand plaisir.

…

누구도 완전히 행복하지 않습니다. 그리고 양심의 명령을 한껏 내세우며 신심 없는 사람들보다 훨씬 더 많은 고통을 초래하는 경솔한 이들 중 한 명을 만난 저로서는 다른 사람들보다 덜 행복합니다. 이것은 저의 작은 십자가입니다.

르그레즈와 신부님은 건강을 회복하기 위해 마닐라에 가 계시고, 프레스농[30] 신부와 리브와[31] 신부가 여기에 도착한 것을 신부님께서도 아시겠지요. 우리는 곧 우리의 훌륭한 대표 (르그레즈와) 신부님이 오셔서 대표부에서 우리를 행복하게 해주시기를 기대하고 있습니다.

저의 조선 학생들이 매우 쉰 목소리를 갖고 있어서 그들에게 음을 좀 가르치고 교회 노래와 조선 곡에 적용할 수 있는 성가 몇 곡을 부르게 하기 위해 조그마한 손풍금이 하나 있었으면 정말 좋겠다는 말씀을 드리는 걸 잊었습니다. 신부님께서 조선을 위해 그것을 하나 얻어 주실 수 있다면 정말 기쁘겠습니다.

…[이하 생략]…

---

30   프레스농(J. Freycenon, 1812~?) : 전(前) 파리 외방전교회 선교사. 1837년 2월 20일 사천(四川)에 파견되어 1844년까지 활동하였다. 1844년 파리 외방전교회를 탈회하였다.

31   리브와(N. Libois,1805~1872) : 파리 외방전교회 선교사. 1837년 파리 외방전교회의 마카오 대표부에 도착하여 활동하였고, 1842년에는 대표부 대표(procureur)로 임명되었다. 신학생인 김대건과 최양업에게 라틴어와 교리 등을 가르치기도 하였다.

4. Risque d'expulsion de Macao et recherche de solutions

(Lettres de Mr Legrégeois : AMEP vol. 322 ; ff. 421~460)

① Mgr l'Archevêque de Manille.

Iles Philippines, Pueblo de Sual, 19 Août 1837.

…

J'ai eu le coeur navré de douleur en apprenant l'expulsion des deux M^{res} Italiens de Macao. Il est plus que probable que le nouveau confrère que nous attendons de jour en jour aura le même sort ainsi que nos procureurs. Je m'embarquerais sur l'Isabel Segunda qui doit faire voile mardi prochain pour Macao, si je ne craignais que mon arrivée ne fût l'occasion de notre expulsion.

…

4. 마카오 추방 위기와 대응 방안 모색

- 자   료 : 르그레즈와 신부의 서한
- 출   처 : AMEP vol. 322, ff. 421~460

① 르그레즈와 신부가 마닐라 대주교[32]에게 보낸 서한

1837년 8월 19일, 필리핀 수알(Sual)

…[중략]…

마카오에서 2명의 이탈리아인 선교사가 축출되었다는 소식을 듣고 마음이 아팠습니다. 매일같이 우리가 기다리고 있는 새 동료 신부와 우리 대표부의 대표 신부님들도 아마 같은 운명을 겪게 될 것입니다.[33] 저는 다음 화요일에 마카오로 출항하는 이사벨 세군다(Isabel Segunda)호를 탈 예정입니다. 저의 도착으로 저희가 축출당하게 될 염려가 없다면 말입니다.

…[이하 생략]…

---

32 아우구스티노회의 몰라스(J.M.S. Molas, 1773~1845) 대주교를 말한다.
33 마카오는 1557년 포르투갈에 영구 조차(租借)되었다. 1576년 교구가 설정되면서 중국 선교의 전진 기지가 되었고, 파리 외방전교회도 1732년 그곳에 대표부를 설치하였다. 그러나 포르투갈의 보호권(保護權, padroado)에 의해 파견된 선교사들과 교황청 포교성성에서 파견한 선교사들과의 분쟁이 빈발하였다. 1837년 이탈리아인 선교사들이 마카오에서 축출된 것도 이러한 분쟁에 기인한 것으로 보인다. 참고로, 파리 외방전교회도 갈등을 피해 1847년 대표부를 홍콩으로 이전하였다.

② M^{rs} les Directeurs.

[Sual, 19 Août 1837]

...

J'ai reçu il y a trois jours des lettres de Macao qui m'annoncent que le gouverneur a donné ordre à deux Franciscains italiens de sortir de Macao dans les huit jours et s'est réservé de traiter ensuite l'affaire des procureurs. M. Barentin craint beaucoup que l'arrivée du nouveau confrère parti en D^{bre} ne soit le signal de nouvelles hostilités. C'est aussi cette crainte qui me retient ici. L'arrivée d'un M^{re}, pourvu qu'il ne vienne pas sur un navire portugais, peut-être ignorée, mais la mienne ne pourrait l'être dans aucune circonstance.

Avant de quitter Macao je laissai à Mr Barentin le mémoire que je devais présenter au gouverneur comme titre de notre résidence à Macao, comme j'appuyais surtout sur la non intimation du gouverneur du Macao sans laquelle les deux ans obtenus à Goa ne devaient pas courrir[courir] et que ce M^r d'après ce que m'a écrit le P. Miranda et quoique le P. Miranda m'écrive qu'il ne reconnait pas le gouvernement actuel de Goa, il ne peut nier que celui d'alors ne fût légitime et s'il est juste il ne peut nous refuser deux ans. Mais je n'y compte nuellement.

Aussi voici le plan que je propose à Mr Barentin en cas d'expulsion. 1) Passer procuration au P. Antoine et le charger de la surveillance de

② 르그레즈와 신부가 지도 신부들에게 보낸 서한

(1837년 8월 19일, 수알)

…[중략]…

사흘 전에 마카오로부터 편지를 받았습니다. 편지에 의하면 총독이 2명의 이탈리아인 프란치스코회 회원에게 일주일 내로 마카오를 떠날 것을 명했고, 우리 대표 신부들의 일은 나중에 처리하겠다고 했다는 것입니다. 바랑탱 신부는 12월에 출발한 새 동료 신부의 도착이 (우리에 대한) 새로운 적의(敵意)의 신호탄이 되지 않을까 크게 염려하고 있습니다. 제가 이곳을 떠나지 못하는 것도 역시 그런 두려움 때문입니다. 포르투갈 배를 타고 오지 않는 이상 선교사의 도착을 모를 수는 있으나 저의 도착은 어떤 상황에서도 모를 수 없을 것입니다.

마카오를 떠나기 전에 저는 우리의 마카오 체류 증명서로서 총독에게 제출할 진정서를 바랑탱 신부에게 맡겼습니다. (진정서에서) 저는 마카오 총독의 통보가 없었다는 것을 특히 강조하며, 그의 통보 없이는 고아(Goa)에서 우리에게 승인한 2년이 계산되어서는 안 된다고 하였습니다. 미란다(Miranda) 신부님은 제게 보낸 편지에서 현 고아 **총독을 인정하지 않는다고** 하면서도, 그가 쓴 바에 따르면 총독은 그것(고아에서 우리의 체류를 승인한 것)이 합법적이지 않다고 부인할 수 없고, 그것이 정당한 것이라면 우리가 2년 동안 체류하는 것을 거부할 수 없다고 합니다. 하지만 저는 아무것도 기대하지 않습니다.

또한 축출될 경우를 대비하여 바랑탱 신부에게 다음과 같은 저의 계획을 제시했습니다. 1) 대표부 일을 앙투안(Antoine) 신부에게 넘기고 그

la maison, l'extrême sévérité qu'il m'a témoignée pendant ma maladie me porte à croire qu'il voudra bien accepter cette charge. L'élève du Sut-chuen demeurera avec lui pour faire les commissions et nous rendre les autres services dont il sera capable. 2) Envoyer Mr Callery et ses trois élèves à Manille. Il pourra demeurer dans une des fermes des PP. Dominicains qui ont des maisons spacieuses avec chapelle. 3) Mr Barentin ira à Canton avec le nouveau M^{re}. Ceux qui viendront par la suite se joindront à lui s'il est possible, sinon il les enverra à Singapour sauf meilleur information. Je vous répète qu'il n'est possible d'établir une procure nulle part ailleurs qu'à Macao. Tâchez de le faire bien comprendre au Ministre des affaires étrangères et de nous obtenir une ample permission. J'espère que mes lettres de Mars et d'Avril vous auront fait faire des démarches à ce sujet. Si l'expulsion a lieu, je me propose d'en informer le Ministre des affaires étrangères.

...

③ Mr Callery

Sual, 21 Août 1837.

에게 우리 거처(대표부)를 지키는 임무를 맡길 것. 제가 아팠던 시기에 그가 보여 준 엄격함으로 보아 저는 그가 이 임무를 기꺼이 받아들이리라 생각합니다. 사천 출신 학생이 앙투안 신부와 함께 머물며 심부름을 하고, 자신이 할 수 있는 일들을 하며 우리에게 도움을 줄 것입니다. 2) 칼르리 신부와 그의 조선 학생 3명을 마닐라로 보낼 것. 그는 성당을 포함한 넓은 건물들을 소유한 도미니코회의 한 농장[34]에서 머무를 수 있을 것입니다. 3) 바랑탱 신부는 새 선교사와 함께 광동(廣東)으로 갈 것. 이후에 도착할 선교사들도 가능하면 바랑탱 신부와 합류하게 하고, 그렇지 않으면 더 나은 정보가 없는 한 싱가포르로 보낼 것. 대표부를 마카오가 아닌 다른 어느 곳에도 세울 수 없음을 여러분께 다시 말씀드립니다. 이 것을 외무부 장관께 잘 이해시켜 주시고 광범위한 승인을 얻어 주십시오. 제가 3, 4월에 보내드린 편지를 보시고 여러분께서 이 사안에 관한 교섭을 시작하셨기를 바랍니다. 만일 축출이 실현된다면 그 사실을 외무부 장관께 알릴 생각입니다.

③ 르그레즈와 신부가 칼르리 신부에게 보낸 서한 요약

1837년 8월 21일, 수알

---

34 다음의 본문에서 설명하는 '롤롬보이 농장'을 말한다.

Je lui parle de la guerre des Espagnols contre les sauvages des montagnes. Je lui dis que Mr Barentin lui indiquera le lieu où il devra se retirer en cas d'explusion, je lui parle de Manille comme de celui qui lui conviendrait le mieux ; Je lui fais part des rapports que j'ai eu avec le consul de Manille &&&.

④ Mr Barentin,

Sual, 21 Août 1837.

··· Je n'ai pas besoin de vous suggérer ce que vous avez à répondre à Mgr de Metellopolis au sujet de Mr Callery. Peut-être serez-vous pas de mon avis sur ce que j'écris à M^{rs} les Directeurs qu'il viendra à Manille avec ses élèves.

Voici ce que je crois devoir ajouter pour vous mettre à l'aise : si vous pensez qu'il puisse rester à Macao vêtu à la chinoise ou autrement laissez l'y. S'il n'y a pas d'inconvénient à ce qu'il aille avec vous

나는 그(칼르리 신부)에게 산중의 야만인[35]과 스페인 사람들과의 전쟁에 관해 말해 주었다. 축출될 경우 은신할 장소를 바랑탱 신부가 알려줄 것이라고 이야기했다. 마닐라가 그에게 제일 적절할 것이라고 말하였고, 내가 마닐라 영사와 가졌던 관계를 그에게 알려주었다.

④ 르그레즈와 신부가 바랑탱 신부에게 보낸 서한

1837년 8월 21일, 수알

…[중략]…

칼르리 신부 건으로 신부님께서 메텔로폴리스(Metellopolis) 명의 (크노)[36] 주교님께 어떻게 회답해야 할지를 제가 제시할 필요는 없겠지요. 제가 지도 신부님들께 편지한 것과 같이 칼르리 신부가 그의 학생들과 함께 마닐라로 오는 것에 대해 아마 신부님도 저와 같은 의견일 것입니다.

신부님이 편하도록 다음과 같이 몇 가지를 덧붙입니다. 칼르리 신부가 중국식 의복이나 다른 것을 입고 마카오에 남아 있을 수 있다고 판단하신다면 그를 마카오에 남아 있게 하십시오. 그가 그의 학생들과 함께

---

35 필리핀 원주민을 말하는 것 같다.
36 크노(E.T. Cuenot, 1802~1861) : 파리 외방전교회 선교사. 1829년 코친차이나에서 활동을 시작했고, 이후 시암(태국), 싱가포르 등지에서도 활동하였다. 1835년 주교로 서품되었고, 1840년 코친(코친차이나) 대목구장이 되었다.

à Canton avec ses élèves je suis loin de m'y opposer. Que des raisons qui m'a décidé pour Manille c'est que la maison de Singapour serait trop petite s'il nous venait plusieurs autres M^res et qu'il pourrait y avoir des difficultés avec Mgr Courvezy ; cependant on pourrait l'aggrandir[l'agrandir] ou en louer une autre provisoirement…
…

⑤ Mr Paiva.

[Sual] 23 Août 1837

J'ai eu le coeur navré de douleur en apprenant les mesures sévères que M^r le gouverneur a prises contre deux Franciscains italiens nouvellement arrivés à Macao et je crains qu'il n'en agisse de même à contre égard. Comme je connais votre obligeance j'ai cru que vous pourriez nous aider à détourner le coup qui nous menace et voilà pourquoi je prends la liberté de m'adresser à vous.

신부님을 따라 광동으로 가는 데 불편함이 없다면 저는 결코 반대하지 않겠습니다. 제가 마닐라로 결정한 이유는, 만일 다른 선교사들 여러 명이 온다면 싱가포르의 거처는 너무 작고 칼르리 신부가 쿠르베지[37] 주교님과 어려움을 겪을 수 있기 때문입니다. 그러나 그곳을 확장하거나 임시로 다른 집을 빌릴 수도 있겠지요.

⑤ 르그레즈와 신부가 파이바(Paiva) 씨에게 보낸 서한

1837년 8월 23일 (수알)

마카오에 최근 도착한 이탈리아인 프란치스코회 회원 2명에 대한 총독의 가혹한 조처를 듣고 마음이 아팠습니다. 그가 우리에게도 같은 행동을 하지 않을까 걱정입니다. 당신의 호의를 알고 있기에, 저는 우리를 위협하는 타격을 막는 것을 당신께서 도와주실 수 있으리라고 생각했습니다. 그래서 이렇게 당신께 편지를 씁니다.

37　쿠르베지(J.-P. Courvezy, 1792~1857) : 파리 외방전교회 선교사. 1832년 시암 대목구의 부주교로 임명되어 1833년에 주교로 서품되었고, 1834년에 대목구장이 되었다.

Vos liaisons avec M^r le Ministre qui a la confiance de M^r le gouverneur me donnent lieu d'espérer que si les réflexions que je vous adresse lui étaient présentées par une personne de votre mérite, elles pourraient avoir un heureux résultat. J'aime à croire que M^r le gouverneur ne fait qu'obéir à ses instructions en exigeant que les M^{res} ayent une permission de séjourner à Macao. Pour ce qui nous concerne, nous ne sommes point en faute puisque les deux ans que nous avons obtenus du Vice-Roy de Goa ne devaient commencer que du moment où l'intimation nous en serait faite par M^r le gouverneur de Macao et que Mr Suares ne nous l'a point faite. En conséquence nous nous sommes crus dispensés de demander une prolongation du dit terme de deux ans comme le Vice Roy nous y autorisait et nous sommes contentés de faire solliciter une permission plus ample auprès de la Cour de Lisbonne.
…

⑥ Mr Barentin.

Le 25 Août 1837

Le mauvais tems[temps] ayant empêché la nouvelle Elisabeth de sortir du port, je vais vous faire part de certaines réflexions qui me

총독을 신임하는 대신과 당신의 관계를 보니, 당신께 말씀드리는 제 생각들이 당신이 믿고 맡기는 사람을 통해 총독에게 전해진다면 좋은 결과를 낳으리라는 기대를 하게 됩니다. 총독은 선교사들이 마카오 체류 허가증을 갖고 있다고 주장하면서 자신의 지시에 복종하게만 하는 것 같습니다. 우리는 전혀 잘못이 없습니다. 왜냐하면 고아의 총독으로부터 승인받은 2년의 기간은 마카오 총독이 우리에게 통보하는 때부터 시작되는 것이었는데 수아레스(Suares) 씨는 우리에게 아무것도 하지 않았기 때문입니다. 따라서 우리는 고아의 총독이 우리에게 허가해 준 2년의 기간을 연장해 달라고 요청하지 않아도 된다고 생각했고, 그래서 리스본 왕실에 더 광범위한 허가를 청원하는 것에 그쳤습니다.

…[이하 생략]…

⑥ 르그레즈와 신부가 바랑탱 신부에게 보낸 서한

1837년 8월 25일

날씨가 나빠 새 엘리자베스(Elisabeth)호가 출항하지 못했기에 (이 배편을 통해 편지를 보낼 시간이 생겼으니) 신부님의 최근 편지를 읽고 떠

sont venues à l'occasion de votre dernière. Si vous vous sentez de forme à continuer l'éducation des Coréens Mr Callery pourra partir par la barque du Fokien et ira l'attendre à Canton si le gouverneur vous oblige à sortir de Macao avant son arrivée. Quant à vous, vous irez à Singapore avec vos élèves et moi je me rendrai à Canton.

…

⑦ M^{rs} les Directeurs.

Manille 1er X^{bre} 1837

Je m'embarquerai dans quelques jours pour Macao où j'espère arriver presqu'en même tems[temps] que les courriers du Sutchuen. Si Mgr Imbert ne veut point de M^r C[Callery], je pense selon vos intentions de l'envoyer au Fokien. Dans ce cas il faudra ou que celui des deux nouveaux confrères, qui n'a point encore de destination, le remplace pour l'éducation des jeunes Coréens, ou qu'ils soient envoyés à Pinang, chose qui me répugne beaucoup. Je ne saurais trop vous dire à quoi je me déciderai si Mgr Imbert accepte M^r C[Callery].

…

오른 몇 가지 생각들을 전하고자 합니다. 만일 신부님께서 조선 학생들의 교육을 계속 이어갈 수 있는 상태라고 생각하시면, 칼르리 신부는 복건(福建)의 배를 타고 떠날 수 있을 테니 광동으로 가서 배를 기다리면 됩니다. 총독이 자신이 도착하기 전에 여러분더러 마카오를 떠나라고 한다면 말입니다. 신부님은 학생들을 데리고 싱가포르로 가십시오. 저는 광동으로 가겠습니다.

…[이하 생략]…

⑦ 르그레즈와 신부가 지도 신부들에게 보낸 서한

1837년 12월 1일, 마닐라

며칠 후 마카오로 가는 배를 탈 것입니다. 사천의 밀사들과 거의 같은 시기에 마카오에 도착하기를 바랍니다. 앵베르 주교님이 칼르리 신부를 원하지 않으신다면, 여러분의 뜻에 따라 그를 복건으로 보낼 생각입니다. 그럴 경우에 아직 임지가 결정되지 않은 새 선교사 2명 중 한 명이 칼르리 신부 대신 조선 학생들의 교육을 맡거나 아니면 이 학생들을 페낭으로 보내야 할 것인데, 저는 후자는 매우 내키지 않습니다. 앵베르 주교님이 칼르리 신부를 받아들이실 경우 제가 어떤 결정을 내리게 될지는 말씀드릴 수가 없습니다.

…[이하 생략]…

5. Mort de François-Xavier Tchoi

① Extrait d'une lettre de M. Calleri[Callery], missionnaire en Chine, à M. Dubois, le directeur du séminaire de Paris. (APF N. 64, 1839, pp. 359~362)

Monsieur et vénérable Confrère,

En vous écrivant dans le courant d'octobre dernier, je vous parlais des consolations que j'éprouvais dans la conduite des trois jeunes gens naguère venus de la Corée pour étudier sous notre direction. Hélas! depuis ma lettre, la main de Dieu s'est appesantie sur ce troupeau déjà si petit. Celui de nos trois Coréens dont la foi était plus vive, la piété plus profonde, celui que nous nous plaisions à considérer dans l'avenir comme le plus bel ornement de cette Eglise naissante, devait nous être enlevé la fleur de l'âge, et nous laisser consternés, anéantis, en présence des impénétrables jugements de Dieu!!!

François-Xavier Tchong était né dans le commentcement de l'année Kang-Tchèn du cycle chinois, à Hong-Tcheou, petite ville de la province

5. 최방제의 사망

① 칼르리 신부가 뒤브와[38] 신부에게 보낸 서한

- 발신일 : (1837년 12월)
- 수신인 : 파리 외방전교회 신학교 지도 신부인 뒤브와 신부
- 출　　처 : 『전교회 연보』 1939년 제64호, pp. 359~362

　　지난 10월에 신부님께 보낸 편지에서, 우리의 지도를 받으며 공부하기 위해 최근 조선에서 온 소년 3명의 행실에서 제가 위로를 받았다고 말씀드렸지요. 그러나 슬프게도 그 편지를 쓴 이후 하느님께서 이 작은 무리에 무거운 벌을 내리셨습니다. 3명의 조선 학생 중에서 믿음이 더 강하고 신심이 더욱 깊고, 새로 태어난 이 교회에서 앞으로 가장 아름다운 존재로 촉망되던 학생이 꽃다운 나이에 우리 곁을 떠나야 했고, 우리는 하느님의 헤아릴 수 없는 심판 앞에서 깜짝 놀라고 절망했습니다!

　　최 프란치스코 하비에르는 경진년[39] 연초에, 조선 왕국의 두 번째 지방인 충청도의 작은 고장 홍주에서 태어났습니다. 그의 가문은 양반에다

38　뒤브와(J.A. Dubois, 1766~1848) : 파리 외방전교회 선교사. 1792년 인도 퐁디셰리에 파견되었다가 1819년 파리로 돌아왔다. 1823년 신학교 지도 신부가 되었고, 1832년부터 1846년까지 신학교 장상과 보좌직을 역임하였다.

39　1820년.

de Tchong-Tsing-Tao, seconde du royaume de Corée. Sa famille, distinguée par sa noblesse et par les charges qu'elle remplissait dans la magistrature, avait embrassé la Religion chrétienne, et s'était vue contrainte d'abandonner le pays avec tout le patrimoine qu'elle possédait, et de chercher son salut à travers de hautes montagnes peuplées de bêtes féroces. Là, loin du bruit et du mauvais exemple, le jeune François-Xavier grandissait en âge et en sagesse : cette âme innocente se livrait tout entière aux impressions du Saint-Exprit, et avait acquis en peu de temps un goût si décidé pour la prière et la vertu, que les chrétiens crurent devoir le signaler à M. Maubant comme un élément précieux, préparé par les mains du Seigneur pour la formation du clergé coréen.

Notre confrère l'appela près de lui, et après s'être convaincu pendant dix mois de ses excellentes dispositions, il l'envoya ici avec deux autres jeunes gens, à l'effet de recevoir l'éducation ecclésiastique. Ceux de nos confrères qui connaissent la manière de voyager en Chine, savent combien la foi et les moeurs des chrétiens sont exposées, dans le contact que les voyageurs ne sauraient éviter avec les infidèles, et dans le long séjour qu'il faut faire dans des barques où un assemblage d'hommes pervers se permettent de tout dire et de tout faire, hormis le bien. Toutefois, au bout d'une marche de huit mois à travers le Leao-Tong, la Tartarie et la Chine, notre bon jeune homme est arrivé à Macao, non-seulement fidèle encore à ses devoirs, mais si ardent aux exercices sacrés de la Religion, qu'il n'a cessé de faire l'admiration de ceux dans la société desquels il vivait. Dans le cours des leçons qu'il a reçues de moi, il m'a toujours

가 벼슬을 지내 유명했는데 천주교에 입교함으로써 가지고 있던 모든 재산을 버리고 고향을 떠나 맹수들이 서식하는 높은 산들을 넘어 영원한 구원을 찾아야 했습니다. 소문이나 나쁜 표양과는 멀리 떨어진 그곳에서 어린 하비에르는 나이를 먹고 지혜를 키웠습니다. 이 순진한 영혼은 성령의 감명에 완전히 몰입하였고, 얼마 안 있어 기도와 덕행에 확실한 맛을 들이게 되었습니다. 그래서 교우들은 하비에르를 조선의 성직자 양성을 위해 주님께서 마련하신 귀중한 존재로 모방 신부에게 알려야 한다고 생각하였습니다.

우리 (모방) 신부님은 그를 자신의 곁으로 불렀습니다. 그리고 10개월 동안 그의 훌륭한 소질을 확인한 후 그를 다른 두 소년과 함께 성직자 교육을 받도록 이곳으로 보냈습니다. 우리 동료 신부 중에서 중국을 여행해 본 사람들은 여행 중 피할 수 없는 비신자들과의 접촉 때문에, 또 좋은 이야기는 빼고 온갖 언동을 마다하지 않는 타락한 사람들과 배에서 함께 지내야 하는 오랜 체류 때문에 교우들의 신앙과 품행이 얼마나 위험에 처하게 되는가를 잘 알고 있습니다. 그럼에도 불구하고 우리의 이 용감한 소년은 8개월 동안 요동과 만주와 중국을 걸어서 횡단한 끝에 마카오에 도착하였습니다. 그는 자신의 본분에 충실하였을 뿐만 아니라, 신앙생활도 주위 사람들이 감탄해 마지않을 정도로 열심히 하였습니다. 제 수업을 받는 동안 그는 늘 완전한 순종을 보였습니다. 그의 효심은 모든 불편과 속박을 초월해 있는 것 같았습니다. 그가 라틴어 공부에서 보인 진전은 만족스러웠습니다. 식사 동안 그는 성경을 알아듣기 쉽게 낭독하였습니다. 이렇게 벌써 우리가 그에게 가장 큰 기대를 걸게 되었을 때, 지난

témoigné une docilité parfaite et dont l'empressement filial semblait dégagé de toute gêne et de toute contrainte. Ses progrès dans la langue latine étaient satisfaisants. Pendant le repas il lisait intelligiblement l'Ecriture-Sainte : et déjà sur lui reposaient non plus chères espérances, lorsque vers le milieu du mois dernier Dieu le frappa d'une fièvre gastrique, dont les accès, d'abord faibles et inaperçus, se compliquèrent tout à coup des plus graves symptômes. Malgré la prostration subite de ses forces, et les douleurs extrêmes dont elle était accompagnée, François-Xavier conservait toute l'énergie de sa vertu. Il vit son mal sans terreur, ou plutôt il n'eut qu'une crainte, celle d'être frustré des derniers Sacrements par une de ces défaillances qui trompent si souvent les veléités tardives des pénitents du lit de mort. Aussi demanda-t-il les secours de l'Eglise aux premières approches du danger : il les reçut avec un recueillement profond, et après la sainte cérémonie, que jej ne pus faire sans verser des larmes, il me serra la main, en me disant : Gratias Patri ; puis il porta son crucifix à sa bouche, en répétant ces mots avec effusion de coeur : Jesus Bonus! Deus bonus! Cependant, alarmés par les progrès de la maladie, nous fîmes tout auprès de Dieu et des hommes afin de conserver des jours si chers. Mais ce fruit nouveau de la terre coréenne était mûr pour le ciel. Au milieu de la nuit du 26 au 27 novembre, après avoir récité Matines et Laudes auprès de son lit, je m'aperçus que la respiration de François-Xavier devenait de plus en plus gêné ; aussitôt je me mis à réciter les prières des agonisants avec les deux autres élèves : je donnai la dernière absolution, et fis l'application de

달 중순경 그가 위열병(胃熱病)에 걸렸습니다. 그 증세는 처음에는 약하고 눈에 띄지 않았으나 갑자기 증상이 악화되었습니다. 발병으로 인한 급작스러운 기력의 쇠약과 극도의 통증에도 불구하고 프란치스코 하비에르는 용기를 잃지 않았습니다. 그는 자신의 병을 두려움 없이 받아들였습니다. 오히려 그는, 흔히 있는 것처럼 임종에 대한 잘못된 판단에서 마지막 성사를 받지 못하게 될까 봐 그것만이 두려웠습니다. 그래서 그는 처음 위험이 다가오자 교회의 도움을 청하였습니다. 그리고 성사를 아주 열심히 받았습니다. 예절이 끝난 후 저는 눈물을 금할 수 없었습니다. 하비에르는 내 손을 잡고 "그라시아스 파트리(Gratias Patri, 신부님 감사합니다.)" 하고 말했습니다. 이어 그는 자신의 십자고상을 입에 갖다 대고 "예수스 보누스! 데우스 보누스!(Jesus bonus! Deus bonus!, 착한 예수! 착한 천주!)"를 열심히 되풀이하였습니다. 병세의 악화로 불안해진 우리는 그를 살려달라고 하느님과 사람들에게 빌었습니다. 그러나 조선 땅의 이 첫 결실은 하늘나라를 위해 준비되어 있었습니다. 11월 26일에서 27일로 넘어가는 밤에 그의 병상 곁에서 바친 독서 기도와 아침기도가 끝나자 저는 프란치스코 하비에르의 호흡이 점점 힘겨워지고 있음을 알아차리고 즉시 다른 두 학생과 함께 임종 기도를 바치기 시작하였습니다. 저는 마지막 사죄경을 염해 주고 전대사를 베풀었습니다. 이어 우리의 성스러운 젊은이는 자신의 주님 곁으로 가기 위해 조용히 숨을 거두었습니다.

l'indulgence plénière, puis notre saint jeune homme rendit doucement l'exprit pour aller jouir de son Dieu.

Il me serait impossible de vous dire quelle sensation profonde cette mort inattendue a faite sur nous tous, et particulièrement sur moi. Dix jours se sont écoulés depuis ce triste événement, et mon coeur se refuse encore à toute consolation!⋯ O profondeur des conseils divins! Mgr Bruguière meurt sur les frontières de Corée, au moment où cette mission désolée se réjouit aux approches de son premier Evêque ; le premier Coréen qui se destine à l'état ecclesiastique meurt au moment où, échappé à huit mois de dangers continuels, il parcourt rapidement la carrière qui doit bientôt en faire un apôtre de sa patrie⋯ Adorons ces dispositions cachées de la volonté toute puissante ; espérons qu'en nous enlevant tout ce qui, selon nos vues humaines, pourrait faire prospérer la mission de Corée, elle se réserve d'intervenir elle-même dans toute sa force, et de faire éclater d'autant plus sa gloire, qu'on sera forcé de répéter avec l'Ecriture : Deus solus fecit haec monia : «Dieu seul a fait toutes ces choses.»

J'ai l'honneur d'être, etc.

Calleri, miss. apost.

이 뜻밖의 죽음이 우리 모두에게, 특히 제게 준 깊은 감동은 이루 말할 수가 없습니다. 이 슬픈 사건이 있은 지 열흘이 지났지만 제 마음은 아직 모든 위로를 받아들이지 못하고 있습니다. 오, 하느님 뜻의 오묘함이여! 브뤼기에르 주교님은 비탄에 잠긴 조선 포교지가 첫 주교의 입국을 고대하고 있을 때 조선 국경에서 돌아가셨지요. 그리고 성직에 예정되었던 첫 조선인은 8개월간의 계속된 위험을 극복하고 곧 그의 조국의 사도가 되기 위해 자신의 길을 빠르게 나아가고 있을 때 사망하였습니다. … (하느님의) 이 전능하신 뜻의 감춰진 안배를 찬미합시다. 우리 인간의 관점에서 조선 포교지를 번영시킬 수 있으리라 생각한 모든 것을 우리에게서 앗아가시어 이후 당신께서 전적으로 개입하시고 당신의 영광을 더욱 빛내시기를, 그리하여 성경의 말씀대로 우리가 "하느님 홀로 이 모든 일을 하셨다."라고 되풀이하지 않을 수 없게 되기를 바랍시다.

② Résumé d'une lettre de M{r} Legrégeois à Mgr Imbert
(AMEP vol. 322 ; ff. 483)

20 février 1838

Je lui dis que je suis bien aise qu'il ait arrangé les affaires du P. Pacifique, que je désirerais que Joseph Vang fût renvoyé au Sutchuen. Je lui parle d'une maison sur les confins de la Corée ; je lui demande où il veut placer son collège ; je lui parle de ses élèves dont un est mort, des difficultés que nous aurons à trouver une occasion pour M{r} Callery.

...

② 르그레즈와 신부가 앵베르 주교에게 보낸 서한의 요약본

· 발신일 : 1838년 2월 20일
· 발신지 : (마카오)
· 수신인 : 앵베르 주교
· 출　　처 : AMEP vol. 322, f. 483

1838년 2월 20일

　나는 그(앵베르 주교)에게 유 (파치피코) 신부 문제가 해결되어서 홀가분하며 왕 요셉을 사천으로 돌려보내고 싶다고 이야기하였다. 조선 국경에 마련할 집에 대해 말하였고, 그의 신학교를 어디에 세우고 싶은지 물었다. (조선) 학생들, 그리고 그중 사망한 한 학생에 관해 이야기하였다. 칼르리 신부를 위한 기회를 찾는 일이 어려울 것이라고 말하였다.

　…[이하 생략]…

제 2 장
Chapitre 2

마닐라 피신과 마카오 귀환

Refuge à Manille et retour à Macao

1. Troubles à Macao et refuge à Manille

① Extrait d'une lettre de Mr Legrégeois aux Directeurs
(AMEP vol. 304 ; ff. 83~86)

Macao, 28 avril 1839

...

Nos confrère et nos élèves sont arrivés à Manille en **** ****[1] et demeurent au Couvent des Dominicains. Mgr était en visite lors de leur arrivée. Mr Callery devait aller à Sual où j'étais moi-même pendant ma convalescence. Cela étant ******************[2] si

---

1 원본 훼손으로 판독 불가, bonne forme 혹은 bonne santé로 추정.
2 원본 훼손으로 판독 불가.

1. 마카오 소요와 마닐라 피신[1]

① 르그레즈와 신부가 파리 신학교 지도 신부들에게 보낸 서한

- 발신일 : 1839년 4월 28일
- 발신지 : [마카오]
- 수신인 : 파리 외방전교회 신학교 지도 신부들
- 출　　처 : AMEP vol. 304, ff. 83~86

1839년 4월 28일, 마카오

…[중략]…

우리 동료 신부들과 학생들이 마닐라에 건강히 도착하여 도미니코회 수도원에 머물고 있습니다.[2] 그들이 도착했을 때 주교님은 (사목) 방문 중이셨습니다. 칼르리 신부는 수알로 가기로 되어 있었는데, 그곳은 제가 휴양하는 동안 있었던 곳입니다. **********[판독 불가] 좋은 소식이

---

1 1838년 리브와(Libois) 신부는 마카오 대표부의 부대표로 임명되었다(1838년 9월의 파리 지도자들의 편지). 그는 원래 조선 선교사로 임명되었고, 자신도 조선으로 가기를 원했었으나 부대표 바랑탱 신부가 복건(福建)으로 가게 됨에 따라 그를 대신해서 임시로 대표부에 남아 있게 되었다가 정식으로 부대표에 임명되었다(리브와 신부의 1839년 2월 27일 자 서한 참조). 그래서 그는 다음 해 우리 학생들을 데리고 마닐라로 피신하게 되었다. 마닐라로 피신하는 여정을 보면, 그들 일행은 1839년 4월 6일 마카오를 출발하여 마닐라에 4월 19일 도착하였고, 일단 이곳에서 5월 3일까지 14일 동안 머물렀다.

2 아편의 상거래로 광동, 마카오 등지에서 소요가 발생하였다. 르그레즈와 신부는 파리 외방전교회 선교사들과 조선인 학생들을 염려하여 마닐라로 피신시켰다.

tôt. Si les bonnes nouvelles se confirment je vais ******³ Mr Libois de revenir le plutôt possible avec tout…

…

② **Extrait d'une lettre de Mr Libois aux Directeurs (AMEP vol. 304 ; ff. 91~94)**

Manille, 3 mai 1839

reçue le 25 X^{bre} 1839

Messieurs et chers confrères,

M. Legrégeois vous a sans doute déjà instruits des craintes que lui inspirent les troubles excités à Canton et à Macao à l'occasion du commerce d'opium, et des raisons qui l'ont engagé à m'envoyer à Manille

---

3   원본 훼손으로 판독 불가.

확인되면 리브와 신부에게 될 수 있는 대로 빨리 돌아오라고 **[판독 불가]하려 합니다.

…[이하 생략]…

② 리브와 신부가 파리 신학교 지도 신부들에게 보낸 서한

· 발신일 : 1839년 5월 3일
· 발신지 : 마닐라
· 수신인 : 파리 외방전교회 신학교 지도 신부들
· 출   처 : AMEP vol. 304, ff. 91~94

1839년 5월 3일, 마닐라
1839년 12월 25일 수신

친애하는 신부님들,

아편 거래를 계기로 광동과 마카오에서 여러 소요가 일어나는 바람에 르그레즈와 신부님이 얼마나 두려움을 느꼈는지, 그리고 대표부에 있던 칼르리 신부님과 데플레슈[3] 신부님, 코친차이나인 3명과 조선인 2명

---

3   데플레슈(E.J. Desflèches, 范若瑟, 1814~1887) : 파리 외방전교회 선교사. 1838년 사천(四

avec Mrs Callery, Desflèches, 3 Cochinchinois et les deux Coréens, qui étaient à la procure ; je m'abstiendrai par conséquent de vous donner des détails là dessus, d'autant plus que Mr Callery dans une lettre qu'il écrit, je crois à Mr Langlois, lui fait en long l'histoire de ces troubles.

Nous avons quitté Macao le samdi 6 avril et nous nous sommes embarqués sur un navire Espagnol à raison de 50 piastres pour chaque prêtre et 25 piastres pour chaque élève. Nous avons levé l'ancre 7 au soir et le 19 au matin nous sommes arrivés à Manille. Notre voyage a été assez heureux. Mrs Callery, Desflèches et deux élèves ont eu le mal de mer, tous les autres se sont assez bien portés. Le capitaine a eu de nous le plus grand soin. Comme il y avait beaucoup de passagers qui occupaient toutes les chambres, il a porté complaisance jusqu'à vouloir nous céder celles que lui et son frère, second à bord du même navire occupaient pour eux, ils couchaient tantôt sur le pont, tantôt sur la table ou bien sur des chaises. Nous avons été aussi très édifiés de voir tous les soins le capitaine, les officiers et tout l'équipage se réunir sur le pont pour faire la prière et réciter le chapelet en commun. En un mot sauf les petites incommodités inséparables des voyages de mer, surtout dans des parages où la chaleur est excessive, nous avons été très bien.

A notre arrivée à Manille nous avons trouvé Mgr l'archevêque absent, il était parti depuis quelques jours pour faire une tournée dans son diocèse, et il ne doit revenir que vers le 15 du mois de mai. Nous avons

과 함께 제가 마닐라로 온 이유를 르그레즈와 신부님이 아마도 이미 여러분께 알려드렸을 것입니다. 그러므로 이에 관한 상세한 이야기는 하지 않겠습니다. 칼르리 신부님도 랑글르와 신부님에게 이 소요들에 관해 긴 편지를 보냈을 듯하기에 더욱 그러합니다.

우리는 4월 6일 토요일에 마카오를 떠났습니다. 신부 한 명당 50피아스터, 학생 한 명당 25피아스터 꼴로 삯을 내고 스페인 선박을 탔습니다. 7일 저녁에 닻을 올려 19일 아침에 마닐라에 도착했습니다. 우리 여행은 상당히 좋았습니다. 칼르리 신부님과 데플레슈 신부님, 그리고 학생 2명이 뱃멀미를 했습니다만 나머지 사람들은 다 괜찮았습니다. 함장은 우리를 각별히 돌보아 주었습니다. 승객들이 많아 모든 선실이 차자 선장은 자기 방과 부함장인 자기 동생의 방을 우리에게 양보하면서까지 호의를 베풀었고, 그들은 갑판에서, 때로는 탁자나 의자에서 잤습니다. 우리는 또한 함장과 사관들, 전 승무원이 갑판에 함께 모여 기도와 묵주 신공을 바치는 것을 보고 큰 감화를 받았습니다. 항해에서 피할 수 없는 사소한 불편들, 특히 이곳 해상의 지독한 더위를 제외하면 한마디로 우리 여행은 아주 좋았습니다.

마닐라에 도착하니 대주교님께서는 부재중이셨습니다. 그분은 며칠 전 당신 교구의 사목 순방을 위해 떠나셨고 5월 15일경에야 돌아오실 예정이었습니다. 도미니코회 수도원에서 우리를 받아 주었는데, 그들은 우

川)의 선교사로 파견되었고, 그곳으로 가기 전에 마카오에 머무르면서 조선의 신학생들을 가르쳤다. 1840년 사천에서 활동하기 시작했고, 1844년에 사천 대목구 부주교로 임명되었다.

été reçus chez M^rs les Dminicains, qui nous ont témoigné beaucoup de charité. Mr Callery croit s'être apperçu que nous leur sommes à charge et qu'ils nous voient chez eux avec peine. Pour moi je n'oserais pas porter le même jugement. A notre arrivée ils nous ont bien reçus, le porcureur général a eu la complaisance de faire pour nous beaucoup de démarches que je ne pouvais faire moi-même à cause de l'ignorance de la langue. Le Père prieur m'a pressé plusieurs fois de demander tout ce dont nous pourrions avoir besoin. Nous avons d'ailleurs le nécessaire pour la nourriture et logement. J'avous qu'il y a certains petites choses qui peuvent faire regretter notre procure de Macao et qui nous montrent qu'il n'est rien tel que d'être chez soi. Mais patience, combien de nos confrères se trouveraient heureux s'ils avaient la quatrième partie des aises que nous avons ici.

Nous avons fait visite au Gouverneur et au grand vicaire, tous deux nous ont très bien reçus ; le dernier a même eu le bonté de nous donner de suite à chacun 50 de messes à dire. Le provincial des augustins que nous avons été [à] voir, nous a aussi fait un très bon accueil et nous a offert de nous rendre tous les services qui seraient en son pouvoir. Monsieur Chaigneau nous a dit que si nous le désirons, il enverrait nos lettres avec les siennes, nous avons accepté l'offre volontiers afin de pouvoir vous donner plus sûrement de nos nouvelles. Nous voyons souvent Mr Toinette qui paraît être assez brave homme. Il a eu beaucoup de peine à obtenir les permissions nécessaires pour faire ce qu'il désire, il ne fait que commencer à travailler. Le docteur Malate est allé à Batar.

M. Callery a vu beaucoup d'autres personnes dont il dit avoir été

리에게 많은 사랑을 보여주었습니다. 칼르리 신부님은 우리가 그들에게 짐이 되고 또 우리가 그들 숙소에 머무는 것을 그들이 힘겨워한다는 것을 느꼈다고 합니다. 그러나 저는 그렇게 판단하고 싶지 않습니다. 우리가 도착하자 그들은 우리를 환영하였을 뿐만 아니라, 말이 통하지 않아 제가 할 수 없는 많은 일을 총대표 신부님이 친절하게도 직접 해주셨기 때문입니다. 원장 신부님은 우리에게 필요한 것이 있으면 무엇이든 청하라고 제게 여러 번 재촉하셨습니다. 게다가 숙식에 필요한 것은 다 있었습니다. 솔직히 말씀드리면 거기에는 우리 마카오 대표부를 그리워지게 할 법하고, 자기 집에서라면 별것 아니게 보이는 사소한 것들이 몇 가지 있습니다. 그렇지만 참아야 합니다. 우리 동료 신부님들이 우리가 여기서 누리는 편리의 4분의 1만이라도 누린다면 얼마나 행복해할까요?

우리는 총독과 총대리 신부님을 방문하였습니다. 두 분 다 아주 친절하게 우리를 맞아 주었습니다. 총대리 신부님은 즉시 우리에게 각각 50대의 미사 예물을 주는 호의까지 보여주셨습니다. 우리가 방문한 아우구스티노회 관구장도 우리를 친절히 맞이하고 자신의 권한으로 줄 수 있는 모든 도움을 주었습니다. 셰뇨(Chaigneau) 신부님은 우리가 원한다면 우리 편지를 그들의 편지와 함께 부쳐 주겠다고 하였습니다. 우리 소식을 여러분께 더 확실하게 전할 수 있도록 우리는 그 제의를 받아들였습니다. 우리는 트와네트(Toinette) 신부님을 자주 만났는데 친절한 분 같아 보였습니다. 그는 자기가 원하는 것을 하는 데 필요한 허가를 얻는 데 어려움을 겪었고, 이제 겨우 일을 시작했습니다. 의사 말라트 씨는 바타르로 갔습니다.

칼르리 신부님도 많은 사람을 만났는데 친절한 대우를 받았다고 합니

bien reçu. Pour moi qui ne sçais pas l'espagnol, et qui de leurs ne veux pas faire beaucoup de connaissances dans un pays où la critique, la médisance et la calomnie sont portées à un point dont il est difficile de se faire une idée, je sors le moins possible et je me borne aux visites nécessaires! La chaleur est très grande et nous en sommes quelques fois un peu incommodés. Cependant grâce à Dieu nous nous portons assez bien, à quelques petites indispositions près occasionnées sans doute par la chaleur et le changement de climat et de nourriture. Mais encore une fois patience, qu'est-ce cela en comparaison de ce que soufferent nos confrères au Tonkin et en Cochinchine? Nous n'avons plus ici que 4 élèves. J'ai envoyé le 5ème à Singapour conformément aux instructions que Mr Legrégeois m'avait données à mon départ.

M. Callery qui ne se plaisait pas beaucoup dans le couvent des pères Dominicains est parti le 2 mai pour aller chez le Père Gabriel à trois jours de mer de Manille. C'est le même Père qui nous a donné l'hospitalité à Mr Legrégeois. De là il va visiter d'autres endroits pour faire une collection de botanique et minéralogie. Nous allons aussi quitter Manille pour aller à la campagne dans une maison des pères Dominicains. Nous y serons beaucoup plus à notre aise pour étudier. Cet endroit qui est assez près de Manille s'apelle Lolomboy. J'ai reçu une lettre de Mr Legrégeois, datée du 9 avril qui me dit que les Anglais se sont enfin décidés à livrer leur opium aux Chinois afin de recouvrer leur liberté.

...

다. 저는 스페인말을 모르고, 비판과 비방과 중상이 상상하기 어려울 정도로 심한 나라에서 많은 사람을 알고 싶지 않아서 되도록 외출하지 않고 필요한 방문만 하고 있습니다! 더위가 아주 심해 우리는 때때로 좀 불편하게 지내고 있습니다. 그러나 더위와 기후와 음식의 변화로 인한 몇 가지 사소한 불편을 제외하면 하느님 덕분에 잘 지내고 있습니다. 그러니 다시 한번 참아야지요! 통킹과 코친차이나에서 우리 동료 신부들이 겪는 고통에 비교하면 아무것도 아니지 않습니까? 여기에 학생은 4명뿐입니다. 다섯 번째 학생은, 제가 떠날 때 르그레즈와 신부님이 지시하신 바에 따라 싱가포르로 보냈습니다.

이곳 도미니코회 수도원에서 그다지 즐겁지 않았던 칼르리 신부님은 5월 2일에 떠나, 마닐라에서 배편으로 사흘 걸리는 곳에 있는 가브리엘(Gabriel) 신부님에게로 갔습니다. 그(가브리엘 신부)는 르그레즈와 신부님께 숙식을 제공하셨던 바로 그 신부님입니다. 칼르리 신부님은 식물과 광물을 수집하기 위해 거기서 다른 곳들을 방문할 예정입니다. 우리도 시골의 도미니코회 수사들의 집에 가기 위해 마닐라를 떠날 것입니다. 거기서 우리는 더 편하게 공부하게 될 것입니다. 그곳은 마닐라에서 상당히 가까운 장소로, 롤롬보이(Lolomboy)[4]라고 합니다. 르그레즈와 신부님의 4월 9일 자 편지를 받았는데, 마침내 영국인들이 자신들의 자유를 되찾기 위해 결국 그들의 아편을 중국인들에게 넘기기로 결정했다고 합니다.

…[이하 생략]…

---

4 도미니코 수도회의 농장이 있던 지역 이름.

2. Vie à Lolomboy

① Extrait d'une lettre de Mr Libois à Mr Legrégeois
(AMEP vol. 304 ; ff. 95~98)

Lolomboy, le 16 mai 1839
Ruçue le 27 juin 1839

Monsieur et cher Confrère,

J'ai reçu votre lettre du 9 avril le 2 mai. Depuis ce temps là, nous n'avons aucune nouvelle de Macao. Lorsque je reçus votre lettre il n'y avait que quelques heures que j'en avais envoyé pour vous au capitaine de la Comète qui devait partir incessamment pour Macao. Je vous donnais dans cette lettre des détails sur notre voyage qui a été assez heureux, sur le bon accueil que nous ont fait les R. P.P. Dominicains ; sur le départ de Philippe pour Singapour ; et sur notre situation à Manille. J'ai écrit à nos Messieurs de Paris le 3 mai par la voie de Batavia. Mr Chaigneau qui a eu la bonté d'inclure ma lettre dans son paquet, m'a dit qu'il avait une très bonne occasion et que

2. 롤롬보이에서의 생활

① 리브와 신부가 르그레즈와 신부에게 보낸 서한

- 발신일 : 1839년 5월 16일
- 발신지 : 롤롬보이
- 수신인 : 르그레즈와 신부
- 출　처 : AMEP vol. 304, ff. 95~98

1839년 5월 16일, 롤롬보이
1839년 6월 27일 수신

경애하는 신부님,

　　신부님의 4월 9일 자 및 5월 2일 자 편지 잘 받았습니다. 그 후로는 마카오로부터 아무 소식도 받지 못하고 있습니다. 제가 신부님의 편지를 받았을 때는 곧 마카오로 떠나려는 코메트(Comète)호의 함장을 통해 신부님께 편지를 부친 지 몇 시간밖에 안 되었을 때였습니다. 그 편지에서 저는 꽤 즐거웠던 우리의 여행과 도미니코회 신부들의 환대, (코친차이나인 학생) 필립보가 싱가포르로 떠난 것, 그리고 마닐라에서의 우리의 상황을 상세히 말씀드렸습니다. 또 5월 3일, 바타비아(Batavia) 편으로 파리의 신부님들께도 편지를 보냈습니다. 자신의 우편물에 제 편지를 같이 넣게 해준 셰뇨 신부님은 자기에게 아주 좋은 기회가 있으니 (함께 보내면) 제 편지가 영국 배편으로 가는 것이나 심지어 홍해를 통하는 것보다

ma lettre arriverait plus promptement et plus sûrement que par un navire anglais et même que par la mer rouge.

Cependant j'en écris aujourd'hui une seconde que je tâcherai d'envoyer par une autre occasion. Dans ma première lettre je leur dis un peu de mots pourquoi vous nous avez envoyé à Manille, vous laissant le soin de leur donner de plus amples détails là-dessus. D'ailleurs M. Callery a fait au long l'histoire de toute cette affaire d'opium dans une lettre qu'il écrit à Mr Langlois par la même occasion. Je leur donne ensuite à peu près les mêmes détails qu'à vous sur notre voyage et sur notre position à Manille ; à l'exception cependant des réflexions que je vous fais sur le compte de M^r C⋯[Callery] il vaut mieux que vous vous mêliez seul de cette affaire. Je leur annonce seulement son voyage dans l'intérieur. Je leur parle de ce que nous avons reçu de Mr Dent et Beale pour les tirer d'inquiétude en cas que ma lettre parvienne avant les vôtres. Je leur donne les nouvelles de votre lettre du 9 avril et enfin je leur annonce notre prochain départ pour Lolomboy dans la seconde lettre leur donne des détails sur notre position dans cette ferme avec un petit résumé de ma première lettre.

Je vous ai déjà dit que Mr C.[Callery] ne se plaisait pas beaucoup chez les P.P. Dominicains. La maison ne lui plaisait pas, elle n'était pas propre, les heures des repas ne lui convenaient pas, les mets n'étaient pas à son goût ; et quoi que l'on nous eût souvent répété d'aller quand nous voudrions à la cuisine demander ce que nous désirions. Néanmoins, il n'avait plus le buffet de Macao pour boire un petit coup de temps en temps ; dans les visites même on ne lui offrait

도 더 빠르고 안전하게 도착할 것이라고 하였습니다.

그럼에도 오늘 또 신부님께 편지를 쓰는데, 이 편지는 다른 편으로 보내려고 합니다. (지도 신부들에게 보낸) 첫 편지에서 저는 신부님께서 우리를 왜 마닐라로 보내셨는지를 그분들께 간략히 말씀드리고 자세한 이야기는 신부님께서 전하실 것이라고 하였습니다. 게다가 칼르리 신부가 같은 발송 편으로 랑글르와 신부에게 편지를 보내 아편 사건의 이야기를 자세하게 이야기했습니다. 그리고 저는 우리의 여행과 마닐라에서의 우리 상황에 관해 신부님께 전한 것과 거의 같은 소식을 지도 신부님들께도 전했습니다. 그러나 신부님께 말씀드린 칼르리 신부에 관한 저의 생각은 제외했는데, 그 일은 신부님만 관여하시는 것이 낫기 때문입니다. 그분들께는 칼르리 신부가 내지(內地)를 여행하고 있다고만 말하였습니다. 또 제 편지가 신부님의 편지보다 먼저 도착할 경우 지도 신부님들께서 걱정하시지 않도록 당(Dent) 신부와 브알(Beale) 신부로부터 편지를 받은 사실도 이야기하였습니다. 신부님의 4월 9일 자 편지의 소식들을 전하였으며, 끝으로 우리가 롤롬보이로 떠난다는 것을 알렸습니다. 두 번째 편지에서는 제 첫 번째 편지의 요약과 함께 이 농장에서의 우리의 상황을 상세히 전하였습니다.

칼르리 신부가 도미니코회 수도원을 그리 마음에 들어 하지 않았다는 이야기는 이미 하였지요. 그는 숙소를 좋아하지 않았는데 그곳이 깨끗하지가 않고, 식사 시간이 그에게 맞지 않고, 음식이 입맛에 맞지 않는다는 것이었습니다. 원하는 것이 있으면 주방에 요청하라고 그들이 우리에게 거듭 말해 주었는데도 말입니다. 그러나 가끔 가서 한잔할 마카오의 식당은 이제 없지요. 방문 때에도 그는 물밖에 대접을 받지 못하였습니다. 술을 마시지 않는 이를 위해 늘 물을 주는데, 참으로 맛이 없지요. 사

que de l'eau et pour quelqu'un qui ne paît pas les cordiaux, toujours de l'eau, c'est bien fade, aussi quoiqu'on en dise de la facilité qu'il y a dans le besoin à se défaire de ces petites habitudes, cette privation était vivement sentie. Souvent il nous répétait que nous eussions bien mieux été chez les Augustins, qu'avant, Mr Desflèches, nos confrères y descendaient toujours. Que le Père Abbade nous l'avait souvent demandé, mais que vous lui aviez toujours répondu avec ce ton sec que vous prennez quelques fois, 'Non'. Il prétendait que nous étions à charge aux P.P. Dominicains et qu'ils nous voyaient chez eux avec peine, surtout dans leur couvent où nous les troublions. Qu'ils auraient beaucoup mieux aimé nous envoyer à la campagne, mais que vous aviez voulu que nous restassions à Manille et que le Père Thomas avait été fortement blâmé par ses confrères pour nous l'avoir promis⋯. Où avait-il pris tout cela? je n'en sçais rien.

Mais la vérité est que ces Pères nous ont reçus avec beaucoup de charité, que nous avions pour le logement et la nourriture plus que le nécessaire et que souvent on nous pressait de demander ce dont nous pourrions avoir besoin. Il y avait, il est vrai, à Macao certaines petites aises, certaines commodités que nous n'avions pas à Manille et que l'on ne peut guère avoir dans un couvent ; mais malgré cela nous étions certainement bien et beaucoup mieux sans doute que la plupart de nos missionnaires. Il peut se faire que nous gênassions un peu le[les] Pères à cause de leurs règle ; mais jamais, ils ne me l'ont fait paraître, au contraire, ils nous donnaient la plus grande latitude et si nous les gênions un peu, je doute que pour cela ils nous virent chez eux avec

람들은 필요하면 이러한 사소한 습관은 쉽게 떨쳐 버린다고 말하지만 그 결핍이 여실히 느껴졌습니다. 왜냐하면 그는, 예전에 데플레슈 신부와 우리 동료 신부들이 늘 묵었던 아우구스티노회 수도원으로 갔더라면 더 나았을 것이라는 말을 자주 되풀이하였기 때문입니다. 아바드(Abbade) 신부가 우리에게 그것을 자주 청하였으나 신부님께서는 간혹 사용하시는 건조한 어조로 그분께 '안 됩니다.'라고 늘 답하셨지요. 그분은 우리가 도미니코회 신부들에게 부담이 되고, 그들 숙소에서 지내는 우리를 보는 것이 힘겨우며, 특히 그들의 수도원에서 우리가 그들을 방해한다고 주장하였습니다. 우리를 시골로 보내는 것이 훨씬 좋았을 듯하지만 신부님은 우리가 마닐라에 머물기를 원하셨지요. 그리고 토마(Thomas) 신부는 우리와 한 약속 때문에 동료 신부들로부터 크게 비난을 받았습니다. 그가 이 모든 이야기를 어디에서 들었을까요? 저는 그것에 관해 아는 바가 전혀 없습니다.

그러나 진실인즉슨 (도미니코회) 신부들은 우리를 환영하였고, 우리는 필요 이상의 숙식을 제공받았으며, 그들은 필요할 만한 것이 있으면 무엇이든 요청하라고 우리를 자주 재촉하였다는 것입니다. 마카오에는 마닐라에 없고 수도원에서 가질 수 없는 사소한 안락함과 편의가 있는 것이 사실입니다. 그렇지만 우리는 분명히 질 지냈고 또 대부분의 우리 동료 신부들보다 아마도 훨씬 나은 처지에 있었을 것입니다. 그분들의 규칙 탓에 우리가 그 (도미니코회) 신부들을 좀 방해했을지 모르지만, 그들은 결코 그것을 내색하지 않았고 오히려 우리에게 더없이 큰 자유를 허락하였습니다. 우리가 그들을 좀 방해했을지라도 그들이 우리를 수도원의 귀찮은 존재로 여겼다고는 생각되지 않습니다. 어쨌든 칼르리 신부의 생각은 그렇지가 않았습니다. 그리고 데플레슈 신부는 마음이 약해서

peine. Quoiqu'il en soit, Mr C.[Callery] ne pensait pas de même et Mr Desflèches qui par complaisance, pour ne pas dire par faiblesse, l'accompagnait souvent dans ses courses presques[presque] continuelles et à qui il devait en avoir dit sans doute beaucoup plus qu'à moi, pensait un peu comme lui, sans cependant partager sa délicatesse et son ennui.

Enfin arriva le jour tout désiré où il devait partir avec un père Dominicain pour se rendre chez le Père Gabriel. Le rendez-vous était donné chez le curé de Binondo près de Manille. Le Père Mansano ayant accompagné son confrère jusqu'à cette cure, Mr Callery, que j'avais prié de lui demander s'il ne pourrait point nous indiquer un lieu de promenade, pour nos jeunes gens, lui fit alors ma commisson ; Mr Desflèches m'a assuré qu'il n'avait pas demandé autre chose, mais que le Père Mansano lui avait répondu que nous aurions dû lui en parler plus tôt et que non seulement nous pourrions aller nous promener dans une de leurs fermes, mais que nous pourrions même y demeurer. En effet il m'en parla dès le soir, et je lui répondis que nous ferions comme il voudrait, que je le priais seulement d'arranger les choses de manière à ce que nous gênassions le moins possible.

Il paraît que la chose fut de suite portée à leur conseil, il fut décidé que le lendemain vendredi, 3 mai, nous irions à Lolomboy et nous partîmes en effet vers midi et après une navigation de 7 heures nous arrivâmes à Lolomboy. Cette ferme est toujours administrée par le Frère, qui vous y a reçu vous-même, c'est un bon religieux, qui a de vous le plus grand soin, et quoique nous fussions assez bien à Manille, nous sommes encore beaucoup mieux ici. Nous sommes

가 아니라 호의로 칼르리 신부와 거의 끊임없이 장(場)보는 일을 자주 함께했는데, 칼르리 신부는 제게 말한 것보다 그분에게 훨씬 더 그 이야기를 많이 했을 것입니다. 데플레슈 신부는 칼르리 신부의 과민함과 권태로움을 같이 느끼지는 않았지만 그와 조금은 생각이 같았습니다.

마침내 칼르리 신부가 가브리엘 신부를 방문하기 위해 도미니코회 신부 한 명과 같이 떠나기로 한 날이 왔습니다. 만날 장소는 마닐라 근처의 비논도(Binondo) 본당 신부 댁이었습니다. 만사노(Mansano) 신부가 이 본당 신부 댁까지 그의 동료 신부와 동행하자, 칼르리 신부는 제가 우리 학생들을 위한 산책 장소를 알려 줄 수 없는지 물어봐 달라고 부탁한 것을 만사노 신부에게 문의했다고 합니다. 데플레슈 신부는 칼르리 신부가 다른 것은 묻지 않았다고 단언하였습니다. 그런데 만사노 신부는 우리가 그 얘기를 자기한테 더 일찍 해야 했다고 그에게 답했답니다. 그러면 우리가 그들의 농장 한곳에서 산책할 수 있을 뿐만 아니라 거기에 거처할 수도 있다고 했답니다. 실제로 그는 바로 그날 저녁에 제게 그 얘기를 했습니다. 저는 그가 바라는 대로 우리가 응할 것이라고 대답하였으며, 다만 가능한 한 우리가 (그들을) 덜 방해하는 쪽으로 일을 처리해 달라고 부탁하였습니다.

이 일은 즉시 그들의 참사회에 상정된 듯합니다. 우리는 그 이튿날인 5월 3일 금요일에 롤롬보이로 가는 것으로 결정되었고, 실제로 정오경에 출발하여 7시간의 항해 끝에 롤롬보이에 도착하였습니다. 이 농장은 여전히 수사님이 관리하고 있습니다. 그곳에서 신부님을 맞았던 그분 말입니다. 그는 좋은 수도자입니다. 신부님을 굉장히 신경 써주셨지요. 물론 마닐라에서도 우리는 잘 지냈지만 이곳은 훨씬 낫습니다. 우리만 따로 있어서 아무도 우리를 방해하지 않으며 우리도 남을 방해할 일이 없습니

seules, personne ne nous trouble ; nous ne gênons personne, nous étudions autant que nous voulons. Mr Desflèche fait exactement la classe aux Coréens tous les jours, le reste de temps il travaille au chinois. Pour moi j'étudie le chinois, un peu le portugais et un peu de théologie. Nous pouvons sortir le soir pour prendre le frais sans craindre les inconvénients qui existaient à Manille, en un mot nous sommes très bien, et nous nous portons tous bien excepté le grand André qui a eu souvent mal au ventre, à la tête et aux reins. Il éprouve une douleur aux reins depuis qu'il a levé les colonnes qui soutiennent la maison des dindons ; Je lui ai fait des reproches de ce qu'il ne nous avait pas averti à Macao, mais il m'a répondu qu'il en avait averti le Père Calery[Callery] qui lui avait dit que cela venait de la crue. Je lui fais faire un remède que m'a indiqué Mr Toinette, mais il ne s'en trouve pas mieux, au reste il mange bien et dort bien, par conséquent il n'est pas en danger.

Mr Callery avant son départ ne m'a rien demandé, moi je ne lui ai rien offert, d'autant plus qu'il n'a aucune dépense à faire. Il a donné commissions à Mr Toinette de lui vendre 8 de ses instruments, sans en excepter son grand cercle. Que veut-il faire de tant d'argent···. Il paraît tenir beaucoup à ce que nous ne partions pas sans lui... nous n'avons encore eu aucune dispute ensemble.

...

다. 원하는 대로 공부를 할 수 있습니다. 데플레슈 신부는 매일 어김없이 조선 학생들에게 수업을 하며, 그 밖의 시간에는 중국어를 배우고 있습니다. 저도 중국어와 포르투갈어 약간, 그리고 신학도 조금 공부하고 있습니다. 저녁때는 마닐라에서와는 달리 서늘한 바람을 쐬기 위해 불편 없이 외출할 수 있습니다. 한마디로 우리는 아주 잘 지내고 있으며 (김대건) 안드레아를 제외하면 모두 건강합니다. 안드레아는 자주 복통과 두통과 요통을 앓습니다. 그는 칠면조 장(欌)을 받치는 기둥을 들어 올린 후로 허리 통증에 시달리고 있습니다. 저는 왜 마카오에서 우리에게 말하지 않았느냐고 그를 나무랐습니다. 그런데 안드레아가 저에게 대답하길, 칼르리 신부에게 이야기했는데 칼르리 신부는 그것이 발육에서 오는 것이라고 그에게 말했답니다. 트와네트 신부가 알려준 약을 지어 먹게 했는데 효과가 없습니다. 그러나 그는 잘 먹고 잘 잡니다. 그러니 위험한 상태는 아닙니다.

칼르리 신부는 떠나기 전에 저에게 아무것도 청하지 않았습니다. 그가 지출할 일이 전혀 없기에 저도 그에게 아무것도 주지 않았습니다. 그는 트와네트 신부에게 그의 도구 중 크고 둥근 물건을 포함해 8개를 팔아 달라고 부탁했습니다. 그 많은 돈으로 무엇을 하려는 것일까요…. 그는 우리가 자기를 빼놓고 떠나지 않기를 무척 바라는 듯합니다…. 아직까지 우리끼리 다투는 일은 전혀 없었습니다.

…[이하 생략]…

② Extrait d'une lettre de Mr Libois aux Directeurs
(AMEP vol. 304 ; ff. 99~101)

Lolomboy, 28 mai 1839

Reçue le 26 X^{bre} 1839

Messieurs et chers confrères,

Je ne sçais si vous avez reçu ma lettre du 3 mai 1839 que Mr Chaigneau a eu la bonté d'inclure dans un paquet qu'il était sur le point d'expédier par la voie de Batavia. Je vous disais dans cette lettre que Mr Legrégeois à cause des craintes que lui inspiraient les troubles excités à Canton et à Macao à l'occasion du commerce d'opium, avait cru à voir m'envoyer à Manille avec Mr Callery et Mr Desflèches, les deux Coréens, et 3 Cochinchinois dont *******[4] renvoyé de Pinang pour cause d'incapacité, et parti de suite pour Syncapour sur la demande que Mgr de Bidopolis en avait faite à Mr Legrégeois. Je vous donnais quelques détails sur notre voyage qui a été assez heureux, sur le bon ac-

---

4 원본 훼손으로 판독 불가, l'un a été로 추정.

② 리브와 신부가 파리 신학교 지도 신부들에게 보낸 서한

- 발신일 : 1839년 5월 28일
- 발신지 : 롤롬보이
- 수신인 : 파리 외방전교회 신학교 지도 신부들
- 출　　처 : AMEP vol. 304, ff. 99~101

1839년 5월 28일, 롤롬보이
1839년 12월 26일 수신

친애하는 신부님들께,

1839년 5월 3일 자 제 편지를 받으셨는지 모르겠습니다. 세뇨 신부님이 바타비아를 경유하여 우편물을 보내려던 참에 그 편지를 함께 넣어주셨습니다. 그 편지에서 저는, 아편 거래로 마카오와 광동에서 소요가 일어나자 르그레즈와 신부님이 두려움을 느껴 저와 칼르리 신부, 데플레슈 신부, 2명의 조선 학생과 3명의 코친차이나 학생을 마닐라로 보낼 생각을 하셨다고 말씀드렸습니다. 코친차이나 학생 중 한 명은 능력이 부족하여 비도폴리스(Bidopolis) 명의 (쿠르베지) 주교님께서 르그레즈와 신부님에게 하신 요청에 따라 페낭(신학교)에서 퇴학 처리되어 즉시 싱가포르로 떠났습니다. 저는 상당히 즐거웠던 우리의 여행, 주교님께서 부재중이셨던 가운데 총대리 신부님과 총독이 베푼 환대, 도미니코회 신부님들이

cueil que nous ont fait le gouverneur et le grand vicaire en l'absence de Mgr et sur la charité avec laquelle les P.P. Dominicains nous ont reçus chez eux. Je vous disais que M. Dent nous avait payé ce qu'il nous devait et que M. Beale nous avait envoyé 1000 piastres avec promesse de payer le reste quand il pourrait ; Enfin je vous faisais part d'une nouvelle que je venais d'apprendre par une lettre de Mr Legrégeois du 9 Avril, (2 jours après notre départ de Macao) sçavoir que les capitaines des navires anglais chargés d'opium avaient enfin consenti après bien des difficultés, à livrer tout leur opium au Chinois, afin de délivrer tous les commerçants de Canton qui étaient retenus comme otages dans cette ville sans pouvoir avoir la moindre communication, même avec Macao. Depuis cette époque nous n'avons aucune nouvelle de Macao, il n'arrive aucun navire, bien qu'il y en ait qui sont attendus depuis près d'un mois. Tout le monde est dans la plus grande inquiétude.

Après être demeuré 15 jours à Manille, nous avons tous quittés cette ville le 3 mai. M. Callery est parti avec un père Dominicain pour aller voir père Gabriel, qui l'année dernière a donné l'hospitalité à Mr Legrégeois ; de là il doit faire des excursions scientifiques en divers endroits. Dans une lettre datée du jour de la Pentecôte, il me dit qu'il va quitter le père Gabriel pour faire une tournée géologique du côté d'Ylocos[Ilocos].

Pour nous, nous habitons maintenant une ferme des R. P.P. Dominicains appelée Lolomboy, éloignée de Manille d'environ 3 lieues. Nous y sommes très bien. L'administrateur de cette maison

우리를 따뜻하게 맞아 준 일들을 상세하게 전해 드렸지요. 당 신부가 우리에게 빚진 돈을 갚았고, 브알 신부는 1,000피아스터를 보내면서 나머지는 가능할 때 갚겠다는 약속을 한 사실도 여러분께 말씀드렸습니다. 끝으로 르그레즈와 신부님의 4월 9일 자 (우리가 마카오를 떠난 지 이틀 후) 편지로 알게 된 소식도 전해 드렸습니다. 즉 아편을 실은 영국 선박의 선장들이 수많은 어려움 끝에 결국 그들의 아편 전부를 중국인에게 넘기기로 동의하였다는 소식인데, 어떠한 연락도 취하지 못하도록, 심지어 마카오와도 연락할 수 없도록 광동에 인질로 잡혀 있던 모든 광동 상인들을 석방하기 위해서였습니다. 그 이후로 우리는 마카오로부터 어떤 소식도 받지 못하였습니다. 근 한 달 전부터 기다리고 있으나 배 한 척 오지 않았습니다. 다들 매우 염려하고 있습니다.

마닐라에서 보름을 머문 후 우리는 모두 5월 3일 이 도시를 떠났습니다. 칼르리 신부는 작년에 르그레즈와 신부에게 숙식을 제공했던 가브리엘 신부를 만나러 도미니코회 신부 한 명과 함께 떠났습니다. 그는 거기서 또 여러 곳으로 가 학문적 탐방을 할 예정입니다. 성령 강림 축일에 쓴 편지에서 칼르리 신부는 가브리엘 신부와 작별하고 일로고스(Ilocos) 근처로 지질 답사를 떠날 것이라고 제게 전해 왔습니다.

우리에 대해 말씀드리자면, 지금 우리는 마닐라에서 약 3리외(12km)[5] 떨어진 롤롬보이라 불리는 한 농장에서 지내고 있습니다. 여기에서 우리는 아주 잘 있습니다. 이 집의 관리인은 좋은 수사인데 우리를 굉장히 잘

---

5   리외(lieue) : 리외는 예전 프랑스에서 사용하던 거리 단위. 1리외는 약 4km이다.

est un bon frère qui a de nous le plus grand soin. La chaleur est très grande ; cependant comme les appartements sont grands, propres et bien aérés, nous n'en souffrons pas encore beaucoup ; d'ailleurs la saison des pluie va arriver dans quelques jours, et alors nous aurons de la fraicheur. Tous les soirs au coucher du soleil nous sortons un instant pour prendre le frais dans une prairie qui est près de la maison, tandis qu'à Manille nous étions souvent plusieurs jours sans mettre le pied dehors et si nous sortions quelques fois, nous étions exposés à voir bien des choses qui n'étaient rien moins qu'édifiantes pour nos jeunes gens. Nous jouissons de la plus grande tranquillité et nous sommes parfaitement à notre aise pour étudier. Mr Desflèches fait la classe aux Coréens et emploie le reste de son temps à l'étude du chinois. Pour moi je continue à apprendre cette langue, j'étudie aussi un peu le portugais, et je repasse ma théologie ; je vous avoue que si je ne considérais pas ma position avec les yeux de la foi, elle ne laisserait pas d'avoir pour moi quelque choe de pénible, mais je crois être dans l'ordre de la divine Providence, et cela me console et me tranquilise en attendant une décision définitive de votre part sur ce qui me regarde.

Nous avons dans la maison un oratoire où nous pouvons dire la messe, et nos jeunes gens l'entendre sans avoir besoin d'aller à la paroisse. Je ne vous dis rien sur le pays, parce que je le connais peu et que je sors très peu. D'ailleurs la campagne est absolument nue et brûlée par les ardeurs du soleil. La seule chose qui m'ait frappé, ce sont les bambous qui sont très beaux et d'une utilité inconcevable pour les indiens. ⋯ Nous avons été à Manille M. Desflèches et moi

돌보아 주고 있습니다. 날씨가 매우 덥습니다. 그러나 방들이 크고 깨끗하고 환기가 잘 되어 아직 더위에 많이 시달리지는 않습니다. 게다가 며칠 후면 우기(雨期)가 오기 때문에 곧 서늘해질 것입니다. 매일 저녁 해가 질 때 우리는 숙소 근처의 초원으로 바람을 쐬러 잠시 나갑니다. 마닐라에서는 자주 여러 날 동안 외출할 수가 없었고, 몇 번 외출했지만 우리 학생들이 좋지 않은 것들에 많이 노출되었습니다. 우리는 지금 최대의 평온을 누리고 있으며 마음껏 공부할 수 있습니다. 데플레슈 신부는 조선 학생들에게 수업을 하고 나머지 시간은 중국어를 배우는 데 쓰고 있습니다. 저도 중국어를 계속 배우고 있고 포르투갈어도 약간 공부하고 있으며 신학도 복습하고 있습니다. 솔직히 말씀드려, 만일 제가 저의 처지를 신앙의 견지에서 고려하지 않는다면 좀 고통스러울 것이지만, 저는 하느님의 섭리 안에 있다고 믿고 있으며 이것이 저를 위로하고 또 저에 대한 여러분의 최종 결정을 안심하고 기다리게 해줍니다.

　건물 안에 소성당이 있어서 미사를 드릴 수 있고 우리 학생들은 성당에 가지 않고도 미사 참례를 할 수 있습니다. 이 지방에 관해서 제가 여러분께 아무 말씀도 드리지 않는 것은 제가 이곳을 거의 알지 못하고 외출도 잘 하지 않기 때문입니다. 게다가 들판은 완전히 헐벗었고 태양의 열로 타버렸습니다. 제게 유일하게 강한 인상을 준 것은 대나무인데, 매우 아름답고 또 원주민들에게 굉장히 유용합니다. …[중략]… 5월 17일 저와 데플레슈 신부는 주교님을 뵙기 위해 마닐라에 있었습니다. 주교님

le 17 Mai pour voir Monseigneur qui y était arrivé le 16 après une absence du'un mois ; il nous a reçu avec sa bonté ordinaire et nous a témoigné le plus grand intérêt pour tout ce qui nous regarde. ⋯ Nos jeunes gens se portent bien.

…

③ Extrait d'une lettre de Mr Legrégeois aux Directeurs (AMEP vol. 323 ; ff. 134~138)

M^{rs} les Directeurs.

Le 5 Juin 1839

Je me rejouis du choix qu'ils ont fait de Mr Verrolle[Verrolles] pour le nouveau Vicariat du Leaotong. Mr Desflèches semble avoir

은 한 달간 자리를 비우신 후 16일에 도착하셨습니다. 그분은 평소와 같이 친절하게 우리를 맞아 주셨고 우리와 관련된 모든 일에 큰 관심을 보이셨습니다. …[중략]… 우리 젊은이들은 건강합니다.

…[이하 생략]…

③ 르그레즈와 신부가 파리 신학교 지도 신부들에게 보낸 서한

- 발신일 : 1839년 6월 5일
- 발신지 : (마카오)
- 수신자 : 파리 외방전교회 신학교 지도 신부들
- 출   처 : AMEP vol. 323, ff. 134~138

지도 신부들에게 보낸 서한

1839년 6월 5일

베롤[6] 주교님께서 새 요동 대목구장으로 선출되셨다니 기쁩니다. 데플레슈 신부는 조선 학생들을 맡는 것으로 소임이 정해진 것 같습니다.

---

6 베롤(E.J.F. Verrolles, 方若望, 1805~1878) : 파리 외방전교회 선교사. 1838년에 요동 대목구(1840년 만주 대목구로 개칭)의 초대 대목구장이자 주교로 임명되었다.

sa destination fixée par son occupation auprès des élèves Coréens. ⋯
Il[Mr Elliot] me disait hier que j'avais bien fait d'envoyer nos confr.
et nos élèves et les missionnaires à Manille

…

④ Extrait d'une lettre de Mr Libois à Mr Legrégeois
(AMEP vol. 324 ; ff. 120~127)

Manille, 6 juin 1839

…

Je vous en ai déjà dit dans ma lettre précédente que Mr Callery se
ne trouvait pas bien chez les pères Dominicains, aussi il était presque
toujours ou en visite ou à se promener, de sorte qu'il ne paraissait

…[중략]… 엘리엇[7] 씨가 어제 저에게 말하길, 제가 우리 동료 신부들과 학생들, 그리고 선교사들을 마닐라로 보내기를 잘했다고 하였습니다.

…[이하 생략]…

④ 리브와 신부가 르그레즈와 신부에게 보낸 서한

· 발신일 : 1839년 6월 6일
· 발신지 : (롤롬보이)
· 수신인 : 르그레즈와 신부
· 출   처 : AMEP vol. 324, ff. 120~127

1839년 6월 6일

…[중략]…

칼르리 신부가 도미니코회 수도원을 마음에 안 들어 한다는 얘기는 지난 편지에서 신부님께 이미 말씀드렸지요. 그래서 그는 거의 항상 여기저기를 방문하거나 산책을 하며, 먹고 잘 때만 수도원에 나타납니다.

---

7   엘리엇(C. Elliot, 義律, 1801~1875) : 영국 군인이자 외교관. 1836년부터 1841년까지 영국의 대청(對淸) 무역 상무총감(商務總監)이었고, 1841년에 초대 홍콩 총독이 되었다.

guère au couvent que pour manger et pour dormir. Il nous disait souvent que nous aurions beaucoup mieux fait d'aller chez les pères Augustins que c'était toujours chez eux que nos confrères descendaient, et que d'ailleurs le Père abbabe lui avait dit qu'il vous l'avait souvent demandé, mais que vous lui aviez toujours répondu avec ce ton sec que vous prenez asssez souvent, Non

…

Le soir même le père Mansano vint à ma chambre et me dit que nous irions dans une maison de campagne et que nous y resterions tant que nous voudrions, une heure après le père Prieur nous dit que nous irions à Lolomboy et il fut convenu que partirions le lendemain. Nous nous hâtâmes de nous préparer, nous fîmes quelques visites le lendemain matin et vers midi nous partîmes sur une barque qui nous conduisait partie par mer et partie sur une rivière jusqu'à Lolomboy où nous arrivâmes vers 7h. du soir.

Cette ferme que vous connaissez est administrée par un frère qui vous y a reçu vous même dans votre voyage à *****.[5] C'est un bien brave homme, il a de nous le plus grand besoin, nous sommes très bien et beaucoup mieux qu'à Manille sous tous rapports. Nous sommes tranquilles, nous pouvons étudier sans que personne nous trouble.

Mr Desflèches fait la classe exactement tous les jours une fois, le reste du temps il étudie le chinois, pour moi j'étudie le chinois, le portugais et un peu de théologie.

---

5 판독 불가.

그는 우리가 아우구스티노회에 갔더라면 더 좋았을 것이고 우리 신부들은 항상 그곳에 투숙했다고 종종 우리에게 말하였습니다. 게다가 수도원장 신부님이 칼르리 신부에게 말하기를, 자신이 신부님께 자주 투숙을 요청했지만 신부님께서 꽤 자주 퉁명스럽게 거절하셨다고 하더랍니다.

…[중략]…

같은 날 저녁 만사노 신부님이 제 방에 와서, 우리가 시골에 있는 집으로 가서 원하는 만큼 머무를 수 있게 될 것이라고 말하였습니다. 한 시간 후 원장 신부님이 와서 우리가 롤롬보이로 가게 되었다고 말했고, 다음 날 떠나기로 합의하였습니다. 우리는 준비를 서둘렀으며 이튿날 아침에 몇 곳을 방문하였습니다. 정오경에 배를 타고 출발했는데 이 배는 바다 일부와 강의 일부를 통과하여 우리를 롤롬보이까지 데려다주었고, 우리는 저녁 7시경에 도착하였습니다.

신부님도 아시는 이곳 농장은 어느 수사님이 관리하고 있는데, 신부님이 ***[판독 불가]를 여행하셨을 때 신부님을 맞이했던 그분입니다. 그 수사님은 좋은 분이고, 그분에게는 우리가 참으로 필요합니다. 우리는 매우 잘 지내고 있으며 모든 면에서 마닐라에서보다 훨씬 낫습니다. 우리는 조용히 지내고 있고 누구의 방해도 없이 공부할 수 있습니다.

데플레슈 신부님은 매일 한 차례 정확히 수업을 하며 남는 시간에는 중국어를 공부하고 있습니다. 저는 중국어와 포르투갈어, 그리고 신학을 조금 공부하고 있습니다.

...

Nous sommes toujours très bien à Lolomboy, et tous bien portants, le grand André éprouvé toujours quelques malaises, mais il va toujours son train, il mange et dort bien, il s'apperçoit encore de sa douleur aux riens, mais je crois que ce ne sera rien. Je crois que ses malaises viennent de la crue.

...

⑤ Extrait d'une lettre de Mr Libois à Mr Gonsalez
(AMEP vol. 324 ; ff. 128~129)

Manille, 6 juin 1839

Mon Révérend Père,

J'aurais bien désiré vous voir avant mon départ mais n'ayant appris qu'après midi que nous devions nous embarquer ou le soir ou le lende-

…[중략]…

우리는 롤롬보이에서 아주 잘 지내며 모두들 건강합니다. (김대건) 안드레아는 항상 몸에 불편을 좀 느끼지만 그래도 순조롭게 잘해 나가고 있습니다. 잘 먹고 잘 잡니다. 그는 아직 허리에 통증을 느끼지만 괜찮아지리라고 봅니다. 이러한 불편은 그의 발육에서 오는 것으로 생각됩니다.

…[이하 생략]…

⑤ 리브와 신부가 곤잘레스 신부에게 보낸 서한

· 발신일 : 1839년 6월 6일
· 발신지 : (롤롬보이)
· 수신인 : 곤잘레스(Gonsalez) 신부
· 출   처 : AMEP vol. 324, ff. 128~129

1839년 6월 6일

신부님,

출발 전에 신부님을 만나고 싶었지만 그러지 못했습니다. 당일 정오가 지나서야 그날 저녁이나 이튿날 새벽에 배를 타야 한다는 것을 알게

ment de grand matin, ayant des affaires de procure à rélger et mes apprêts à faire. il m'a été impossible d'aller à St Joseph. Vous avez sans doute déjà sçu par Mr Legrégeois que notre voyage a été assez heureux. Nous avons passé 15 jours à Manille chez les PP. Dominicains ; ces bon PP. jugeant que nous serions mieux à la campagne surtout à cause de nos jeunes gens, ils nous ont envoyé à une ferme éloignée de Manille de 3 ou 4 lieues environ. Nous y sommes très bien. La maison est située dans une grande plaine, traversée par une rivière assez considérble ; la chaleur, il est vrai, y est assez grande, mais le matin et le soir, il y a un peu de fraicheur et nous pouvons alors nous promener à notre aise, respirer le frais ; d'ailleurs la saison des pluies va arriver et alors la chaleur diminuera beaucoup.

...

Nos jeunes gens se portent bien et nos Coréens vous offrent leurs respects.

...

⑥ Extrait d'une lettre de Mr Libois à Mr Legrégeois
(AMEP vol. 324 ; ff. 131~136)

되었고, 처리해야 할 대표부 일과 제가 채비해야 할 것들이 있어서 그랬습니다. 그래서 성 요셉 신학교에 갈 수가 없었습니다. 신부님은 아마 이미 르그레즈와 신부님을 통해, 우리 여행이 상당히 좋았다는 이야기를 들으셨겠지요. 우리는 마닐라의 도미니코회 수도원에서 보름 동안 지냈습니다. 이 착한 신부님들은 우리가 시골에서 지내면 좋으리라고 생각하고, 특히나 우리 학생들 때문에 더욱 그렇게 생각하여, 우리를 마닐라에서 대략 3~4리외(12~16㎞) 떨어진 농장으로 보내 주었습니다. 우리는 거기서 아주 잘 지내고 있습니다. 집은 넓은 평야에 위치해 있고 상당히 큰 강이 흐르고 있습니다. 무척 더운 건 사실이지만 아침저녁은 약간 서늘해서 우리는 그때 편히 산책할 수 있습니다. 게다가 우기가 임박했으므로 더위는 많이 수그러질 것입니다.

…[중략]…

우리 젊은이들은 잘 있습니다. 조선 학생들이 신부님께 인사를 전합니다.

…[이하 생략]…

⑥ 리브와 신부가 르그레즈와 신부에게 보낸 서한

- 발신일 : 1839년 6월 9일
- 발신지 : (롤롬보이)
- 수신인 : 르그레즈와 신부
- 출　　처 : AMEP vol. 324, ff. 131~136

9 juin 1839

…

Nos jeunes gens sont tous bien portants à présent. Je promène les Coréens tous les jours une heure le soir. Les Cochinchinois ont l'âge de raison et je leur laisse la liberté de venir ou de rester.

…

⑦ Extrait d'une lettre de Mr Libois à Mr Legrégeois (AMEP vol. 324 ; ff. 145~149)

23 juin 1839 de Manille

Le père Gabriel vient d'arriver à Lolomboy…

…

Mr Desflèches et moi, nous sommes toujours bien portants, nous vous avons écri[écrit] tous deux par le bilbaino, je crois avoir pour

1839년 6월 9일

…[중략]…

우리 젊은이들은 현재 아주 건강합니다. 저는 조선 학생들을 매일 저녁 한 시간씩 산책시킵니다. 코친차이나 학생들은 철이 든 나이라 같이 가든지 집에 있든지 자유롭게 내버려 둡니다.

…[이하 생략]…

⑦ 리브와 신부가 르그레즈와 신부에게 보낸 서한

- 발신일 : 1839년 6월 23일
- 발신지 : (롤롬보이)
- 수신인 : 르그레즈와 신부
- 출　　처 : AMEP vol. 324, ff. 145~149

1839년 6월 23일

가브리엘 신부가 막 롤롬보이에 도착하였습니다….

…[중략]…

데플레슈 신부와 저는 늘 건강합니다. 저희 둘 다 빌바이노(Bilbaino)호를 통해 신부님께 편지를 보냈는데, 저는 세 통을 보낸 것으로 생각됩

ma part 3 lettres. Thomas se porte très-bien aussi, mais André a presque toujours quelques douleurs soit à la tête, soit aux reins ; je ne sçais si la crue est bien la cause ou du moins la seule cause de tout cela, lui paraît l'attribuer à ce qu'on lui a fait faire à Macao ; il dit que souvent il prenait des vases dans ses bras et qu'il les portait ainsi sur la poitrine ; que souvent il ressentait des douleurs et qu'il avait même quelques fois la poitrine enflée. et que la digestion se faisait très difficilement ; quoiqu'il souffre encore, cependant il se trouve mieux qu'à Macao ; je leur fais le catéchisme tous les jours et je puis vous assurer que ce n'est pas sans besoin, car outre qu'ils ignorent une bonne partie de ce qu'ils devraient sçavoir ; ils sont encore dans l'erreur sur des points assez importants. v.g. Thomas était persuadé que la seconde personne de la Ste trinité était moins puissante que la première, par la raison toute simple que le père est plus puissant que le fils. Il y a quelques jours, ils me soutenaient que celui qui ne s'accusait pas d'une faute qu'il reconnaissait comme faute quelque légère qu'elle fut ou qui n'en avait pas la contrition, faisait un sacrilège quand il recevait l'absolution dans cet état, et quand je leur expliquai qu'il n'y avait d'obligation stricte d'accuser que les péchés mortels, ils croyaient que je me moquais d'eux et avaient beaucoup de peine à me croire.

Jugez par tout cela si le choix de ces M^{rs} pour le collège de Corée était bien bon et quand au corps et quand à l'âme. Je crains presque en vous disant tout cela de manquer à la charité. Cependant d'un autre côté je crois devoir vous mettre au courant de tout. Je pense

니다. (최양업) 토마스도 아주 건강합니다. 그러나 (김대건) 안드레아는 거의 언제나 두통이나 요통을 앓습니다. 발육이 정말 원인인지 저도 모르겠습니다. 아니면 적어도 이 모든 것의 유일한 원인으로 안드레아는 마카오에서 사람들이 자신에게 일을 시킨 것을 생각하고 있는 듯합니다. 그가 이야기하기를, 그는 자주 꽃병들을 품에 안고 가슴으로 받쳐 들었다고 합니다. 자주 통증을 느꼈고, 때로는 가슴이 붓기까지 했으며, 소화가 너무도 안 되었다고 합니다. 그리고 지금도 아프지만 마카오에서보다는 낫다고 합니다. 매일 저는 그들에게 교리를 가르치는데, 그것이 불필요한 것은 아니라고 단언할 수 있습니다. 왜냐하면 그들은 알아야 할 것 중 많은 것을 모르고 있을 뿐만 아니라 아주 중요한 부분에서도 아직 잘못 생각하고 있기 때문입니다. 예컨대 토마스는 아버지가 아들보다 더 능하다는 단순한 이유에서, 삼위일체의 제2 위격인 성자가 제1 위격인 성부보다 덜 능하다고 확신하고 있었습니다. 며칠 전에 그들은, 소죄(小罪)라 여겨 죄를 고하지 않는 사람이나 그것을 통회하지 않는 사람은 그러한 상태에서 사죄를 받으면 독성죄(瀆聖罪)를 범하는 것이라고 제게 주장하였습니다. 제가 그들에게 대죄(大罪)만이 엄격히 고할 의무가 있다고 설명하자 그들은 제가 그들을 놀리는 것이라고 여겨 저를 잘 믿으려 하지 않았습니다.

이런 점으로 미루어 지도 신부님들이 조선 신학교를 위해 하신 선택이 과연 잘한 것인지 신체와 영혼에 좋은 것인지 생각해 보십시오. 신부님께 이런 말씀을 드리면서 이 모든 것이 사랑이 부족해서 그런 것이 아닌가 두렵습니다. 그러면서도 한편 신부님께 모든 것을 알려드려야 한다

néanmoins qu'il ne serait pas bon d'écrire tous ces détails à Paris.

...

⑧ Extrait d'une lettre de Mr Libois à Mr Langlois
(AMEP vol. 324 ; ff. 6~9)

2 Août 1839

J'appris il y a quelques jours que vous auriez été de nouveau nommé Supérieur de notre Séminaire de Paris.
...

Pour moi je suis toujours exilé aux Philippines sans savoir quand je serai rappelé à mon poste ou envoyé à un autre.
...

Conformément aux intentions de Mr Legrégeois, j'ai offert au procureur général et au prieur des RR. PP. Dominicains de leur rembourser les dépense qu'ils font pour notre nourriture, mais ils ont

고 생각합니다. 하지만 이 모든 사정을 편지로 파리에 알리는 것은 좋지 않은 듯합니다.

…[이하 생략]…

⑧ 리브와 신부가 랑글르와 신부에게 보낸 서한

· 발신일 : 1839년 8월 2일
· 수신인 : 랑글르와 신부
· 출　　처 : AMEP vol. 324, ff. 6~9

1839년 8월 2일

신부님이 다시 우리 파리 신학교 장상으로 임명될 것이라는 소식을 며칠 전에 들었습니다.

…[중략]…

저는 언제 제 임지로 돌아갈지 혹은 다른 곳으로 보내질지 알지 못한 채 여전히 필리핀에서 유배 생활을 하고 있습니다.

…[중략]…

르그레즈와 신부님의 지시에 따라 저는 도미니코회의 총대표 신부님과 원장 신부님에게 그들이 우리 식비로 지출한 금액을 지불하겠다고 하였는데 그들은 아무것도 받지 않겠다고 완강히 거절하였습니다. 저는 고집하

absolument refusé de rien recevoir. J'ai fait des instances mais on m'a répondu qu'il ne fallait parler de cela, dussions rester 2 ou 3 ans chez eux. J'écris cela à Mr Legrégeois, il arrangera cette affaire comme il voudra.

M. Deflèches est toujours à Lolomboi[Lolomboy], où il prend soin des jeunes gens. Il se porte assez bien, et les jeunes gens aussi. L'un d'eux éprouve assez souvent des douleurs de poitrine, peut-être cela vient-il de sa crue, car il est très grand. Ils sont toujours très bons enfants.

...

⑨ Extrait d'une lettre de Mr Libois à Mr Legrégeois
(AMEP vol. 324 ; ff. 23~28)

11 août 1839

La lettre chinoise que vous avez envoyée aux coréens par la dernière occasion renferme des nouvelles très importantes. Comme

였습니다만, 그들은 우리가 그들의 수도원에서 2~3년을 머물러야 한다 해도 그런 말을 해서는 안 된다고 대답하였습니다. 이 사정을 르그레즈와 신부님께 편지로 알렸으니 그분이 알아서 이 일을 처리하실 것입니다.

데플레슈 신부는 여전히 롤롬보이에서 조선 학생들을 돌보고 있습니다. 그는 꽤 건강하고 학생들도 마찬가지입니다. 그들 중 한 명(김대건)이 꽤 자주 가슴 통증에 시달리고 있습니다. 그것은 아마 그의 발육에서 오는 것일 텐데, 그는 아주 키가 크기 때문입니다. 그들은 언제나 아주 착한 아이들입니다.

…[이하 생략]…

⑨ 리브와 신부가 르그레즈와 신부에게 보낸 서한

· 발신일 : 1839년 8월 11일
· 수신인 : 르그레즈와 신부
· 출　　처 : AMEP vol. 324, ff. 23~28

1839년 8월 11일

지난번에 신부님께서 조선 학생들에게 보내신 한문 편지에는 아주 중요한 소식이 들어있었습니다. 저는 롤롬보이로 돌아와서야 그 소식을 알

je ne les ai connues qu'à mon retour à Lolomboi[Lolomboy], je n'ai pu vous en parler dans ma dernière lettre. Elle vient de Pekin, et leur a été écrite par Augustin interprète de l'ambassade coréenne et par Tchaō venu à Pekin en qualité de Marchand et qui sert aussi de courrier aux Chrétiens de Corée pour les différentes choses qu'ils font venir de Pekin. Elle est datée des 10 ou 11 Mars.

Ils disent 1^{èrement} à ces jeunes gens qu'ils leur ont apporté des lettres de leur famille, qu'elles sont arrivées à bon port et qu'ils les leur feront passer. Cette 1ère phrase est un peu obscure et pourrait s'entendre d'une autre manière, mais si c'est le vrai sens comme les jeunes gens me l'assurent, cela me ferait croire que les courriers qui apportent ordinairement les lettres jusqu'à Fon pien men n'ayant pas trouvé les courriers chinois qui vont ordinairement pour recevoir ces lettres les ont remises à Augustin et Chao qui venaient à pekin pour les remettre ou aux courriers ou pour les faire passer à Mr Mouli[Mouly]. J'aime à croire aussi que s'il y a des lettres pour les jeunes gens, il y en a aussi pour la procure, mais peut-être n'en parlent-ils pas dans la crainte que cette lettre ne tombât entre les mains de

게 되었기 때문에 지난번 편지에서 이에 대해 신부님께 말씀드리지 못했습니다. 그 편지는 북경에서 온 것인데, 아우구스티노[8]와 조 씨[9]가 조선 학생들에게 써 보낸 것입니다. 아우구스티노는 조선 사절단의 통역이고, 조 씨는 상인 자격으로 북경에 왔습니다. 조 씨는 조선 교우들이 북경에서 들여와 달라고 주문하는 갖가지 것들을 위해 그들의 밀사 역할도 합니다. 편지의 작성일은 3월 10일 내지 11일입니다.

이 편지는 첫째로 조선 학생들에게, 그들 가족의 편지를 가지고 무사히 도착하였으므로 곧 그들에게 전하게 될 것이라고 말하고 있습니다. 그런데 이 첫 번째 문장은 약간 모호하고 다르게 이해될 수 있습니다. 그러나 조선 학생들이 제게 단언하는 바와 같이 저 뜻이 맞다면, 보통은 편지를 봉황성 변문까지 가져오는 밀사들이 보통은 그 편지를 받으러 오는 중국인 밀사들을 만나지 못해 그 편지를 아우구스티노와 조 씨에게 전달하였고, 아우구스티노와 조 씨는 그 편지를 밀사들에게 전하거나 물리[10] 신부님에게 전달되도록 북경까지 가지고 온 것으로 생각됩니다. 조선 학생들에게 보내는 편지가 있다면 그 가운데 대표부로 보내는 편지도 들어 있을 것 같은데, 그 편지가 혹시 외교인 손에 들어갈까 봐 두려워서 아마도 그들이 그것을 말하지 않는 것 같다는 생각도 듭니다. 왜냐하면 편지에서 내내 그들은 아주 간결하게 쓰고 조금이라도 의혹을 살 만한 것은

---

8 유진길(劉進吉, 아우구스티노, 1791~1839) : 성인. 역관 출신으로 정하상 등과 함께 북경에 왕래하였고, 유방제·모방·샤스탕 신부와 앵베르 주교를 조선으로 인도하였다. 1839년 9월 22일(음 8월 15일) 서소문 밖 형장에서 순교하였다.

9 조신철(趙信喆, 가롤로, 1795~1839) : 성인. 조선 교회의 밀사로 성직자 영입에 노력하다가 1839년 9월 26일(음 8월 19일) 서소문 밖 형장에서 순교하였다.

10 물리(J.-M. Mouly, 孟振生, 1807~1868) : 프랑스 출신의 라자로회 선교사. 1834년 6월 마카오에 도착했고, 1835년 7월 서만자(西灣子)에 도착하였다. 하북(河北) 지역에서 선교하다가 1840년 8월 초대 몽골 대목구장이 되었으며, 1846년 4월에는 북경교구의 관리자직도 겸임하였다.

quelque payens ; car dans toute la lettre, ils sont très laconiques et ils évitent tout ce qui pourrait donner le moindre soupçon.

2° ils disent avoir appris en arrivant à Pekin la mort de François et ils exprimèrent leurs regrets. Ils parlent aussi du triste état où ils ont trouvé la mission de Pekin, sans doute ils veulent parler de la mort de l'évêque et peut-être de la destruction de l'Eglise.

3° ils disent en 3ème lieu ; nos trois messieurs (Lao ye) se portent tous bien. Cette nouvelle est de la plus grande importance, car elle nous apprend que Mgr est entré heureusement, qu'il est parvenu à sa destination sans accident, et que ni les fatigues du voyage, ni le changement de climat et de nourriture, n'ont pu altérer sa santé. Quand les courriers sont partis de Corée, Mgr devait être entré depuis un an. Les jeunes gens m'ont fait remarquer que toutes les nouvelles que l'on avait données jusqu'ici de l'entrée de Mgr en Corée ne pouvaient être certaine et voici leurs raisons. Mgr arriva à Fong Pien Men à la fin de 1837. Tous ceux qui l'avaient accompagné jusque là n'ont pas pu sçavoir s'il était entré heureusement ou non car de Fong Pien Men à la porte par laquelle seule on peut entrer en Corée, il y a 130 lis ou 13 lieues, et il n'est pas permis aux chinois de passer Fong Pien Men. Il y a même des soldats de garde qui ne manquèrent pas de les saisir ; ils n'ont donc pu dire autre chose aux courriers qui sont venus en 1838 à Macao et au Sutchuen, sinon que

다 피하고 있기 때문입니다.

둘째로 그들은 북경에 도착하면서 (최방제) 프란치스코의 사망 소식을 알았다고 말하며 애도를 표하고 있습니다. 그들은 북경 교회의 비참한 상황에 대해서도 언급하고 있는데 아마도 (북경) 주교님의 사망과 성당이 파괴된 것을 말하려는 듯합니다.[11]

셋째로 그들이 말하는 내용은 다음과 같습니다. 우리 3명의 신부님은 모두 잘 있습니다. 이 소식이 가장 중요합니다. 왜냐하면 (앵베르) 주교님께서 (조선에) 잘 입국하셨고, 목적지에 무사히 도착하셨으며, 여행의 피로도 기후와 음식의 변화도 그분의 건강을 해치지 않았다는 사실을 우리에게 알려주고 있기 때문입니다. 밀사들이 조선을 떠났을 때가 주교님이 입국하신 지 1년이 된 시기였을 것입니다. 조선 학생들은 지금까지 앵베르 주교님의 조선 입국과 관련하여 들은 소식들은 모두 확실치 않다는 사실을 지적하였습니다. 그들이 제시한 이유들은 이러합니다. 주교님은 1837년 말 변문에 도착하셨습니다. 주교님을 그곳까지 수행한 사람들 모두가 주교님께서 무사히 입국하셨는지 아닌지를 알지 못했습니다. 왜냐하면 봉황성 변문에서부터 조선에 들어갈 수 있는 유일한 문까지는 거리가 130리, 혹은 13리외나 되기 때문입니다. 그리고 중국인들에게는 봉황성 변문의 통과가 허락되지 않습니다. 수비대가 있어서 체포를 면치 못합니다. 그러므로 그들은 1838년 사천과 마카오에 온 밀사들에게, 주교님께서 봉황성 변문을 무사히 떠나셨다고밖에는 달리 말할 수 없었습니다. (조선) 변문을 무사히 통과하셨다고는 말할 수 없는 것이었지요.

---

11 북경교구를 임시로 관리하던 남경교구장 피레스 피레이라(C. Pires Pireira, 畢學源, 1769~1838) 주교가 1838년에 사망하자 북경의 남당(南堂)이 몰수된 사실을 말한다.

Mgr était parti heureusement de Fong Pien Men. et non pas qu'il avait passé la porte heureusement. Mais ne pouvons le sçavoir que par des nouvelles subséquentes venues de Corée et ces nouvelles n'ont pu venir que dans le courant de 1838, ou au commencement de 1839, car vous sçavez qu'on ne peut pas sortir tous les jours de Corée.

4ᵉ lieu, ils disent, il y a toujours quelques petites persécution (siao siao) comme de coutume mais il n'y a pas de grande persécution. Ils terminent, en les engageant à prier pour la propagation de l'évangile, pour la conservation de la paix et à étudier de toutes leurs forces, pour venir bientôt remplir l'espérance de tous les Chrétiens.

Il paraît d'après les expressions dont se servent ces deux chrétiens qu'ils espèrent beaucoup de ces jeunes gens ; mais je crains bien que leurs espérances ne soient frustrées, au moins en partie. Thomas, il est vrai, pourra être utile à la mission, s'il continue à être bon enfant et si Dieu lui conserve la santé ; mais le pauvre André, je ne sçais trop ce qu'il deviendra. il éprouve toujours ses maux d'estomac, de tête et de reins. sa chevelure seule annonce qu'il a de grands maux de tête ; il a maintenant des cheveux, gris, blancs, jaunâtre et presque de toutes les couleurs jamais je n'ai vu de chevelure si laide. D'ailleurs il a toujours bien peu de jugement, ce pauvre Mʳ Déflèches ne sçait trop qu'en faire ; car il n'y a aucune proportion entre lui et le petit Thomas. Il serait vraiment bien à désirer que l'on veut les intentions de Mgr à leur égard ; car pour en avoir bien soin il faudrait y passer presque au temps de temps que si on en avait un cent, et vous sentez qu'un missionnaire qui passe à la procure veut faire

그러나 그것도 조선에서 온 그다음 소식을 통해서야 알 수 있었는데 그 소식은 1838년 혹은 1839년 초에야 왔습니다. 신부님도 아시는 바와 같이 조선에서는 사람이 늘 나올 수가 없습니다.

넷째로 그들은 조선에는 늘 소규모의 박해들은 있으나 큰 박해는 없다고 말하고 있습니다. 그들은 복음 전파와 평화 보존을 위해 기도하고, 곧 모든 교우의 희망을 이룰 방법을 힘껏 연구할 것을 약속하며 편지를 끝내고 있습니다.

두 교우가 사용한 표현으로 미루어 보면 그들은 조선 젊은이들에게 많은 기대를 걸고 있는 것 같습니다. 그러나 저는 그들의 기대가 어긋나지 않을까, 적어도 부분적으로는 그렇게 되지 않을까 두렵습니다. (최양업) 토마스가 앞으로도 계속 착한 아이로 지내고 또 하느님께서 그의 건강을 허락해 주신다면 그는 (조선) 포교지에 유익한 인물이 될 것이 확실합니다. 그러나 불쌍한 (김대건) 안드레아는 어떻게 될지 모르겠습니다. 그는 늘 위통, 두통, 요통을 앓기 때문입니다. 그의 머리털만 보더라도 그의 심한 두통을 짐작하게 합니다. 지금 그의 머리털은 회색, 흰색, 누런색, 거의 온갖 색깔입니다. 저는 시금껏 이렇게 지저분한 머리털을 본 적이 없습니다. 이뿐만 아니라 그는 판단력이 늘 별로 좋지 않아서 가엾은 데플레슈 신부는 난처해하고 있습니다. 안드레아와 토마스 사이에 균형이 도무지 없기 때문입니다. 그들에 대한 주교님의 의향을 정말로 알고 싶습니다. 왜냐하면 그들을 잘 보살피려면 수많은 시간이 걸릴 것이기 때문입니다. 그리고 대표부를 지나는 선교사는 다른 일을 하고 싶어 한다는 것을 신부님도 느끼실 것입니다. 대표 신부님들은 그 일을 맡을

autre chose, les procureurs ne peuvent pas s'en charger et je crois que non seulement les missionnaires mais encore les jeunes gens en souffrent, eux mêmes le sentent bien ; car ils m'ont bien des fois témoigné le désir que l'on reçut des lettres de Mgr qui déterminassent enfin le lieu où ils doivent être envoyés. Ils paraissent persuadés que dans un collège ils feraient beaucoup plus de progrès.

...

⑩ Extrait d'une lettre de Mr Libois aux Directeurs (AMEP vol. 324 ; ff. 29~31)

11 août 1839

A mon retour à Lolomboi[Lolomboy], nos 2 Coréens m'ont fait part d'une lettre qui leur a été écrite de Pékin par 2 Chrétiens Coréens dont l'un appelé Augustin est interprète de l'ambassade que le roi de Corée envoie tous les ans à l'empereur de Chine et l'autre appelé Tchao est marchand et en même temps courrier des chrétiens de

수가 없습니다. 선교사들뿐 아니라 젊은이들도 이 문제를 겪고 있으며, 그들도 그것을 느낍니다. 왜냐하면 그들은 자신들이 보내질 장소를 마침내 확정 지을 주교님의 편지를 받고 싶다는 의사를 제게 여러 번 표시하였기 때문입니다. 그들은 자신들이 신학교에 있으면 훨씬 더 향상될 것이라고 확신하는 듯합니다.

…[이하 생략]…

⑩ 리브와 신부가 파리 신학교 지도 신부들에게 보낸 서한

· 발신일 : 1839년 8월 11일

· 수신인 : 파리 외방전교회 신학교 지도 신부들

· 출   처 : AMEP vol. 324, ff. 29~31

1839년 8월 11일

제가 롤롬보이로 돌아오자, 두 조선 학생이 2명의 조선 교우가 북경에서 그들에게 써 보낸 한 통의 편지에 대해 알려 주었습니다. 그 두 교우 중 한 명은 조선의 왕이 매년 중국 황제에게 보내는 사절단의 통역인 (유진길) 아우구스티노라는 사람입니다. 또 다른 한 명은 조 씨라는 사람인데 상인인 동시에, 교우들이 주문하는 종교 서적과 물건들을 북경에서

Corée pour leur procurer les livres et autres choses de religion qu'ils font venir de Pékin. Ils disent à ces jeunes gens 1° qu'ils ont des lettres pour eux et qu'ils les leur enverront. 2° qu'ils ont appris avec beaucoup de peine en arrivant à Pékin la mort de François leur camarade, et le triste état de cette chrétienté. 3° que les trois messieurs jouissaient tous d'une bonne santé (yo men san co lao ye Kin pao pong gom). 4° qu'il y a toujours en corée des petites persécutions siao siao comme à l'ordinaire, mais qu'il n'y en a point de grande. Ils finissent en les exhortant à prier pour la propagation de la foi et pour la conservation de la paix etc., cette lettre est en chinois et a été probablement apportée par un courrier des Pères de St Joseph qui était dernièrement à Macau. Elle est datée du 10 ou du 11 mars.

La 1ère phrase me donne lieu de croire que les courriers Coréens qui étaient chargés des lettres, n'ayant pas trouvé les courriers chinois à Fong Pien Men où ils les leur remette ordinairement, les ont remis à ces deux chrétiens qui venaient à Pékin pour nous les faire passer, et s'ils ne les ont pas confiées à celui qui a apporté leur lettre, c'est sans doute qu'ils attendaient nos courriers qui ont du arriver très tard, vu qu'ils sont partis très tard de Macao.

Les 3 lao ye dont ils parlent dans la 3ème phrase ne peuvent s'entendre que de Mgr Imbert et de Mrs Maubant et Chastan. S'ils n'en parlent pas plus clairement, c'est, disent les jeunes gens, ou parce qu'ils écrivaient dans une maison payenne ou parce qu'ils craignaient que leur lettre ne tombât entre les mains de quelque payen. Ceci nous apprend sans aucun doute : que Mgr est entré, qu'il est

들여오기 위한 밀사 역할도 합니다. 그들은 이 학생들에게 다음과 같이 말하고 있습니다. 1) 그들에게 줄 편지를 가지고 있으며, 그들에게 그것을 보내겠다. 2) 북경에 도착하면서 그들의 동료인 (최방제) 프란치스코의 사망 소식과 그곳 신앙 공동체(북경 교회)의 비참한 상황을 알게 되어 매우 마음이 아팠다. 3) 3명의 (조선) 선교사는 모두 건강하다. 4) 조선에는 늘 소규모의 박해가 있으나 큰 박해는 없다. 그들은 이 학생들에게 신앙 전파와 평화 보존 등을 위해 기도할 것을 권면하며 편지를 끝맺고 있습니다. 이 편지는 한문으로 쓰였는데, 최근 마카오에 있던 성 요셉 성당 신부들의 연락원이 이곳에 가져왔을 것입니다. 그 편지의 작성일은 3월 10일 내지 11일입니다.

첫 번째 문장은, 이 편지를 맡은 조선 밀사들이 보통 편지를 전달하던 봉황성 변문에서 중국인 밀사들을 만나지 못하자 북경에 가던 이 두 교우에게 편지를 맡겨 우리에게 전하도록 한 것으로 생각됩니다. 그리고 이 두 교우가 그들의 편지를 운반한 이에게 그것들을 맡기지 않았다면 그들은 아마도, 마카오에서 아주 늦게 출발한 것으로 봐서 아주 늦게 도착했을 것이 분명한 우리 연락인들을 기다리고 있었을 것입니다.

세 번째 문장에서 그들이 말하는 세 분이란 앵베르 주교님, 모방 신부님, 샤스탕 신부님일 수밖에 없습니다. 그들이 더 명확하게 말하지 않은 것은, 우리 학생들의 말에 의하면, 당시 그들이 외교인의 집에서 편지를 썼거나, 그들의 편지가 외교인의 손에 들어갈까 봐 두려워했기 때문일 것이랍니다. 이 편지는 의심의 여지 없이 앵베르 주교님께서 (조선에) 입국하셨고, 당신의 임지에 도착하셨으며, 여행과 기후의 변화에도 전

parvenu à son poste, et que sa santé n'a point souffert du changement de son voyage ni du changement de Climat. Les nouvelles que l'on a eues de son entrée jusqu'à présent ne peuvent s'entendre que de son heureux départ de Fong Pien Men, car aucun Chinois ne peut passer cet endroit, et de là il y a encore 130 lis à la porte par laquelle on entre en Corée ; par consequent les courriers qui l'ont quitté à Fong Pien Men à la fin de 1837, n'ont pu nous apprendre en 1838 que son départ de cet endroit. Il n'y a que les courriers qui sont entrés avec lui, ou d'autres Coréens qui sont venus à Pékin au commencement de 1839 qui aient pu nous instruire de la vérité. Les jeunes gens qui connaissent les lieux et qui ont vu les soldats qui gardent les frontières ont toujours dit que les nouvelles de l'entrée de Mgr que l'on a eues jusqu'à présent étaient fausses, ou du moins ne pouvaient s'entendre que de son départ de Fong Pien Men.

⑪ Extrait d'une lettre de Mr Libois aux Directeurs
　(AMEP vol. 324 ; ff. 32~37)

혀 건강이 상하지 않았다는 것을 말해 줍니다. 지금까지의 그분의 입국에 관한 소식들은 봉황성 변문에서 무사히 출발하셨다는 사실만 의미할 뿐이었습니다. 왜냐하면 어떠한 중국인도 그 장소를 지날 수 없기 때문입니다. 그리고 거기서부터 조선으로 들어가는 문까지는 130리를 더 가야 합니다. 따라서 1837년 말 봉황성 변문에서 주교님과 헤어진 밀사들은 주교님께서 그곳에서 출발하셨다는 소식만 1838년에 우리에게 전할 수 있었던 것입니다. 우리에게 진실을 알려줄 수 있는 사람은 주교님과 함께 입국한 밀사들, 혹은 1839년 초에 북경에 온 다른 조선 사람들밖에 없습니다. 그 장소들을 알고 있고 국경을 수비하는 병사들을 본 적이 있는 (조선) 학생들은, 지금까지 들려온 주교님의 입국 소식은 사실이 아니라고, 아니면 최소한 봉황성 변문을 출발하신 것밖에는 확실한 것이 없다고 늘 말했습니다.

⑪ 리브와 신부가 파리 신학교 지도 신부들에게 보낸 서한

· 발신일 : 1839년 9월 21일

· 수신인 : 파리 외방전교회 신학교 지도 신부들

· 출　처 : AMEP vol. 324, ff. 32~37

21 septembre 1839

...

Les bons Pères Dominicains nous traitent toujours comme les enfans[enfants] de la famille, aujourd'hui j'ai fait de nouvelles instances auprès du provincial pour lui payer les dépenses que nous faisons ici ; mais il m'a répondu qu'ils ne faisaient que nous rendre la pareille, que s'ils nous rendaient service, nous le faisions aussi quand nous en avions besoin et il m'a chargé d'écrire à Mr Legrégeois qu'il ne voulait absolument rien. Mr Legrégeois m'a écrit que si l'on ne voulait rien recevoir, de ne rien recevoir non plus pour les livres que l'on a envoyé pour eux de Paris. J'exécuterai ces ordres.

...

M. Deflèches est toujours à Lolomboy avec les deux Coreéns.

...

⑫ Extrait d'une lettre de Mr Libois à Mr Legrégeois
(AMEP vol. 324 ; ff. 43~56)

1839년 9월 21일

…[중략]…

도미니코회 신부님들은 우리를 늘 한 가족의 자녀처럼 대해 줍니다. 오늘 다시 한번 관구장 신부님에게 여기서 우리로 인해 지출되는 비용을 지불하겠다고 청했습니다. 그러나 그분은 우리에게 그저 보답하는 것일 뿐이며, 그들이 우리를 돕는 것이라면 마찬가지로 우리도 도와야 할 필요가 있을 때 그렇게 할 것이라고 답하셨습니다. 그리고 저더러 르그레즈와 신부님께 편지를 써서 당신은 절대로 아무것도 받지 않을 것이라고 전하라고 하였습니다. 르그레즈와 신부님은 그분들이 아무것도 받지 않으려 한다면 우리가 파리에서 그분들에게 보내 준 책값도 전혀 받지 말라는 편지를 제게 보내왔습니다. 그 지시대로 하겠습니다.

…[중략]…

데플레슈 신부는 여전히 우리 2명의 조선 학생과 함께 롤롬보이에 있습니다.

…[이하 생략]…

⑫ 리브와 신부가 르그레즈와 신부에게 보낸 서한

· 발신일 : 1839년 9월 29일

· 발신지 : (마닐라)

· 수신인 : 르그레즈와 신부

Manille, 29 septembre 1839

...

Le 28 7bre j'ai reçu une lettre de Mr Desflèches, Il se porte bien et les jeunes gens aussi, Le grand André quand je quittai Lolomboi[Lolomboy] était mieux portant et depuis quelques temps Mr Desflèches me disait qu'il réussit beaucoup mieux.

...

· 출　처 : AMEP vol. 324, ff. 43~56

1839년 9월 29일

…[중략]…

9월 28일 데플레슈 신부로부터 편지를 받았습니다. 그는 잘 있고 학생들도 잘 있답니다. 안드레아는 제가 롤롬보이를 떠날 때 좀 나은 상태였는데, 데플레슈 신부의 말에 의하면 얼마 전부터는 훨씬 더 좋아졌다고 합니다.

…[이하 생략]…

3. Retour à Macao

① Extrait d'une lettre de Mr Libois à Mr Dubois
   (AMEP vol. 324 ; ff. 67~71)

*1^6 8bre 1839

M^r et ven. conf. Mr Dubois

Nous touchons enfin au terme de notre exil. Il paraît que le terrible commissaire rien veut qu'*solement^7 au commerce d'opium et que Macao n'a rien à craindre maintenant de sa part. Les Anglais ne pensent pas non plus comme le bruit en a couru à rien entreprendre sur cette ville ; de son côté le Gouverneur n'a pas, je crois, intention de nous molester ; En conséquence Mr Legrégeois dans une lettre datée du 18 7bre nous mande de faire nos paquets et de revenir à Macao.

---

6 판독 불가, 21일로 추정.
7 isolement으로 추정.

3. 마카오 귀환

① 리브와 신부가 뒤브와 신부에게 보낸 서한

- 발신일 : 1839년 10월 *[판독 불가]1(21)일[12]
- 발신지 : (마닐라)
- 수신인 : 뒤브와 신부
- 출   처 : AMEP vol. 324, ff. 67~71

1839년 10월 *[판독 불가]1(21)일

뒤브와 신부님께,

마침내 우리 유배 생활의 끝이 다가왔습니다. 그 무시무시한 위원[13]은 아편 거래에서 그저 고립되기만을 원하는 듯하고, 마카오도 이제는 두려워할 것이 아무것도 없게 된 것 같습니다. 소문이 돌았듯 영국인들도 마카오를 위협할 생각이 없습니다. 한편 총독도 우리를 괴롭힐 생각이 없는 듯합니다. 그리하여 르그레즈와 신부님은 9월 18일 자 편지를 통해 우리에게 짐을 싸서 마카오로 돌아올 것을 지시하였습니다.

---

12 발신일을 정확히 판독하기 어렵지만 vol. 324에 수록된 위 문서의 앞뒤 서한으로 볼 때 21일로 추정된다. 앞의 서한은 리브와 신부가 쿠르베지 주교에게 보낸 1839년 10월 14일 자이고, 뒤의 서한은 리브와 신부가 칼르리 신부에게 보낸 1839년 10월 30일 자이다.

13 원문에는 'Commissaire'로 되어 있는데, 이는 1838년 광동에 파견된 흠차대신(欽差大臣) 임칙서(林則徐)를 가리켜 말한 것 같다.

...

② Extrait d'une lettre de Mr Legrégeois aux Directeurs (AMEP vol. 323 ; ff. 231~237)

Macao, 21 octobre 1839

...

J'attends nos confrères de Manille au commencement du mois prochain. Nous sommes tranquilles ici et des négociations continuent depuis plusieurs jours entre les Chinois et Mr Elliot. Il m'a dit dernièrement qu'il espérait que les affaires s'arrangeraient au moins temporairement.

Le gouverneur m'a encore laissé une carte de visite tout dernièrement. Nous voilà donc décidément amis. Quand est-ce que vous nous enverrez enfin la permission de Lisbonne?

...

…[이하 생략]…

② 르그레즈와 신부가 파리 신학교 지도 신부들에게 보낸 서한

· 발신일 : 1839년 10월 21일
· 발신지 : 마카오
· 수신인 : 파리 외방전교회 신학교 지도 신부들
· 출   처 : AMEP vol. 323, ff. 231~237

1839년 10월 21일, 마카오

…[중략]…

다음 달 초에 올 마닐라에 있는 우리 동료 신부들을 기다리고 있습니다. 저희는 이곳에서 평온합니다. 중국인들과 엘리엇 씨 사이의 협상도 며칠째 계속되고 있습니다. 엘리엇 씨는 문제가 적어도 일시적으로라도 해결되기를 바란다고 얼마 전에 제게 말했습니다.

아주 최근에 총독이 저에게 또 명함을 두고 갔습니다. 이리하여 이제 우리는 확실히 친구가 되었습니다. 여러분께서는 언제쯤 저희에게 리스본의 허가서를 보내 주시게 될까요?

…[이하 생략]…

③ Extrait d'une lettre de Mr Libois à Mr Callery
(AMEP vol. 324 ; ff. 175~176)

Manille, 30 octobre 1839

Cher confrère,

Nous partons du 10 au 15 novembre par la Raphaela qui va à Macao. J'ai vu hier le maître et le capitaine du navire, qui m'ont dit tous deux qu'ils seraient prêts pour cette époque, par conséquent si vous voulez être de la partie dressez vos plans en conséquence.

...

③ 리브와 신부가 칼르리 신부에게 보낸 서한

· 발신일 : 1839년 10월 30일
· 발신지 : 마닐라
· 수신인 : 칼르리 신부
· 출   처 : AMEP vol. 324, ff. 175~176

1839년 10월 30일, 마닐라

친애하는 신부님,

우리는 마카오로 가는 라파엘라(Raphaela)호로 11월 10일에서 15일 사이에 떠납니다. 저는 어제 그 배의 주인과 선장을 만났는데, 그 두 명이 다 제게 말하길 그 시기에 맞춰 준비해 놓겠다고 하였습니다. 따라서 신부님도 같이 가고자 하시면 이에 따라 계획을 세우십시오.

…[이하 생략]…

4. Études à Macao entre 1840 et 1841

① Extrait d'une lettre de Mr Legrégeois aux Directeurs
(AMEP vol. 323 ; ff. 332~339)

Mrs les Directeurs.

15 mars 1840

Dans ma dernière du 10 courant qui accompagnait les lettres de Corée je vous ai annoncé le départ de Mr Ferréol pour cette mission….

…

Voici une chose qui mérite votre attention. Mgr Imbert doit nous envoyer encore 3 élèves. Où les mettrons-nous? Le collège de Pinang aura 39 élèves quand Mgr Cuenot aura encore envoyé les 10 qu'il

4. 1840~1841년 마카오에서의 신학 공부

① 르그레즈와 신부가 파리 신학교 지도 신부들에게 보낸 서한

- 발신일 : 1840년 3월 15일
- 발신지 : (마카오)
- 수신인 : 파리 외방전교회 신학교 지도 신부들
- 출   처 : AMEP vol. 323, ff. 332~339

1840년 3월 15일

조선에서 온 편지들과 함께 제가 이달 10일 자로 보내드린 편지에서, 저는 여러분께 페레올[14] 신부님이 배를 타고 (조선) 포교지를 향해 출발하셨다는 소식을 알려드렸습니다….

…[중략]…

여러분의 주의가 필요한 것이 하나 있습니다. 즉 앵베르 주교님께서 우리에게 학생 3명을 더 보내실 텐데, 그들을 어디에 두어야 할까요? 크노 주교님이 레제로[15] 신부에게 약속한 학생 10명을 보내면 페낭 신학교

---

14 페레올(J.J. Ferréol, 高, 1808~1853) : 파리 외방전교회 선교사. 1840년 1월 23일 마카오에 도착하여 6주간 체류한 뒤 3월 6일에 배를 타고 조선 입국을 위한 여행을 시작했다. 소팔가자 등지에 머물면서 조선 입국을 추진하던 중 제3대 조선 대목구장에 임명되어 1843년 12월 31일 요동 개주(蓋州) 근처의 양관에서 주교로 서품되었다. 1845년 8월 17일 김대건 부제에게 사제품을 주었고, 그와 함께 10월 12일 조선에 입국하였다. 약 7년 4개월 동안 활동하다가 1853년 2월 3일에 선종하였다.

15 레제로(F. Régereau, 1797~1842) : 파리 외방전교회 선교사. 1824년 1월 파리를 출발하여 코친차이나로 향하였다. 그러나 그곳에 가지 못하고 싱가포르, 마카오를 거쳐 통킹에 간

a promis à Mr Régereau quoiqu'il n'y ait de la place que pour 36. En outre Mr Tisserand avec sa faible santé ne pourrait faire trois ou quatre classes par jour et je ne serais pas d'avis de mettre ces jeunes coréens en contact avec les chinois et les cochinchinois tant que ce collège ne sera pas mieux monté et qu'il n'y aura pas un confrère plus spécialement chargé d'eux. Nous pourrons les garder ici si on nous y laisse mais ce sera à condition que vous nous permettrez d'y retenir un confrère. Ni Mr Libois ni moi n'avons assez de loisir pour leur faire la classe. Mr Taillandier qui en soin maintenant conviendrait bien pour cet emploi jusqu'à ce qu'on pût disposer autrement de ces élèves. Vous avez vu dans les extraits que je vous ai fait des lettres de Mgr Imbert qu'il regarde l'existence d'un collège coréen en Tartarie comme sujet à bien des inconvénients.

...

에는 학생이 39명이 될 것입니다. 그곳에는 36명의 자리밖에 없는데 말입니다. 게다가 티스랑[16] 신부는 건강이 약해서 하루에 3~4개밖에 수업을 할 수 없을 것입니다. 그리고 저로서는 페낭 신학교가 더 나아지지 않고 조선 학생들을 특별히 책임질 신부가 없는 한, 조선 학생들을 중국인, 코친차이나인 학생들과 같이 둘 생각이 없습니다. 우리더러 그리할 수 있게 한다면 우리는 그들(조선인 학생들)을 여기서 보살필 수 있습니다. 하지만 이것은 여러분께서 저희가 신부 한 명을 데리고 있는 것을 허락해 주신다는 조건에서입니다. 리브와 신부나 저는 그들을 가르칠 만한 충분한 시간이 없습니다. 이 학생들을 달리 배치할 수 있을 때까지 지금 그들을 돌보고 있는 타이앙디에[17] 신부가 이 직책을 맡는 것이 적절할 듯합니다. 앵베르 주교님의 편지들을 발췌하여 여러분께 전해드린 것에서 보셨겠지만, 주교님은 달단에 신학교를 두는 것은 부정적인 측면이 많다고 보십니다.

…[이하 생략]…

뒤 교수 신부 등으로 활동했다. 1835년에는 페낭에 가서 신학교 교수 신부로 활동하였다.

16 티스랑(C. Tisserand, 1809~1870) : 파리 외방전교회 선교사. 페낭 신학교의 교수 및 교장으로 활동하였다.

17 타이앙디에(L. Taillandier, 1815~1856) : 파리 외방전교회 선교사. 1839년부터 통킹에서 활동하였다.

② Extrait de *l'Histoire de l'Eglise de Corée*
(*Histoire de l'Eglise de Corée*. tome II, p. 258)

··· Il quitta la France, le 8 janvier 1840, avec un autre prêtre nommé Siméon Berneux. Ce dernier que la Providence destinait à devenir, après une longue et glorieuse carrière, vicaire apostolique de Corée et martyr, était envoyé dans la mission de Tong-king. M. Maistre n'avait pas encore de destination définitive ; le procureur des missions devait lui en donner une, d'après les circonstances. Les deux missionnaires étant arrivés à Macao, le 8 janvier 1840, M. Berneux partit peu après pour le Tong-king, et son compagnon resta à la maison de procure, occupé à aider le supérieur de cet établissement dans les soins assidus que réclament la correspondance avec l'Europe et les missions, l'envoi des aumônes et objets divers nécessaires aux missionnaires, enfin l'introduction si difficile de nouveaux prêtres dans les pays persécutés. M. Maistre était, de plus, à peu près seul chargé de l'éducation des élèves coréens et chinois qui se trouvaient à la procure.

···

② 『한국 천주교회사』의 기록(하, 32쪽)

…[중략]… 그(메스트르[18] 신부)는 1840년 1월 8일 시메온 베르뇌[19]라는 다른 신부와 함께 프랑스를 떠났다. 길고 영광스러운 성직을 거쳐 조선의 교구장(대목구장)과 순교자가 되기로 섭리에 의하여 예정되어 있던 베르뇌 신부는 통킹 포교지에 보내졌다. 메스트르 신부는 아직 목적지가 결정되지 않았고, 외방전교회 경리 신부(대표 신부)가 형편에 따라 그것을 정하여 주기로 되어 있었다. 두 선교사가 1840년 1월 8일[20] 마카오에 도착하자, 베르뇌 신부는 조금 뒤에 통킹으로 떠나고 그의 동료는 경리부(대표부)에 남아 경리부장(대표 신부)을 도와 유럽과 포교지 사이의 통신과 선교사들에게 필요한 물건과 희사를 보내는 일, 그리고 박해를 당하고 있는 나라에 새 신부들을 들여보내는 따위의 지극히 어렵고 바쁜 일을 맡아보았다. 메스트르 신부는 이 밖에도 거의 혼자서 경리부(대표부)에 있던 조선인과 중국인 학생들의 교육을 맡았다.

…[이하 생략]…

---

18 메스트르(J.A. Maistre, 李, 1808~1857) : 파리 외방전교회 선교사. 1840년 파리 외방진교회의 마카오 대표부에 도착하여 부대표로서 활동했고, 신학생인 김대건과 최양업을 가르치기도 하였다. 1852년 8월 조선에 입국하였고, 이듬해 페레올 주교가 선종하자 1856년 베르뇌 주교가 입국할 때까지 임시로 조선 교회를 이끌다가 1857년 12월 20일 선종하였다.

19 베르뇌(S.F. Berneux, 張敬一, 1814~1866) : 성인. 파리 외방전교회 선교사. 1840년 9월 말에 마카오 극동 대표부에 도착하였고, 선교지인 통킹으로 가기 전에 김대건, 최양업 신학생에게 철학을 가르쳤다. 1844년부터 만주 대목구에서 활동하다가 1854년 12월 27일 주교로 서품되었다. 1853년에 선종한 페레올 주교의 후임으로 제4대 조선 대목구장이 되었고 1856년 3월 27일 서울에 도착했다. 1866년 2월 23일에 체포되어 3월 7일 서울 새남터에서 순교하였다.

20 이 날짜는 명백한 오류로, 정확한 날짜는 9월 21일이다(베르뇌 신부가 쿠트랭 본당 신부에게 보낸 1840년 9월 24일 자 서한 참조).

③ Extrait d'une lettre de Mʳ Berneux au Curé de Couptrain (AMEP HB 24)

Macao, 24 septembre 1840

...

C'est 21 septembre, jour de St Matthieu que nous sommes descendu à terre.

...

M. Maistre, mon cher compagnon de Mission, viendrait au Tonquin. Pour moi il est à peu près certain que j'y irai.

...

Je vais me mettre à apprendre le Tonquinois, nous avons à la Procure des élèves chinois, cochinchinois, tonquinois et coréens. On me charge de continuer pendant mon séjour ici l'éducation des deux Coréens et d'un Tonquinois.

Que vous dire de Macao? Je ne connais pas encore cette ville, je ne la connaitrai probablement jamais bien. Les missionnaires ici commencent à être missionnaires, ils portent un petit anneau de leur chaine. Ils sont obligés de se tenir cachés et lorsqu'ils sortent d'être

③ 베르뇌 신부가 쿠트랭 본당 신부에게 보낸 서한

- 발신일 : 1840년 9월 24일
- 발신지 : 마카오
- 수신인 : 쿠트랭(Couptrain) 본당 신부
- 출   처 : AMEP HB 24

1840년 9월 24일, 마카오

…[중략]…
저희는 9월 21일, 성 마태오 축일에 하선하였습니다.

…[중략]…
저의 소중한 동료인 메스트르 신부는 통킹으로 올 것이고, 저도 그리로 갈 것이 거의 확실합니다.

…[중략]…
통킹말을 배우기 시작하려 합니다. 대표부에는 중국인, 코친차이나인, 통킹인, 조선인 학생들이 있습니다. 저는 여기 체류하는 동안 조선인 학생 2명과 통킹인 학생 1명을 계속해서 가르치는 일을 맡게 되었습니다.

마카오에 대해 무엇을 말씀드려야 할까요? 저는 아직 이 도시를 모릅니다. 앞으로도 필시 잘 알지 못할 것입니다. 이곳 선교사들은 선교사다워지기 시작했습니다. 그들은 자신들의 사슬로 만든 작은 반지를 끼고 다닙니다. 그들은 숨어 지내야 하고 외출할 때는 알아보지 못하게 변장

déguisés pour n'être pas reconnu.

...

④ Extrait d'une lettre de Mr Berneux à Mgr Bouvier, Evêque du Mans
(AMEP HB 24)

Macao, 27 octobre 1840

...

Je me livre tout entier à l'étude de la langue tonquinoise. Ma santé, tout à fait robuste maintenant, me permet de travailler sérieusement. J'enseigne aussi la philosophie à deux élèves Coréens. C'est votre philosophie, Monseigneur, qu'ils ont entre les mains. Votre Grandeur ne se doutait peut-être pas, en composant ce traité, qu'elle travaillait aussi pour nos missions.

...

을 해야 합니다.

…[이하 생략]…

④ 베르뇌 신부가 부비에 주교에게 보낸 서한

· 발신일 : 1840년 10월 27일
· 발신지 : 마카오
· 수신인 : 르 망 교구의 부비에(Bouvier)[21] 주교
· 출   처 : AMEP HB 24

1840년 10월 27일, 마카오

…[중략]…

통킹말 공부에 전념하고 있습니다. 제 건강은 지금 아주 좋으므로 부지런히 일할 수 있습니다. 그리고 조선인 학생 2명에게 철학을 가르치고 있습니다. 그들 손에 들려 있는 것은 주교님께서 저술하신 철학책입니다. 주교님께서는 이 개론서를 저술하시면서 우리 포교지들을 위해 일하고 계신다고는 아마 짐작하지 못하셨을 것입니다.

…[이하 생략]…

---

21 부비에(J.-B. Bouvier, 1783~1854) : 프랑스의 사제이자, 신학자. 1834년에 주교로 서품되고 르 망(Le Mans) 교구의 교구장이 되었다.

⑤ Extrait d'une lettre de M︎ʳ Maistre à Mʳ Albrand
(AMEP vol. 577 ; ff. 711~713)

Macao, le 17 9ᵇʳᵉ 1841

Monsieur et bien cher confrère,

...

Le départ de Mʳˢ Callery et Legrégeois produirant[produira], j'en ai la confiance, dans notre maison de Macao un changement qui étoit à désirer depuis longtemps. Qu'un voile d'airain couvre à jamais une conduite également répréhensible de part et d'autre, et qui retombe en grande partie sur le défaut de vigueur dans l'administration de notre Société!

Si Mʳ Callery doit revenir prochainement comme je l'entends dire

⑤ 메스트르 신부가 알브랑 신부에게 보낸 서한

· 발신일 : 1841년 11월 17일
· 발신지 : 마카오
· 수신인 : 파리 외방전교회 신학교 교장 알브랑[22] 신부
· 출   처 : AMEP vol. 577, ff. 711~713

1841년 11월 17일, 마카오

친애하는 신부님께.

…[중략]…

칼르리 신부님과 르그레즈와 신부님의 출발[23]은 마카오 대표부에 오래전부터 바라왔던 변화를 가져올 것으로 믿습니다. 양측 모두 똑같이 비난받아 마땅한 행태를 견고한 장막이 영원히 가려주기를 바랍니다! 그리고 그 행태는 대부분 우리 전교회 행정부의 단호함이 부족하다는 문제로 되돌아오지요.

제가 매일 듣는 것처럼 칼르리 신부님이 머지않아 돌아오게 된다면,

---

22 알브랑(F. Albrand, 1804~1867) : 파리 외방전교회 선교사. 1833~1839년 페낭 신학교 교장 신부로 재직하였고, 1839년 파리 외방전교회 본부로 가서 시암 대목구 대표, 지도 신부, 경리 담당 신부 직을 맡았다. 1849년에는 신학교 장상으로 선출되었다.
23 칼르리 신부는 1841년 11월 8일 마카오를 떠난 뒤 파리 외방전교회를 탈회하고 환속하였으며, 르그레즈와 신부는 1841년 11월 19일 마카오를 떠나 귀국 길에 올랐다.

tous les jours, on saura prendre les moyens pour empêcher qu'il ne devienne un nouveau sujet de discorde, et j'espère que le Seigneur nous accordera la paix et l'union pendant les quelques jours que j'aurai à passer à la procure.

Je ne sais si mes dernières lettres auront plu à tous nos Messieurs les directeurs du Séminaire de Paris, ce que je sais, c'est que je ne cherche point à plaire, mais à dire la vérité, et à voir partout régner un ordre convenable. Comme il est possible que ces lettres aient été perdues, ainsi qu'il arrive souvent, je prends la liberté d'en insérer ici les articles principaux, vous priant de les communiquer au conseil dans le cas où mon premier envoi ne lui serait pas parvenu.

1° Il me parait convenable que M^{rs} les Procureurs ne retiennent aucun élève à la maison de procure, sans la permission expresse de M^{grs} les Vicaires apostoliques qui les envoient, et l'autorisation de l'administration du Séminaire de Paris.

2° Dans le cas où il y a des élèves à la procure, il semblerait à propos que M^{rs} les Procureurs fussent chargés de leur éducation, et non M^{rs} les Missionnaires qui n'y sont qu'en passant.

3° On ne devrait enseigner aux élèves que la langue latine et celle de leur pays, à moins que Mgr le Vicaire Apostolique qui les envoie ne le demande.

4° On ne doit pas confier aux élèves le soin de la cave et de la cuisine, ni exiger d'eux qu'il tiennent régistre de la dépense de chaque jour, qu'ils choisissent et comptent l'argent nécessaire à chaque mission, qu'ils préparent tous les envois, &&&… ce qui n'est pas une pe-

사람들은 그가 불화의 새로운 원인이 되는 것을 막기 위해 방법을 취하게 될 것입니다. 제가 대표부에서 지낼 며칠 동안 주님께서 우리에게 평화와 일치를 주시기를 바랍니다.

최근의 제 편지들이 파리 신학교의 모든 지도 신부님들의 마음에 들었는지 모르겠습니다. 저는 마음에 들고자 하는 것이 아니고, 진실을 말하고 모든 곳에서 적절한 질서가 유지되는 것을 보고자 합니다. 자주 그러하듯이 제 편지들도 유실되었을 가능성이 있으므로 그 편지에서의 주요한 문제들을 여기에 적어 넣으니, 저의 이전 편지가 도착하지 않았을 경우 이 문제들을 참사회에 전해 주시기 바랍니다.

1) 대표부의 대표 신부들은 학생들을 보내는 대목구장 주교들의 긴급 승인과 파리 신학교 행정부의 허가 없이는 어떠한 학생도 대표부에 받지 않는 것이 적절해 보입니다.

2) 대표부에 학생들이 있을 경우 대표 신부들이 그들의 교육을 맡고, 그곳에 들르는 선교사들에게는 맡기지 않는 것이 적절해 보입니다.

3) 학생들을 보내는 대목구장 주교의 요구가 없는 한 학생들에게 라틴어와 그들의 모국어만 가르쳐야 할 것입니다.

4) 학생들에게 지하실과 주방 일을 맡겨서는 안 되고, 매일의 지출액을 장부에 기록하는 일, 각 포교지에 필요한 돈을 추리고 계산하는 일, 온갖 발송품을 준비하는 일 등도 하게 해서는 안 됩니다. 그것은 여러분도 너무나 잘 아시다시피 적당한 때에 하는 사소한 일이 아닙니다.

tite besogne dans le temps opportun, comme vous le savez fort bien.

...

Voilà donc, Monsieur et respectable confrère, que les années et les mois s'écoulent sans que je puisse vous signaler le moindre fruit de mon apostolat ; et j'ignore jusqu'à quand durera l'ignominie de ma stérilité ; trop heureux si je pouvais accompagner les deux élèves que j'ai enseignés jusqu'ici et qui, selon toute apparence, seront prochainement envoyés à Mgr Verrolles qui les a demandé, car il se propose d'établir une école sur les confins de la Tartarie. Maintenant que M. Taillandier a pris ma place au Tonquin, j'entrerais avec plaisir dans la route de la Chine, et je franchirais avec joie la grande muraille.

...

…[중략]…

존경하는 신부님, 제 사도직의 아주 작은 결실도 신부님께 알리지 못한 채 몇 년, 몇 달이 흘렀습니다. 제 불모의 불명예가 언제까지 계속될지 모르겠습니다. 제가 지금까지 가르친 두 학생과 동행할 수 있게 된다면 정말 좋겠습니다. 십중팔구 머지않아 그 두 학생은 그들을 요청하신 베롤 주교님께 보내질 것인데, 베롤 주교님께서 달단 국경에 학교를 세울 계획이시기 때문입니다. 현재 타이앙디에 신부님이 저 대신 통킹에 있으니 저는 기쁜 마음으로 중국으로 향하고 만리장성을 지날 것입니다.

…[이하 생략]…

제 3 장
Chapitre 3

마카오 출발과 조선 입국로 탐색

Départ de Macao et recherche de routes pour entrer en Corée

1. Embarquement sur l'Erigone et arrivée à Manille

① Extrait d'une lettre de M︎ʳ Libois à M︎ʳ Legrégeois
(AMEP vol. 304 ; ff. 659~661)

Macao, 11 Février 1842

Monsieur et bien cher confrère

...

Mʳ Ferréol n'a pas écrit ; il était avec Mgr Verrolles depuis 10 jours et il se portait bien. On n'a pas encore pu avoir aucune communication avec la Corée. Mʳ Cécille m'a dit qu'il voulait y aller et m'a demandé un interprète. J'ai regardé sa demande comme un coup de la providence, et je lui ai accordé un de nos jeunes gens avec Mʳ Maistre que je regarde comme seul capable d'une telle entreprise ; car pour une

1. 에리곤호 승선과 마닐라 도착

① 리브와 신부가 르그레즈와 신부에게 보낸 서한

- 발신일 : 1842년 2월 11일
- 발신지 : 마카오
- 수신인 : 르그레즈와 신부
- 출   처 : AMEP vol. 304, ff. 659~661

1842년 2월 11일, 마카오

친애하는 신부님께,

…[중략]…

페레올 신부님은 편지를 쓰지 않았습니다. 그는 열흘 전부터 베롤 주교님과 함께 있었고 건강했습니다. 여전히 조선과는 어떤 연락도 취할 수가 없었습니다.[1] 세실[2] 씨가 조선에 가고 싶다는 말을 하며 제게 통역인 한 사람을 청했습니다. 저는 그 청을 하느님의 섭리로 생각하고, 그에게 우리 학생 중 한 명을 메스트르 신부와 함께 보내기로 했습니다. 저는 메스트르 신부를 그러한 시도를 할 만한 유일한 사람으로 보고 있습니

---

1 1839년의 기해박해로 3명의 프랑스 선교사가 순교했기 때문에 조선과 연락할 수 없었다.
2 세실(J.-B. Cécille, 瑟西爾, 1787~1873) : 프랑스 해군 장교로, 아편전쟁 중이던 1841년 중국에 파견되었고, 베트남 등지에서도 군사 활동을 전개했다. 프랑스에 귀국한 후에는 정치에 참여하여 런던 주재 프랑스 대사, 상원의원 등을 역임했다.

chose s'agit pas seulement de donner un interprète à M. Cécille, mais d'avoir des renseignements positifs sur cette mission et de faire en sorte d'y introduire quelqu'un qui puisse prendre soin de la mission ; ce qui n'est pas très facile, si nos Messieurs sont morts ; et c'est Mr Maistre qui est seul capable d'une telle entreprise. Je ferai comme je pourrai à la procure. Je parlerai de cela plus en long à M^{rs} les Directeurs.

...

② Extrait d'une lettre de Mr Libois aux Directeurs (AMEP vol. 304 ; ff. 663~668)

Macao, 12 Février 1842

Messieurs et bien chers confrères

...

다. 왜냐하면 이는 세실 씨에게 통역인 한 명을 제공하는 것으로 그치는 것이 아니라, (조선) 포교지에 관한 확실한 정보를 수집하고 포교지를 돌볼 수 있는 누군가를 입국시키기 위한 일이기 때문입니다. 만일 우리 선교사들이 사망했다면 그 일이 그렇게 쉬운 일은 아닐 것입니다. 메스트르 신부만이 그러한 시도를 할 수 있습니다. 저는 대표부에서 최선을 다하겠습니다. 지도 신부님들께는 이에 대해 더 자세히 말씀드리겠습니다.

…[이하 생략]…

② 리브와 신부가 파리 신학교 지도 신부들에게 보낸 서한

- 발신일 : 1842년 2월 12일
- 발신지 : 마카오
- 수신인 : 파리 외방전교회 신학교 지도 신부들
- 출　　처 : AMEP vol. 304, ff. 663~668
- 참　　조 : Pro Corea Documenta(『朝鮮聖敎史料』), pp. 20~22

1842년 2월 12일, 마카오

친애하는 신부님들께,

…[중략]…

Le 24 Janvier des courriers de Pékin envoyés par le père Castro sont venus nous voir et nous ont dit qu'un Coréen païen avait dit aux Russes qui sont à Pékin que l'interprète Coréen chrétien qui s'appelait Augustin avait été mis à mort et 300 X^{iens} avec lui. De plus le bruit court parmi les chrétiens chinois que deux Européens ont été pris, que le roi de Corée a balancé s'il les jugerait lui-même ou s'il les enverrait à l'Empereur chinois, mais on ne les a pas vus à Pékin. Au reste cette nouvelle n'est qu'un bruit dont on ne connaît pas la source.

…

Le 25 janvier sont arrivés deux courriers de Mr Mouly qui m'ont remis une lettre de Mgr Verreolles et une de Mr Mouly. J'envoie cette dernière à Mr Legrégeois et voici ce qu'il y a d'interêt sont dans la 1ère.

«… Mr Ferréol est ici depuis 10 jours. Il se porte assez bien malgré les tracasseries qu'il a éprouvées de la part des X^{tiens}. Il espère acheter un bon territoire en Mantchourie, près Ki lin (ou Ki rin). Il désire que vous fassiez revenir de Pinang les 2 Coréens, je le désire aussi. Ils seront plus en sûreté par ici, quant à la santé, et ils pourront vous être utiles pour renouer les communications avec la Corée qui paraissent rompues. Car enfin il est si facile d'envoyer un homme avec une lettre la déposer à l'auberge convenue. Les pauvres vont et viennent à la bourrée sur le territoire chinois, pourquoi pas

1월 24일 카스트로(Castro) 신부가 보낸 북경 밀사들이 우리를 만나러 와서 전하기를, 한 외교인 조선인이 북경의 러시아인들에게 한 말이라는데, 아우구스티노[3]라고 하는 조선 교우 역관이 300명의 교우와 함께 사형을 당했다고 합니다. 이뿐만 아니라 2명의 서양인이 체포되었는데, 조선 왕은 자신이 직접 그들을 재판할지 아니면 그들을 중국 황제에게 보낼지 주저했다는 소문이 중국 교우들 사이에 돌고 있다고 합니다. 하지만 그들을 북경에서 보지는 못했다고 합니다. 이 소식은 근원을 알 수 없는 풍문에 불과합니다.

…[중략]…

1월 25일 물리 신부님의 연락인 두 명이 베롤 주교님의 편지와 물리 신부님의 편지를 저에게 가져다주었습니다. 물리 신부님의 편지는 르그레즈와 신부님에게 보내고, 여기에는 베롤 주교님의 편지에서 흥미로운 부분을 옮겨 적겠습니다.

"…페레올 신부님은 열흘 전부터 이곳에 와 있습니다. 교우들로부터 괴롭힘을 당했지만 건강은 꽤 좋습니다. 그는 만주의 길림(吉林) 근처에 좋은 땅을 사기를 희망하고 있습니다. 그는 신부님께서 조선 학생 2명을 페낭에서 돌려보내 주기를 바라며, 저 또한 그것을 바랍니다. 건강 면에서도 그 학생들은 여기에 있는 것이 더 안전한 것이고, 또 그들은 조선과 끊어진 연락을 다시 잇는 데도 유용할 것입니다. 실제로 사람을 보내 약속된 주막에 편지를 맡겨두는 일은 아주 쉽습니다. 가난한 이들은 나뭇짐을 지고 중국 땅을 오가기도 하는데, 살아 있다는 표시를 왜 못하겠습니까? 북쪽에 매우 확실한 길이 있습니다. 들어가기는 더 어려

---

3   유진길(劉進吉, 아우구스티노).

un signe de vie? Il y a par le nord une route très sûre. L'entrée sera plus pénible, mais beaucoup plus sûre. Avant tout il faut renouer les communications. Je ne vous écris, ces 2 mots que dans le cas où je pourrais le faire en 7bre. Avez-vous reçu ma lettre de Février? Je vous y disais que j'ai été fort mal reçu à Si-ouan, grâce à une lettre schismatique de M^{rs} lazaristes, ces M^{rs} s'étaient montrés très chiches à mon égard, je suis dépourvu de bien des choses nécessaires. Je vous priais de m'envoyer tout ce que vous pourriez. Les Lazaristes ont 4 ou 5 de mes tartares ici pénurie complète d'ici à long-temps ; j'en demande 2 à Mr Mouly. Je ne sçais s'il consentira, ils sont à Si-ouan.»

…

Il y a quelques jours, Mr Cécille m'a dit en secret, et je vous prie de n'en rien dire à personne, qu'il avait intention d'aller en Corée de proposer au Roi de ce pays de le rendre indépendant de la Chine et du Japon, à condition que la France ferait seul le commerce avec la Corée à l'exclusion des autres nations. Il aurait aussi intention de s'emparer d'une île du Japon, afin de se rendre maître du passage de la mer du Japon situé entre cet empire et la Corée. Pour cela il m'a prié de lui donner un de nos jeunes Coréens pour lui servir

울 테지만 훨씬 더 확실합니다. 무엇보다도 우선 연락망부터 복원시켜야 합니다. 9월에 할 수 있는 상황이면 그리하겠다는 말씀만 드립니다. 제가 2월에 쓴 편지를 받으셨습니까? 서만자에서 아주 푸대접을 받았다고 그 편지에 썼지요. 라자로회[4] 신부들의 이교적인 편지 덕에 저는 필수품들을 꽤 빼앗겼습니다. 그 신부들은 제게 매우 인색한 모습을 보였습니다. 그래서 저는 보내 주실 수 있는 것을 전부 제게 보내 달라고 신부님께 청하였지요. 라자로회 신부들이 제 달단인 4~5명을 데리고 있어서 여기는 오래전부터 태부족입니다. 저는 물리 신부님께 2명을 요청하려는데 물리 신부님이 동의할지 모르겠습니다. 그들은 서만자에 있습니다."

…[중략]…

세실 씨가 며칠 전에 저에게 비밀리에 이런 말을 하였습니다. 그러니 이것을 아무에게도 이야기하지 말아 주십시오. 즉 세실 씨는 조선으로 가서, 그 나라 왕에게 다른 나라들은 제외하고 프랑스하고만 교역하는 조건에서 중국과 일본으로부터 독립할 것을 제안할 생각이라고 하였습니다. 또 그는 일본과 조선 사이에 있는 일본해(즉 동해)의 통로를 지배하기 위해 일본의 섬 하나를 점령할 생각이라고도 했습니다. 이를 위해 그는 제게 조선 학생 중 한 명을 자신이 통역인으로 달라고 청하였습니다. 저는 우리 조선 학생 한 명뿐만이 아니라 조선 학생의 라틴어 대답을 프

---

[4] 라자로회 : '선교 수도회(Congregatio Missionis)'. 중국에서는 '견사회(遣使會)'라고 했다. 1625년 빈첸시오 아 바오로(Vincentius de Paul)가 프랑스에서 창설한 수도회. 창설 당시 본부가 파리의 생 라자르(Saint Lazare) 거리에 있었기에 "라자리스트"라고도 불렸다. 1699년 중국에 진출하였고, 1773년 예수회가 해산되자 1783년부터 프랑스 예수회의 선교 활동을 계승하였다.

d'interprète. Je lui ai répondu que je lui donnerais non seulement un de nos Coréens, mais encore un Missionnaire qui pût rendre en Français les réponses latines du Coréen. Il a été très satisfait et moi encore plus. Peut-être la divine providence veut-elle se servir de Mr Cécille pour faire en Corée cequel[ce qu'elle] a fait par lui à la Nouvelle Zélande : fiat, fiat.

Mais pour une expédition qui peut avoir de si grands résultats, pour prendre toutes les informations nécessaires sur l'état de la mission et sur nos chers Confrères sans cependant les compromettre, pour tirer des négociations de Mr Cécille tout le parti possible pour notre Ste religion, pour s'introduire secrètement dans le pays si on ne peut le faire autrement et surtout pour prendre soin de la mission dans des circonstances si difficiles si tous nos messieurs sont morts, et renouer les communications, il me fallait un sujet de premier mérite. Après y avoir réfléchi pendant plusieurs jours, et consulté quelques personnes sages, j'ai cru devoir envoyer Mr Maistre. Mrs Guérin et de la Brunière sont trop jeunes, et Mr Blanchin, outre qu'il me paraît avoir une morale très-sévère, n'aurait pas je crois la prudence et la constance nécessaires pour une telle entreprise. Je ferai seul comme je pourrai à la procure, je vous en reparlerai dans une autre lettre, car je n'ai pas le temps aujourd'hui.

랑스어로 옮길 수 있게 선교사도 한 명 주겠다고 대답했습니다. 세실 씨는 대단히 만족해하였고 저는 더 만족스러웠습니다. 아마도 하느님의 섭리가 뉴질랜드에서 세실 씨를 통해 한 것을 조선에서도 실현하기 위해 세실 씨를 또 이용하려는 것 같습니다. 당신의 뜻대로 이루어지소서!

그런데 그토록 큰 성과를 거둘 수 있는 원정을 위해, 우리 동료 신부들을 연루시키지 않으면서 (조선) 포교지와 신부들의 상황에 관해 필요한 정보를 모두 모으고, 우리 교회를 위해 세실 씨의 협상을 최대한 이용하고, 달리 방법이 없으면 그 나라에 몰래 들어가고, 무엇보다도 만일 우리 선교사들이 전부 사망하였다면 어려운 상황에 놓인 포교지를 돌보고, 연락을 복원하기 위해서는 최고로 유능한 사람이 필요했습니다. 며칠 동안 그 문제를 숙고하고 몇몇 현명한 사람들과 상의한 후 저는 메스트르 신부를 보내야 한다고 생각하게 되었습니다. 왜냐하면 게랭[5] 신부와 드 라 브뤼니에르[6] 신부는 너무 젊고, 블랑생[7] 신부로 말하면 윤리적으로 너무 엄격하게 보이는 것 외에도 그러한 계획에 필요한 신중함과 항구함이 없어 보이기 때문입니다. 저는 대표부에서 최선을 다하겠습니다. 오늘은 시간이 없으므로 이 이야기는 다음 편지에서 다시 하겠습니다.

---

5   게랭(A. Guérin, 1812~1852) : 파리 외방전교회 소속 사천 선교사로 1841년에 파견되어 그곳에서 활동하였다.

6   드 라 브뤼니에르(M.B. de la Brunière, 寶, 1816~1846) : 파리 외방전교회 선교사. 1842년 7월 프랑스 군함 파보리트(Favorite)호가 요동 해안을 방문할 것이라는 소식을 듣고 자신의 선교지인 만주로 가기 위해 최양업과 함께 승선하였다. 그해 10월에 요동반도에 도착한 후에 선교 활동을 하다가 1846년에 지방민에게 피살되었다.

7   블랑생(V. Blanchin, 1807~1842) : 파리 외방전교회 선교사. 1841년 5월 선교지인 사천을 향해 출발하였으나 1842년 마카오에 도착한 뒤 병사하였다.

Mr Cécille part après demain pour Manille où il doit prendre des provisions et de là il ira à Tchou-san où il déposera 2 Missionnaires Lazaristes puis il se rendra en Corée. Cependant il nous a averti qu'il pourrait se faire qu'il reçut des ordres qui l'empêchassent de faire le voyage qu'il a projeté et que dans ce cas il serait obligé de laisser à Manille non seulement Mr Maistre mais encore les 2 Lazaristes qui vont à Tchou-san. Malgré cela je ne crois pas devoir m'exposer à manquer une si bonne occasion. Mr Cécile m'a dit aussi que s'il arrivait qu'il n'allât pas en Corée, il pourrait bien se faire qu'il allât en Cochinchine ; en conséquence je l'ai prié de recevoir notre courrier qui a été prisonnier à Canton ; S'il ne va pas en Cochinchine, il le laissera à Manille, et Mr Maistre l'expédiera de là pour Singapour où une barque cochinchinoise doit être envoyée par Mgr Cuenot dans ce mois ci. Si l'Erigone allait en Cochinchine, il pourrait se faire que Mr Maistre la suivit pour voir en quel état est cette mission et surtout pour faire délivrer nos confrères s'ils vivent encore et si cela est possible.

Dans le cas où Mr Cécille serait empêché d'aller en Corée, il me reste une autre ressource. Mr de Jancigny doit visiter sur la Favorite qui sera à ses ordres, toutes les côtes du golfe de Pékin à partir de la rivière de cette capitale jusqu'à la partie sud de la Corée.

세실 씨는 모레 마닐라로 떠납니다. 거기서 그는 생필품을 실어야 합니다. 거기서 주산(舟山)[8]으로 가서 그곳에 라자로회 선교사 2명을 하선시킬 것입니다. 그리고는 조선으로 갈 것입니다. 그러나 그는 계획한 여행을 못 하게 하는 지시를 받을 수도 있으며, 그렇게 될 경우 메스트르 신부만이 아니라 주산으로 가는 두 라자로회 선교사도 마닐라에 남겨 둘 수밖에 없다고 우리에게 말했습니다. 그럼에도 불구하고 저는 이 좋은 기회를 놓쳐서는 안 된다고 생각합니다. 세실 씨는 조선에 갈 수 없는 경우 코친차이나로 가게 될 수 있다는 말도 하였습니다. 그래서 저는 광동에서 붙잡혔던 우리 연락인을 받아달라고 하였습니다. 코친차이나로 가지 않을 경우 그 연락인을 마닐라에 내려놓으면 거기서 메스트르 신부가 그를 싱가포르로 보낼 것입니다. 크노 주교님께서 이달에 코친차이나 배 한 척을 그리로 보내기로 되어 있습니다. 만일 에리곤(l'Erigone)호가 코친차이나로 가면 메스트르 신부는 그 배를 따라가서 그곳 포교지 상황을 보고, 무엇보다도 우리 동료 신부들을 풀려나게 할 수도 있을 것입니다. 그들이 아직 살아 있고, 그것이 가능하다면 말입니다.

세실 씨가 조선으로 가지 못하게 될 경우, 제게 또 다른 방법이 남아 있습니다. 장시니[9] 씨가 파보리트(la Favorite)호를 다고 지시하여 북경만의 모든 해안, 즉 이 (북경) 수도의 강에서부터 조선 남부까지를 방문하기로 되어 있기 때문입니다. 그는 개주(蓋州)에서 베롤 주교님을 꼭 만나

---

8 중국 절강성(浙江省) 항주(杭州) 앞바다에 있는 주산도(舟山島)를 말함. 당시 영국군이 점령하고 있었다.

9 장시니(A.P.D. de Jancigny, 1795~1860) : 프랑스의 외교관. 프랑스 외무부의 '극동' 조사 임무를 받고 세실 함장의 에리곤호를 타고 1841년 마카오에 도착하였다.

Il désirerait beaucoup rencontrer Mgr Verrolles à Kai-Tcheou et il m'a offert de lui porter tout ce que j'aurais pour lui ainsi que les missionnaires qui sont destinés pour ces parages. Je profiterai de cette occasion pour le Leaotong ; mais si Mr Cécille ne va pas en Corée, j'espère que Mr Maistre sera de retour et que je pourrai l'envoyer en Corée. Enfin nous verrons, et nous tirerons de ces occasions tout le parti possible. Je vais écrire à Mgr Verrolles de ne pas trop s'éloigner du golfe et de s'arranger de manière à favoriser la descente de nos confrères. Mais je crains que ma lettre n'arrive à temps, car la Favorite pourrait bien arriver au Leaotong en Juin ou en Août.

Mr Maistre a accepté avec joie la proposition d'aller en Corée, il m'a même assûré qu'il avait depuis long-temps un pressentiment qu'il irait dans cette Mission et il est presque persuadé qu'il y entrera heureusement. Pour moi je l'espère, mais je n'ose pas me le promettre ; il y a tant d'obstacles à vaincre! Au moins j'espère que nous aurons des renseignements sur l'état actuel des choses, et sur nos 3 confrères.

Mr Maistre a choisi André pour aller avec lui. Le docteur de l'Erigone dit que sa maladie n'est qu'un gros rhume négligé, il a déjà fait des remèdes qui ont bien réussi ; on pourra le soigner encore mieux sur la Frégate et on espère qu'il guérira entièrement.

…

고자 할 것입니다. 그는 제가 베롤 주교님과 그 지역에 있는 선교사들에게 전하려는 물건을 전부 자신이 운반해 주겠다고 제의하였습니다. 저는 요동을 위해 이 기회를 이용할 것입니다. 세실 씨가 조선에 가지 않을 경우, 저는 메스트르 신부가 코친차이나에서 돌아오면 그를 조선에 보낼 수 있기를 바랍니다. 그러니 우리는 지켜볼 것이고 이 기회들을 최대한 이용할 것입니다. 베롤 주교님께 만(灣)에서 너무 멀리 떨어져 있지 마시고 우리 신부들의 상륙에 유리하게 대비하고 계시도록 편지를 쓰겠습니다. 그러나 파보리트호가 6월이나 8월이면 요동에 도착할 수 있을 것인데, 제 편지가 제때 도착할지 걱정입니다.

메스트르 신부는 조선으로 가 달라는 제의를 기꺼이 수락하였습니다. 그는 이 포교지에 가게 되리라는 예감을 오래전부터 가지고 있었다고 제게 단언하기까지 하였고, 조선에 무사히 들어갈 것이라고 거의 확신하고 있습니다. 저로서도 그렇게 되기를 바라지만 감히 그것을 기대하지는 못합니다. 거기에는 극복해야 할 장애물이 너무 많기 때문입니다. 적어도 (포교지의) 현황과 우리 동료 신부 3명에 관한 정보는 얻게 되기를 바랍니다.

메스트르 신부는 동행할 학생으로 (김대건) 안드레아를 선택하였습니다. 에리곤호의 의사는 안드레아의 병이 큰 감기를 소홀히 한 것에 불과하다고 하였습니다. 안드레아는 벌써 약을 복용하기 시작했는데 효과가 아주 좋습니다. 그 프리깃함에서는 치료를 더 잘 받을 수 있을 것입니다. 그가 완쾌되기를 기대합니다.

…[이하 생략]…

③ Extrait d'une lettre de Mr Maistre à Mr Albrand
(AMEP vol. 577 ; f. 715~716)

Manille, 28 Février 1842

Monsieur et bien cher Confrère,

…

L'Erigne, frégate française sous les ordres de Mr Cécille, se dispose à visiter le nord de la Chine, et peut-être irait-elle jusqu'en Corée. C'est ce qui a déterminé Mr Libois à m'envoyer à bord de cette frégate sur laquelle je suis monté le 15 fév. avec un de nos élèves et deux PP Lazaristes.

Nous sommes venus prendre des vivres à Manille d'où nous devons partir du 4 au 5 mars, et j'espère qu'au mois de mai je pourrai voir dans quel état se trouve notre pauvre mission, quelles sont nos ressources et nos dangers, nos craintes et nos espérances.

…

③ 메스트르 신부가 알브랑 신부에게 보낸 서한

- 발신일 : 1842년 2월 28일
- 발신지 : 마닐라
- 수신인 : 알브랑 신부
- 출   처 : AMEP vol. 577, f. 715~716

1842년 2월 28일, 마닐라

친애하는 신부님께,

…[중략]…

프랑스 프리깃함 에리곤호가 세실 씨의 지휘하에 중국 북쪽을 방문할 준비를 하고 있는데, 아마도 조선까지 가게 될 것 같습니다. 리브와 신부님이 저를 이 프리깃함으로 보내기로 결정하여, 저는 2월 15일 우리 조선 학생 1명과 라자로회 신부 2명과 함께 이 배에 올랐습니다.

우리는 생필품을 싣기 위해 마닐라에 와 있는데, 여기서 3월 4~5일에 떠날 예정입니다. 우리 가엾은 포교지가 어떤 상황에 처해 있는지, 그리고 우리의 재원과 우리의 위험과 우리의 두려움과 또 우리의 희망이 어떤 것인지를 5월에 볼 수 있게 되기를 바랍니다.

…[이하 생략]…

④ Extrait d'une lettre de Mr Libois aux Directeurs
(AMEP vol. 304 ; ff. 669~672)

Macao, 4 mars 1842

Messieurs et chers Confrères

Mr Maistre et l'un de nos Coréens appelé André se sont embarqués le 15 février sur l'Erigone comme j'ai eu l'honneur de vous le dire il y a 20 jours dans ma lettre No 4. Ils sont allés d'abord à Manille et de là se sont dirigés dans le nord où Mr Cécille désire avoir des relations avec le gouvernement coréen. Mr Maistre doit à cette occasion s'efforcer de s'introduire dans le pays ou du moins de prendre toutes les informations possibles sur nos chers confrères et sur l'état de la Mission.

…

Il est inutile de vous dire que sa mort a été aussi sainte que sa vie avait été édifiante. Il s'est surtout distingué ici par sa grande régularité. J'avais balancé si je ne l'enverrais pas en Corée au lieu de Mr Maistre ; heureusement la divine Providence ne l'a pas permis, il est probable que l'expédition aurait été manquée.

…

④ 리브와 신부가 파리 신학교 지도 신부들에게 보낸 서한

· 발신일 : 1842년 3월 4일
· 발신지 : 마카오
· 수신인 : 파리 외방전교회 신학교 지도 신부들
· 출   처 : AMEP vol. 304, ff. 669~672

1842년 3월 4일, 마카오

친애하는 신부님들께,

20일 전에 저의 4번째(No. 4) 편지에서 말씀드린 바와 같이 메스트르 신부와 우리 조선인 학생 안드레아가 2월 15일에 에리곤호에 승선했습니다. 그들은 우선 마닐라로 갔다가 거기서 북쪽으로 향했고, 거기서 세실 씨는 조선 정부와 연락을 취하려 하고 있습니다. 메스트르 신부는 이 기회에 조선에 들어가려고 노력할 것입니다. 아니면 적어도 우리 동료 신부들과 조선 포교지의 상황에 관해 가능한 한 모든 정보를 얻고자 노력할 것입니다.

…[중략]…

그(블랑생 신부)의 생애가 모범적이었던 만큼 그의 죽음이 거룩하였다는 것은 여러분께 말씀드릴 필요도 없을 것입니다. 여기서는 그의 정확성이 특히 두드러졌습니다. 저는 그를 메스트르 신부 대신 조선에 보낼까 하고도 생각하였는데 다행히도 하느님의 섭리는 그것을 허락하지 않았습니다. (그를 보냈다면, 그의 죽음으로) 아마도 원정에 실패했을 것입니다.

…[중략]…

⑤ Extrait d'une lettre de M{{r}} Maistre à M{{r}} Legrégeois
(AMEP vol. 577 ; f. 719)

Manille, 8 mars 1842

Monsieur et bien cher Confrère,

Depuis votre départ de Macao, il est survenu quelques changements dans notre maison que vous connaissez déjà probablement par les lettres de M{{r}} Libois. Pour ce qui me concerne, j'ai acquiescé de tout mon coeur à l'avis de M{{r}} le Procureur qui a résolu de m'envoyer en Corée par l'Erigone qui peut-être ira jusque sur les côtes de cette pauvre Mission. Cette heureuse nouvelle m'a procuré une joie aussi vive qu'inespérée ; au même instant tout m'a paru changé en moi et autour de moi, mon long séjour à la Procure a disparu comme un songe, à peine si je pouvais me persuader que dans trois jours je dusse entrer dans la voie des Missions.

André m'accompagne ; il est toujours d'une santé bien fragile. M{{rs}} Daguin et Privas vont aussi, par la même occasion, dans leurs Missions de Chine. A mon départ, le 15 février, on n'avait pas de

⑤ 메스트르 신부가 르그레즈와 신부에게 보낸 서한

· 발신일 : 1842년 3월 8일
· 발신지 : 마닐라
· 수신인 : 르그레즈와 신부
· 출　　처 : AMEP vol. 577, f. 719

1842년 3월 8일, 마닐라

친애하는 신부님,

　신부님께서 마카오를 떠나신 이후로, 우리 대표부에 몇 가지 변화가 있었는데 이미 리브와 신부님의 편지를 통해 신부님께서도 아시고 계실 것입니다. 저에 대해 말씀드리자면, 저를 에리곤호에 태워 조선으로 보내기로 결정하신 대표 신부님의 의견에 저는 진심으로 동의하였습니다. 에리곤호는 아마 이 불쌍한 (조선) 포교지 해안까지 갈 것입니다. 그 반가운 소식은 제게 뜻밖의 큰 기쁨을 안겨 주었고, 그 순간 저와 제 주위의 모든 것이 변한 듯 보였습니다. 대표부에서의 저의 긴 체류가 꿈처럼 사라졌고, 사흘 후면 선교지들로 가는 길에 들어서게 된다는 생각만 간신히 할 수 있었습니다.

　안드레아가 저와 동행하고 있습니다. 그의 건강은 여전히 허약합니다. 다갱(Daguin) 신부님과 프리바(Privas) 신부님도 이 기회를 이용해 중국 포교지로 향하고 있습니다. 2월 15일 우리가 떠날 때까지 통킹에서는

nouvelles du Tonquin. La frégate est venu passer à Manille pour y prendre des vivres, nous devons en partir le 10 de ce mois.

…

⑥ Extrait d'une lettre de Mr Maistre à Mr Libois
(AMEP vol. 579 ; ff. 166~168)

Manille, 8 mars 1842

Monsieur et bien cher Confrère,

L'Erigone est arrivée à Manille le 20 février, à 10^h du soir, et le 21 à 11^h du matin nous sommes descendus à terre, tous en bonne santé. M^r le Consul, Favre était venu à bord, il est descendu avec nous et nous a accopmagné chez Mgr l'Archevêque qui n'a pas été peu surpris de la route que nous prenions pour entrer en Chine. S.E. nous a fort bien reçu[reçus], et nous avons tous passé la nuit au Palais. Je lui ai de-

소식이 없었습니다. 프리깃함(에리곤호)은 생필품을 싣기 위해 마닐라에 와 있는데 이달 10일에 출항할 예정입니다.

…[이하 생략]…

⑥ 메스트르 신부가 리브와 신부에게 보낸 서한

- 발신일 : 1842년 3월 8일
- 발신지 : 마닐라
- 수신인 : 리브와 신부
- 출　　처 : AMEP vol. 579, ff. 166~168

1842년 3월 8일, 마닐라

친애하는 신부님께,

에리곤호는 2월 20일 저녁 10시에 마닐라에 도착하였고, 21일 아침 11시에 우리는 모두 건강한 몸으로 하선하였습니다. 영사 파브르(Favre) 씨는 배에 올라왔다가 우리와 함께 하선하여 대주교님 댁까지 동행하였습니다. 대주교님은 우리가 중국으로 가기 위해 택한 여정에 적잖이 놀라워하셨습니다. 그분은 우리를 아주 친절하게 맞아 주셨고, 우리 모두는 그날 밤 주교관에서 묵었습니다. 저는 대주교님께 도미니코회 신부님

mandé permission de prendre logement chez les R^{ds} P^s de Dominique, ce qu'il n'a pas désapprouvé, quoiqu'il n'en ait pas été bien satisfait.

Le P. Férrando m'a fait entrer au Collège de St. Jean de Latran, où le P. Mora, Supérieur, me témoigne tous les jours la plus grande bienveillance. J'y reste avec André, les deux P. Lazaristes et les deux courriers sont au Palais. La maison de St. Dominique a reçu dernièrement d'Europe 10 nouveaux Religieux et trois novices, ce qui m'a empêché de trouver place au Couvent, le Collège de St. Thomas est en réparations[réparation]. Nous avons été bien accueillis de S.E. le Gouverneur, les Religieux paraissent contens[contents] de lui, ce qui n'est pas une petite recommandation.

…

La conduite de M^r le Commandant et de l'Etat Major à notre égard est au dessus de tout éloge, et tout l'équipage est beaucoup mieux que je n'avois cru. Nous avons jugé convenable, d'un commun accord, d'offrir quelques cigares à M^{rs} les officiers et du chocolat à M^r le Commandant. Mr Privas et moi sommes allés hier à bord avec ces faibles témoignages de notre gratitude, qui ont été bien reçus. Nous avons trouvé Mr Cécille convalescent d'une inflammation aux yeux provenant d'un excès de travail prolongé pendant la nuit. Cette indisposition retardera probablement de quelques jours notre départ.

…

Nous irons demain faire une visite à M^r le Consul, dans l'espoir que ce sera la dernière ; quoique nous n'ayons aucune donnée sûre pour le départ. Jusqu'ici je n'ai pas fait de grands progrès dans l'étude

들의 숙소에서 숙박하게 해달라고 청하였는데, 반대하지는 않으셨으나 아주 만족해하시는 것 같지는 않았습니다.

페란도(Férrando) 신부님이 저를 안드레아와 함께 라테라노의 성 요한 학교에 가게 해주었는데, 그곳 교장이신 모라(Mora) 신부님은 제게 매일같이 아주 큰 친절을 보여주었습니다. 저는 안드레아와 라자로회 신부 2명과 함께 이곳에 머물고 있고, 2명의 연락인은 주교관에 있습니다. 성 도미니코회 수도원은 최근 유럽에서 새 수도자 10명과 수련자 3명을 받아서 제가 수도원에 자리를 얻을 수가 없었습니다. 성 토마스 학교는 수리 중에 있습니다. 총독은 우리를 환대하였습니다. 수도자들은 총독에게 만족하고 있는 것 같은데 이것은 사소한 조언이 아닙니다.

…[중략]…

우리를 향한 함장과 장교들의 태도는 모든 찬사를 초월하는 것이고, 모든 승무원도 생각한 것보다 훨씬 훌륭합니다. 우리는 만장일치로 장교들에게 시가 몇 개를, 함장에게는 초콜릿을 주는 것이 좋겠다고 결정했습니다. 프리바 신부와 저는 어제 우리의 약소한 감사의 표시를 들고 배에 갔고, 그들은 기쁘게 받았습니다. 밤늦도록 과하게 일을 한 데서 온 세실 씨의 눈의 염증은 회복되고 있었습니다. 이 눈병으로 우리의 출발이 며칠 시언될지도 모르겠습니다.

…[중략]…

출발에 대한 확실한 정보가 전혀 없지만, 우리는 이번이 마지막이 되기를 바라며 내일 영사를 방문하러 갑니다. 지금까지 저의 조선말 공부에는 큰 진전이 없었습니다. 아주 어렵지는 않지만 여러 달 걸릴 듯합니

la langue coréenne ; sans être bien difficile, je crois qu'elle m'occupera plusieurs mois. André la sait par routine, sans en avoir approfondi le génie et le mécanisme.

...

⑦ **Extrait d'une lettre de Mr Libois aux Directeurs (AMEP vol. 304 ; ff. 673~678)**

Macao, 1er avril 1842

...

Il paraît que vous n'avez encore rien arrêté relativement à l'assistant procureur. Je vous avais d'abord fait prier par Mr Barran de ne rien déterminer à cet égard avant que nous sçussions par expérience

다. 안드레아는 조선말을 관습적으로 알고 있을 뿐, 그 특성과 구조를 깊이 알지는 못합니다.

…[이하 생략]…

⑦ 리브와 신부가 파리 신학교 지도 신부들에게 보낸 서한

- 발신일 : 1842년 4월 1일
- 발신지 : 마카오
- 수신인 : 파리 외방전교회 신학교 지도 신부들
- 출　　처 : AMEP vol. 304, ff. 673~678

1842년 4월 1일, 마카오

…[중략]…

여러분은 (마카오 대표부의) 부대표에 관해 아직 아무것도 결정하지 않으신 듯합니다. 저는 우선 바랑[10] 신부님을 통해, 여러분께서 이 직책에 임명하는 사람이 정말로 적임자인지 우리가 직접 겪고 알기 전에는

---

10 바랑(J. Barran, 1798~1855) : 1825년에 파리 신학교의 지도자로 임명되었고, 1851년 교장으로 선출되었다.

si le sujet que vous destiniez à cet emploi y était réellement propre. Plus tard les représentations d'une personne dont je devais respecter les avis et qui ne pensait pas comme moi sur cet article, la capacité et l'expérience de Mr Maistre dans les affaires me portèrent à vous le demander d'une manière absolue ; mais puisque des raisons grave, devenues bien plus fortes encore par la mort de Mr Blanchin sur lequel seul après Mr Maistre je pouvais jetter les yeux pour l'expédition de Corée, m'ont forcé à lui donner une autre destination, je reviens à ma première idée, et je vous prie de la suivre, s'il est possible ; car je vous avoue que Mr Maistre lui-même après deux mois seulement d'expérience, ne me paraît pas aussi propre à la procure que je le croyais d'abord, et qu'il me semble beaucoup plus expédient de l'envoyer en mission.

Depuis le départ de ce cher confrère je n'ai qu'à me féliciter du zèle que Mrs de la Brunière et Guérin ont montré pour m'aider. Mr de la Brunière est chargé de l'éducation du jeune Coréen qui nous reste ; et je vous dirai en passant qu'il lui trouve beaucoup de talents et surtout un excellent jeguement. Il le croit très propre à l'enseignement.

…

이 문제에 대해 아무것도 결정하지 마실 것을 청하였습니다. 이후, 제가 그 의견을 존중해야만 하고 이 사안에 있어서 저와 생각을 달리한 누군가의 권고가 있었고, 또 일에 있어서 메스트르 신부의 능력과 경험을 보고 저는 여러분께 그를 요청하게 되었습니다. 그러나 중요한 이유들로, 그리고 그 이유들은 메스트르 신부 다음으로 유일하게 조선 원정을 위해 제가 점쳐 두었던 블랑생 신부의 사망으로 더욱더 중요하게 되어서, 저는 메스트르 신부에게 다른 소임을 주어야만 했습니다. 저는 처음의 생각으로 돌아왔고, 가능하면 여러분도 제 생각을 따라 주셨으면 합니다. 여러분께 터놓고 말씀드리건대, 메스트르 신부와 단 두 달을 지내보니 그는 처음에 제가 생각한 것처럼 그렇게 대표부에 적합해 보이지 않습니다. 그를 포교지로 보내는 것이 훨씬 적절해 보입니다.

메스트르 신부의 출발 이후로 제게는 드 라 브뤼니에르 신부와 게랭 신부가 저를 돕는 데 보인 열성에 기뻐할 일만 있습니다. 드 라 브뤼니에르 신부는 남은 조선 학생(최양업)의 교육을 맡고 있습니다. 말이 나왔으니 드리는 말씀인데 그는 이 학생에게서 많은 재능, 무엇보다도 훌륭한 판단력을 발견하고 있습니다. 브뤼니에르 신부는 그를 가르치기에 아주 좋은 학생이라고 생각하고 있습니다.

…[이하 생략]…

⑧ **Extrait d'une lettre de Mr Maistre à Mr Libois**
(AMEP vol. 579 ; ff. 169~171)

Manille, le 19 avril 1842

Monsieur le Procureur,

Je puis enfin vous annoncer le départ de l'Erigone qui doit mettre à la voile ce soir. Les Missionnaires vont à bord ce matin. M^r le Commandant, après un mal d'yeux des plus opiniâtres, se trouve dans un état satisfaisant.

…

Un si long retard à Manille m'a causé de nouvelles dépenses, dont les principales sont :

1. Deux pantalons, pour moi et l'Elève. .... 4.$
2. Restauration de mon parapluie. .... 2.
3. Un chapeau noir. .... 6.
4. Blanchissage. .... 1.
5. Commission, voyages, embarquement. .... 5.

total.　18.$

⑧ 메스트르 신부가 리브와 신부에게 보낸 서한

· 발신일 : 1842년 4월 19일

· 발신지 : 마닐라

· 수신인 : 리브와 신부

· 출　처 : AMEP vol. 579, ff. 169~171

1842년 4월 19일, 마닐라

대표 신부님께,

마침내 에리곤호가 오늘 저녁에 돛을 펴고 출항한다는 소식을 신부님께 알릴 수 있게 되었습니다. 선교사들은 오늘 아침부터 배에 오르고 있습니다. 함장은 아주 고질적인 눈병을 앓은 후 만족스러운 상태로 회복되었습니다.

…[중략]…

마닐라에서의 오랜 지체로 새로운 지출이 발생했는데, 주요한 것들은 다음과 같습니다.

1. 저와 제 학생의 바지 2벌 ……………………… 4피아스터
2. 제 우산 수선비 ……………………………… 2
3. 검정 모자 …………………………………… 6
4. 세탁비 ……………………………………… 1
5. 수수료, 여행, 승선비 ………………………… 5

　　　　　　　　　　　　　　　총 18피아스터

La langue coréenne va son petit train ; un alphabet, une espèce de grammaire, un petit recueil des mots les plus usuels, sont le fruit de mon travail joint à celui d'André (je vous serais fort obligé ainsi qu'à Mr Legrégeois si jamais il n'avait appris un mot de français.) Je suis aussi fort avancé dans la composition d'un catéchisme, car j'ai pu me convaincre qu'il n'avoit que quelques lambeaux de catéchisme avec la plupart des mots chinois.

Depuis le Jeudi Saint, j'ai donné à ma barbe la liberté de croître, et vraiment elle fait des progrès merveilleux, elle pourra sans honte le montrer en Corée quand nous y arriverons. Comme j'ai grand confiance d'entrer et de m'établir dans cette pauvre Mission, je vous prie de m'envoyer par la première occasion les quelques livres que j'ai laissés à Macao.

Mr. Cecille se propose de revenir au mois de 7bre. Il vous apportera la relation de notre voyage.

J'ai l'honneur d'être en union de prières et Sts. Sacrifices,

    Monsieur et cher Confrère,

        Votre très humble serviteur,

            Maistre, miss. ap

조선말 공부는 순조롭게 진행되고 있습니다. 한글(자·모음), 일종의 문법서, 가장 많이 사용되는 단어 목록, 이것이 김 안드레아와 함께한 제 공부의 결실입니다. (신부님과 르그레즈와 신부에게 깊이 감사드립니다. 안드레아가 프랑스어를 한마디도 안 배웠으면 어찌할 뻔했을까요.) 교리서 편찬 일도 많이 진척시켰는데, 저는 그가 대부분이 한자인 교리서를 그것도 일부만 가지고 있다고 확신할 수 있었기 때문입니다.

성목요일 이후로 저는 수염이 자라도록 내버려 두었습니다. 그랬더니 정말 놀랍게 자랍니다. 저희가 조선에 도착했을 때 이 수염을 부끄러움 없이 내보일 수 있을 것입니다. 저는 이 가엾은 포교지에 들어가 정착하리라고 굳게 믿고 있으니 제가 마카오에 두고 온 책들을 기회가 되는 대로 보내 주시기 바랍니다.

세실 씨가 9월에 다시 올 예정입니다. 그가 우리의 여행 보고서를 신부님께 가져다드릴 것입니다.
 기도와 미사성제로 일치를 이루며
    친애하는 신부님,
      당신의 지극히 미천한 종,
        교황 파견 선교사 메스트르

⑨ Extrait d'une lettre de Mr Libois aux Vic. apostoliques
(AMEP vol. 324 ; ff. 332~352)

2 juillet [1842]

Messeigneurs et chers confrères,

M. Legrégeois dans la lettre commune qu'il vous a écrite par Mr Taillandier vous a fait part de toutes les nouvelles qui pouvaient vous intéresser jusqu'à cette époque. Je vais aujourd'hui vous donner une idée succincte des principaux événement[événements] qui ont eu lieu depuis cette époque.

Le 8 novembre Mr Callery a quitté Macao pour repasser en Europe, il n'est plus de notre Société.

…

M. Legrégeois, notre cher procureur, n'a pas tardé à le suivre. Il s'est embarqué le 19 9bre dans un petit navire de Hambourg appelé le Paradis qui doit le débarquer au Havre ou en Angleterre. Il est arrivé à Singapour le 2 X^{bre} il en est reparti le 6…

⑨ 리브와 신부가 대목구장들에게 보낸 서한

- 발신일 : 1842년 7월 2일
- 발신지 : (마카오)
- 수신인 : 대목구장들
- 출   처 : AMEP vol. 324, ff. 332~352

(1842년) 7월 2일

친애하는 주교님들께,

…[중략]…

르그레즈와 신부님은 타이앙디에 신부를 통해 여러분께 보낸 공동 서한에서 여러분께서 관심 가질만 한 그때까지의 모든 소식을 알려 주었습니다. 오늘 저는 그 이후에 일어난 중요한 일들을 간추려 전해드리고자 합니다.

11월 8일 칼르리 신부가 유럽으로 돌아가기 위해 마카오를 떠났고, 이제 더 이상 우리 회원이 아닙니다.

…[중략]…

우리 대표부의 대표 신부님이신 르그레즈와 신부님도 곧이어 떠나셨습니다. 신부님은 11월 19일 파라디(le Paradis)라고 불리는 조그마한 함부르크 배에 오르셨고, 르 아브르(Le Havre)나 영국에서 내리실 것입니다. 신부님은 12월 2일에 싱가포르에 도착해서, 6일에 그곳을 떠났습니다.

...

Le 7 X^{bre} est arrivée ici une frégate appelée l'Erigone commandée par le bon Mr Cécile que la mission de la Nouvelle Zélande pourrait en quelque sorte regarder comme son 2e fondateur à cause des services immenses qu'elle en a reçus. Cette frégate était chargée de conduire dans nos parages un envoyé extraordinaire du gouvernement français appelé Mr de Jancigny qui, je crois, a pour but d'examiner l'état des choses et relativement à la politique et relativement au commerce dans les isles, malaise[malaises], l'indochine et surtout en Chine. Comme ce M^r a trouvé l'état des choses par ici très grave, il a cru devoir y rester quelques temps et nous a demandé l'hospitalité ; J'ai cru ne pas pourvoir la lui refuser.

...

Une corvette appelée la Favorite doit arriver ici à la fin de Mai pour conduire Mr de Jancigny dans le Golfe de Pekin, son intention est de visiter les côtes du Leaotong et de la Corée, vous pensez bien que je profiterai de l'occasion pour Mgr Verrolles et notre pauvre mission de Corée. Je voudrais bien avoir des missionnaires mais il est probables que je ne pourrai en envoyer qu'un avec un Coréen car je n'en ai ici que deux et je ne puis rester seul. Les deux autres qui étaient ici Mrs Blanchin et Maistre sont expédiés tous les deux, le premier pour le ciel je l'espère et le second pour la Corée.

...

Le bon Mr Cécille après avoir passé ici 2 mois est parti pour Manille et de là dans le Nord. Son intention étant d'ouvrir quelques relations

…[중략]…

12월 7일 세실 씨가 지휘하는 프리깃함 에리곤호가 이곳에 도착하였습니다. 뉴질랜드 포교지는 에리곤호로부터 큰 도움을 받은 까닭에 어떤 의미에서는 세실 씨를 제2의 창립자로 여기고 있을 수도 있습니다. 이 프리깃함은 장시니라는 프랑스 정부의 전권 대사를 우리 해안에 인도할 임무를 맡았습니다. 장시니 씨는 말레이시아의 섬들과 인도차이나, 그리고 특히 중국의 상황을 정치적, 상업적 견지에서 검토할 목적도 있는 듯합니다. 그는 이곳 상황이 매우 심각한 것을 보고 얼마 동안 여기에 머무르기로 하였는데 우리에게 숙식을 청하였습니다. 저는 거절할 수가 없었습니다.

…[중략]…

파보리트호라는 기함(旗艦) 한 척이 장시니 씨를 북경만으로 실어 가기 위해 5월 말에 이곳에 도착하기로 되어 있습니다. 그는 요동과 조선의 해안을 방문할 의향을 갖고 있습니다. 저는 베롤 주교님과 우리 가엾은 조선 포교지를 위해 이 기회를 이용할 생각입니다. 선교사들을 보내고 싶지만, 조선인 한 명을 붙여 선교사 1명밖에는 보낼 수 없을 것입니다. 여기에 선교사가 2명밖에 없는데 저 혼자 남아 있을 수가 없기 때문입니다. 이곳에 있던 2명의 선교사, 즉 블랑생 신부와 메스트르 신부 모두 떠나갔습니다. 블랑생 신부는 하늘나라로 떠났고 메스트르 신부는 조선으로 떠났습니다.

…[중략]…

세실 씨는 이곳에서 두 달을 지낸 후 마닐라로 떠났는데 거기서 북쪽으로 갈 것입니다. 그는 조선 정부와 접촉을 시도할 생각을 하고 있었

avec le gouvernement Coréen, il m'a demandé un de nos jeunes gens pour lui servir d'interprète. J'ai remercié la divine providence de m'offrir elle-même une si belle occasion de voler au secours de notre pauvre Corée ; je lui ai donc promis non seulement un élève mais encore un missionnaire qui devra entrer s'il est possible, ou si cela est absolument impossible prendre du moins tous les renseignements possibles sur l'état de la mission et sur nos pauvres confrères. Quoique Mr Maistre fait destiné à rester à la procure, j'ai cru cependant devoir en faire le sacrifice pour une expédition si importante, il est d'un age mur, prudent, instruit, très expérimenté dans la direction des âmes et d'un caractère à ne jamais reculer devant aucune difficulté. Il s'est embarqué sur l'Erigone le 15 Février avec un Coréen, et 2 Lazaristes qui doivent debarquer à Tchou san et de la passer dans l'intérieur. La Frégate est allée d'abord à Manille pour faire des vivres. Elle y a séjourné pendant deux mois à cause d'une maladie du commandant mais elle en est enfin partie le 20 Avril 1842. Que Dieu conduise nos gens et les fasse réussir.

…

Mr Maistre m'écrit de Manille en date du 19 avril.

…

Le 3 Juin nous avons reçu des lettres de Tartarie. Ses lettres sont datée de Kilin en mantchourie du 22 Février : il était alors avec Mr Ferréol qui vient d'être nommé par le St Siège coadjuteur de Corée avec le titre de episcopus bellinensis ; Mgr Verrolles a les pouvoirs nécessaires pour le sacrer.

…

기에 자기에게 통역을 해줄 조선 학생 한 명을 달라고 저에게 청했습니다. 불쌍한 우리 조선을 구하러 달려가기 위한 좋은 기회를 주신 하느님의 섭리에 감사했습니다. 그리하여 저는 그에게 조선 학생 한 명뿐만이 아니라 선교사도 한 명 주기로 약속하였습니다. 그 선교사는 가능하다면 입국할 것이고, 입국이 절대적으로 불가능하다면 적어도 조선 포교지의 상황과 가엾은 우리 신부들에 대한 정보를 되는대로 전부 수집할 것입니다. 메스트르 신부는 대표부에 남는 것으로 정해졌었지만, 저는 그토록 중요한 원정을 위해 그를 단념해야 한다고 생각했습니다. 그는 나이가 들었고 신중하며 지식이 있고 영혼들을 지도하는 일에 매우 노련하며 어떤 어려움 앞에서도 절대 물러서지 않는 성격의 소유자입니다. 그는 2월 15일 조선인 (학생) 1명, 그리고 주산을 거쳐 중국 내지로 가는 라자로회 회원 2명과 함께 에리곤호에 올랐습니다. 이 프리깃함은 우선 식료품을 싣기 위해 마닐라로 갔습니다. 함장의 병환으로 그 배는 마닐라에서 두 달을 체류하게 되었고, 마침내 1842년 4월 20일에 그곳을 떠났습니다. 하느님께서 그들을 인도하시어 성공하게 해주시기를 기원합니다.

…[중략]…

메스트르 신부는 마닐라에서 4월 19일 자로 제게 편지를 보냈습니다.

…[중략]…

6월 3일 달단으로부터 편지를 받았습니다. 그 편지는 2월 22일 자로 만주 길림에서 작성된 것인데, 내용은 다음과 같습니다. 페레올 신부님이 교황청으로부터 벨리노 명의의 조선 (대목구) 부주교로 임명되셨다고 합니다. 베롤 주교님께서 그분을 (주교로) 성성하는 데 필요한 권한을 가지고 계시다고 합니다.

…[이하 생략]…

2. Débarquement de l'Erigone et séjour à Leaotong

① Extrait d'une lettre de Mr Gotteland s. j. à Mr Libois
  (AMEP vol. 308 ; ff. 702~705)

21 juillet 1842

Monsieur et bien cher ami,

…

Nous avons retrouvé à Woo-song la frégate français avec Mr Maistre qui aurait tout le temps de s'ennuyer à bord, si un missionnaire n'avait dans l'étude et la prière un spécifique bien plus infaillible contre les dégoûts et la tristesse que ne le sont les folles joies et les vains divertissements du monde. M^r le Commandant se proposait d'attendre encore quelques jours dans cette station, avant de suivre l'expédition anglaise vers Tonkin.

2. 에리곤호 하선과 요동 체류

① 고틀랑[11] 신부가 리브와 신부에게 보낸 서한

- 발신일 : 1842년 7월 21일
- 발신지 : 김가항(金家港)
- 수신인 : 리브와 신부
- 출   처 : AMEP vol. 308, ff. 702~705

1842년 7월 21일

친애하는 신부님께,

…[중략]…

오송(吳淞)에서 프랑스 프리깃함과 메스트르 신부를 다시 만났습니다. 선교사가 권태와 슬픔에 대항하기 위한 확실한 행복을 공부와 기도에서 얻지 않는다면 메스트르 신부는 배 위에서 내내 지루했을 것입니다. 무분별한 기쁨과 세속의 헛된 오락은 행복이 아니지요. 함장은 통킹으로 영국의 원정을 따라가기 전에 며칠 더 이 정박지에서 기다릴 생각을 하고 있었습니다.

---

11 고틀랑(C. Gotteland, 南格祿, 1803~1856) : 프랑스 출신의 예수회 선교사. 1842년에 상해 부근의 오송에 도착하여 활동을 시작했다. 그는 1842년에 김대건에게 도움을 주었고, 1845년 상해에 온 김대건 부제 일행에게 고해성사를 주고 미사를 집전해 주었다.

Ici on est fort effrayé de la guerre ; on cache les marchandises et on prend la fuite ; un rien épouvante ces pauvres Chinois. On croit que c'en est fait de la dynastie actuelle. Les Anglais de leur côté s'avancent avec une lenteur et des précautions extrêmes.

...

② Extrait d'une lettre de Mr Maistre à Mr Libois
(AMEP vol. 579 ; ff. 172~174)

Kiannan, ****tang[1] le 21 Septembre 1842

Reçue le 1er 9bre 1842

Monsieur le Procureur,

Je vous ai écrit en peu de mots le 17 de ce mois mon débarque-

---

1 판독 불가.

여기서는 전쟁을 매우 두려워들 하고 있습니다. 사람들은 상품을 감추어 놓고 도망갑니다. 사소한 것에도 불쌍한 중국인들은 두려워합니다. 이들은 현 왕조는 이제 끝났다고 생각합니다. 한편 영국인들은 서서히 아주 조심스럽게 전진하고 있습니다.

…[이하 생략]…

② 메스트르 신부가 리브와 신부에게 보낸 서한

· 발신일 : 1842년 9월 21일
· 발신지 : 강남
· 수신인 : 리브와 신부
· 출　　처 : AMEP vol. 579, ff. 172~174

1842년 9월 21일, 강남, ***[판독 불가]
1842년 11월 1일 수신

대표 신부님께,

결정하고 실행하는 데 15분도 채 안 걸린 저의 급한 하선과 상륙,

ment précipité, résolu et opéré en moins d'un quart d'heure, ma descente et mon séjour chez un payen ; mon second refuge chez les anglais qui m'ont accueilli bien mieux que ne feraient des français ; ma translation en troisième bien chez Mgr de Bési qui m'a reçu avec sa bonté toute paternelle, et avec lequel je suis resté un jour ; le lendemain 19 je suis monté sur une barque avec le P. Gotland[Gotteland] et un Prêtre chinois, et nous nous sommes éloignés de quelques lieues de la maison épiscopale, afin d'éviter une trop grande réunion dans le même lieu, ce qui donne de l'inquiétude aux chrétiens. Il peut réveiller les soupçons des payens du reste.

…

Mr de la Brunière m'a dit hier qu'il vous avait écrit ses aventures, et surtout l'embarras où il se trouve avec les piastres américaines, il est vrai, et je dois vous avoir écrit qu'on les préférait à Chousan, mais je ne dois pas vous avoir dit qu'on put les y changer, car je n'y ai pas vu de commerce, ce qui est essentiel pour le change de l'argent. On pourrait les changer contre des piastres à colonnes, puisque j'ai vu Mr Danicourt en porter à Mr Watrose pour avoir des piastres américaines, mais encore les affaires ne se font pas à Chousan comme à Macao pour qu'on puisse changer 4.000 piastres dans 48 heures.

그리고 어느 외교인 집에서 체류한 이야기를 이달 17일 자 편지에서 간단히 말씀드렸지요.[12] 두 번째로 영국인들한테 가서 체류하였는데 그들은 프랑스인들보다 더 친절하게 저를 맞아 주었습니다. 세 번째로는 베시[13] 주교님 댁으로 옮겨갔는데 주교님은 아버지같이 따뜻하게 맞이해 주셨습니다. 주교님과는 하루밖에 지내지 못했습니다. 다음 날인 19일에 저는 고틀랑 신부님과 한 중국인 사제와 함께 배에 올랐고 우리는 주교관에서 몇 리외 떨어진 곳으로 갔는데, 한곳에 사람들이 너무 많이 모이는 것을 피하기 위해서였습니다. 사람이 너무 많이 모이면 교우들이 불안해합니다. 이뿐만 아니라 외교인들의 의혹을 살 수도 있습니다.

…[중략]…

드 라 브뤼니에르 신부는 자신이 겪은 일들과 특히 아메리카 피아스터로 인한 어려움에 대해 신부님께 편지를 써 보냈다고 어제 제게 말하였는데, 실제로 그렇습니다. 그리고 주산에서는 그 돈을 선호할 거라고 제가 신부님께 말씀드렸을 것입니다. 하지만 저는 그 돈을 거기서 교환할 수 있다고는 말씀드리지 않았을 것입니다. 왜냐하면 돈을 교환하는 데 있어 상업은 필수적인데, 저는 거기서 거래가 이루어지는 것을 보지 못했기 때문입니다. 그 돈을 스페인 피아스터로 바꿀 수는 있을 것입니다. 다니쿠르(Danicourt) 신부가 스페인 피아스터를 바트로즈(Watrose) 신부에게 가져가서 아메리카 피아스터로 바꾸는 것을 보았기 때문입니

---

12   세실은 함선에 환자가 많고 여행 예정 기간이 짧다는 등의 이유로 조선으로의 항해를 주저하였다. 9월 11일 메스트르 신부와 김대건은 에리곤호에서 하선하여 중국인 비신자 황세흥(黃世興)의 집에서 드 라 브뤼니에르 신부 등과 함께 머물렀다.
13   베시(Lodovico Maria [dei Conti] Besi, 羅伯濟/羅類思, 1805~1871) : 1840년 1월 10일 산동 대목구장에 임명되고, 남경교구장 서리를 겸임하다가 1848년에 산동 대목구장을 사임했다.

La proposition que m'a faite Mgr de Bési[Besi] m'a paru la plus avantageuse ; il nous donnera plus de 1.000 taels chinois, et gardera nos piastres qu'il vous renverra peut-être par la favorite, on en tirera le meilleur parti possible. Avec les mille taels et les mille piastres, Saici[Sycee] que j'avais et dont j'ai donné la moitié à Mr de la Brunière nous pourrons satisfaire aux besoins les plus urgens[urgents] de nos missions, et vous nous enverrez au printemps prochain de nouveau subsides que nous ferons prendre chez Mgr de Bési. Nous avons demandé à les fondre et les chrétiens chinois ont osé demander un tiers, c'est-à-dire, trois mille piastres, ils en rendent deux mille, voyez si une telle proposition peut passer chez un ex-procureur!

J'espère que vous savez maintenant à quoi vous en tenir avec M^r le Commandant Cécille ; quant à moi, je vous déclare que je ne suis nullement affecté de toutes ces aventures ; je suis bien aise de ne pas devoir mon entrée en Corée à un navire français, car je n'appelle pas devoir mon entrée en Corée à un navire français qui me prend à Macao le 15 février, et me dépose le 11 7bre suivant sur les bords du fleuve de Nankin, entre les mains des infidèles ⋯ et.

⋯

다. 하지만 아직 주산에서는 48시간 만에 4,000피아스터를 바꿀 수 있는 마카오처럼 거래가 이루어지지는 않습니다. 베시 주교님께서 제게 하신 제안이 저에게 가장 유리해 보였습니다. 즉 주교님께서 우리에게 중국 돈 1,000테일[14]을 주시고, 우리 돈은 갖고 계시다 아마 파보리트호를 통해 신부님께 돌려보내시는 것입니다. 최대한의 이익을 보게 되는 것이지요. 1,000테일과 1,000피아스터, 그리고 가지고 있던 마제은(馬蹄銀)[15]에서 절반을 드 라 브뤼니에르 신부에게 주고, 남은 것으로 우리는 선교지들이 가장 시급하게 필요로 하는 것을 채워줄 수 있을 것입니다. 내년 봄에 신부님께서 우리에게 새로 보조금을 보내 주시면 우리는 사람을 시켜 베시 주교님 댁에서 그 돈을 찾아오게 하면 됩니다. 우리가 그 돈을 녹여 합쳐 달라고 부탁했더니, 중국 교우들이 뻔뻔하게 그중 3분의 1, 즉 3,000피아스터를 요구하였습니다. 그들은 2,000피아스터를 돌려줄 것입니다. 전임 대표 신부님 댁에서 이런 제안이 통과될 수 있는지 보십시오!

이제는 신부님께서 세실 함장과 어떻게 하실지를 결정하시기 바랍니다. 저로서는 이 모든 일에 전혀 마음 상하지 않았다는 것을 말씀드립니다. 저는 프랑스 배에 신세 지며 조선에 입국할 필요가 없다는 사실에 만족합니다. 왜냐하면 2월 15일에 마카오에서 저를 태워 9월 11일 남경의 강변 외교인들 한가운데 저를 내려놓는 그런 프랑스 배의 덕을 보면서 조선에 가고 싶지 않기 때문입니다.

…[이하 생략]…

---

14 중국의 무게나 화폐 단위인 양(兩). 1테일(平兩)은 대략 은(銀) 36그램에 해당한다.
15 말발굽 모양의 은괴(銀塊)로, 중국에서 사용한 은중량통화(銀重量通貨).

③ Lettre de M⁽ʳ⁾ Maistre à M⁽ʳ⁾ Albrand
(AMEP vol. 577 ; ff. 723~725)

Kiannan, Tsangkalo, le 2 8bre 1842

rep. le 24 mai 1843

Monsieur et bien cher confrère,

J'espérais en vous écrivant de Manille que ma première lettre serait datée de Corée, mais voilà qu'après six mois je ne suis encore qu'au Kiannan. Les navigateurs français pleins d'ardeur au début perdent facilement courage, et ni la Favorite, ni l'Erigone n'osent franchir le court espace qui nous sépare soit du Léaotong, soit de Corée : de leur côté les missionnaires s'estiment heureux de ne pas devoir l'entrée dans leurs missions à des moyens trop humains, plus forts que les guerriers ils chercheront avec peine une pauvre jonque qui suffira bien pour les porter sur les bords désirés et seconder leur dévouement qui n'est pas terrestre.

Vous avez connu mes principales aventures par mes lettres à M⁽ʳ⁾ le Supérieur, M⁽ʳˢ⁾ Tesson et Jurines, je n'en répèterai ici que peu de

③ 메스트르 신부가 알브랑 신부에게 보낸 서한

- 발신일 : 1842년 10월 2일
- 발신지 : 강남, 장가루(張家樓)
- 수신인 : 알브랑 신부
- 출   처 : AMEP vol. 577, ff. 723~725

1842년 10월 2일, 강남, 장가루
1843년 5월 24일 수신

친애하는 신부님께,

마닐라에서 신부님께 편지 쓰면서 저의 첫 편지는 조선에서 보내게 되리라고 기대하였습니다만, 6개월이 지난 지금 저는 아직 강남까지밖에 못 왔습니다. 프랑스 항해사들은 초반에는 열성에 가득 차 있더니 쉽사리 용기를 잃어버립니다. 파보리트호도 에리곤호도 요동으로든 조선으로든 그 짧은 거리를 건널 엄두를 내지 못합니다. 그러나 선교사들은 (하느님의 방식이 아닌) 지나친 인간의 방식으로 그들의 포교지에 들어가지 않아도 되는 것을 다행으로 여깁니다. 전사보다도 강한 선교사들은 고생스럽지만 정크선 한 척을 물색할 것입니다. 그 정크선이면 바라던 해변에 그들을 실어다 주고, 지상의 것이 아닌 그들의 헌신을 지원하는데 충분할 것입니다.

신부님은, 제가 장상 신부님과 테송 신부님, 쥐린느(Jurines) 신부님께 보낸 편지들을 통해 제가 겪은 주요한 일들을 아시게 되었을 것입니

mots. Depuis le 11 mai j'ai séjourné à Chousan jusqu'au 21 juin ; Mr Danicourt, miss. Lazariste est établi dans cette île avec un prêtre chinois. Le procureur des S. Jésuites y est aussi resté jusqu'à ce jour, les autres sont entrés au Kiannan au mois de juillet. Le 27 juin l'Erigone a mouillé à l'embouchure du iantzekiang, fleuve de Nankin, où était réunie la flotte anglaise. J'ai fait là un séjour de deux mois et demi, domicilié sur la frégate, endurant avec patience dans l'espoir qu'elle me portait en Corée suivant les promesses réitérées que m'en donnais le commandant. Il s'est servi de moi et de mon élève pour ses relations avec les chinois, il s'est fait accompagner de mon élève à Nankin où il est allé sur une petite jonque, et ce n'est que deux jours après son retour que j'ai clairement compris que le commandant français cherchait en moi un interprète dont il avait besoin, bien résolu à le renvoyer dès qu'il ne lui serait plus nécessaire : bonnne recommandation pour les navires de guerre.

…

Pendant que notre frégate se balançait majestueusement à Wo-song, saluant tantôt l'embouchure du fleuve et tantôt la source au gré du flot qui monte ou qui descend ; la flotte anglaise était à Nankin et l'Empereur, voyant son impuissance et sentant sa faiblesse, avait jugé à propos de lui envoyer son oncle accompagné d'un commissaire

다. 그러므로 여기서는 간단히만 다시 말씀드리겠습니다. 저는 5월 11일부터 6월 21일까지 주산에 체류하였습니다. 라자로회 선교사인 다니쿠르 신부는 중국인 사제 한 명과 함께 이 섬에 정착하였습니다. 예수회 대표 신부님도 그날까지 그곳에 머무셨으며 다른 사람들은 7월에 강남으로 들어갔습니다. 6월 27일 에리곤호가 남경의 강, 즉 양자강(揚子江) 하구에 정박하였는데, 거기에는 영국 함대가 집결해 있었습니다. 저는 거기서 두 달 반을 머물렀습니다. 프리깃함에 거주한 것입니다. (세실) 함장의 거듭된 약속에 따라 이 프리깃함이 저를 조선에 데려다주기를 기대하며 참고 견디면서 말입니다. 함장은 중국인들과 연락하는 데에 저와 제 학생을 이용하였고, 작은 정크선을 타고 남경으로 갈 때는 제 학생을 대동하고 갔습니다. 그가 돌아온 지 이틀 만에 저는 이 프랑스인 함장이 제게서 찾는 것은 자기에게 필요한 통역인이며, 그 통역인이 더 이상 필요하지 않으면 즉시 돌려보내리라는 것을 명백히 깨달았습니다. 전함에는 훌륭한 권고이지요.

…[중략]…

오송에서 우리 프리깃함이 물결치는 대로 때로는 강의 하구를 향해, 때로는 상류를 향해 인사하며 위풍당당하게 일렁이고 있는 동안 영국 함대는 남경에 있었습니다. 무능함과 무력함을 느낀 황제는 대사에게 강화조약을 제안하는 임무를 맡기고 그와 함께 자신의 숙부를 파견하기로 하였습니다. 교섭은 오래 걸리지 않았고 강화조약(남경조약)[16]은 8월 29일에

---

16 남경조약(南京條約) : 1840년에 제1차 중·영전쟁이 발발하여 중국이 패하고, 1842년 체결된 조약. 남경조약의 주요 내용은 홍콩을 영구 할양할 것, 상해(上海)·영파(寧波)·복주(福州)·하문(廈門)·광주(廣州) 등 5개의 항구 개항, 전비 배상금(戰費賠償金) 1,200만 달러와, 몰수당한 아편의 보상금 600만 달러 지불, 공행(公行)과 같은 독점 상인 폐지 등이었다.

impérial chargés[chargé] de faire des propositions de paix. Les négociations n'ont pas été longues et la paix a été conclue le 29 août. Vous en savez les principaux articles : six ports ouverts au commerce, Hong-kong propriété anglaise, 21 millions de piastres pour les frais de guerre. On m'a dit que l'Amérique et la France avaient été spécialement désignées pour la liberté de commerce.

Durant cet intervalle est arrivée le 27 août la Favorite, corvette française, ayant à son bord Mr de la Brunière et un élève coréen : elle se hâte de remonter jusqu'à Nankin et mon cher confrère vint me rejoindre sur l'Erigone en attendant qu'il puisse trouver une jonque pour le Leaotong. Un courrier chinois qui l'accompagnait descend à Chanhai où il connaissait des chrétiens. Douze jours après l'Erigone se dispose à appareiller, le courrier n'est pas revenu et n'a donné aucune nouvelle, nous nous trouvons fort embarrassés. Le Commandant me promet de passer sur la côte de Corée et je suis décidé à rester avec lui. Mr de la Brunière descend chez un payen que je connaissais, chacun se remet entre les mains de la divine providence.

Le lendemain 11 7bre la frégate commençait à mettre à la voile lorsque le Commandant me dit : [«] Nous allons retourner à Manille.
— Vous passerez du moins sur les côtes de Corée? — Je n'y passerai

체결되었습니다. 주요한 조항들은 아실 것입니다. 즉 6개 항의 개항,[17] 홍콩은 영국의 소유, 전쟁비용(배상금)은 2,100만 피아스터입니다. 교역의 자유를 위해 미국과 프랑스가 특별히 지명되었다고 합니다.

그러는 사이 프랑스 군함 파보리트호가 드 라 브뤼니에르 신부와 조선 학생 한 명을 태우고 8월 27일에 도착하였습니다. 파보리트호는 남경까지 급히 거슬러 올라갔고, 드 라 브뤼니에르 신부는 에리곤호로 와서 저와 합류하였는데 그는 요동으로 가는 정크선을 구할 때까지 함께 있을 것입니다. 그와 동행한 중국인 연락원[18]은 자신이 아는 교우들이 있는 상해에서 내렸습니다. 12일 후 에리곤호는 출항을 준비하였습니다. 연락원이 돌아오지 않았고 아무 소식도 보내지 않았기에 우리는 매우 곤란한 상태였습니다. 함장은 조선 해안을 지나기로 저에게 약속하였고 그래서 저는 그를 따르기로 결정했습니다. 드 라 브뤼니에르 신부는 제가 아는 어느 외교인 집으로 갔고, 각자 하느님 섭리의 안배에 맡기기로 하였습니다.

다음 날인 9월 11일 프리깃함(에리곤호)이 출항 준비를 시작하였고, 그때 함장이 저에게 말했습니다. "우리는 마닐라로 돌아갑니다." "적어도 조선 해안은 지나갑니까?" "바람이 그쪽으로 밀지 않는 한 그곳을 지

---

17 '6개 항'이 아니라 '5개 항구'였다.
18 중국인 신학생인 범(范) 요한을 말한다. 범 요한은 사천성에서부터 앵베르 주교를 보좌했다. 앵베르 주교는 그를 류큐(琉球)의 전교 회장에 추천했지만, 파견되지는 않았다. 범 요한은 조선으로 가는 페레올 주교와 동행했고, 주교의 지시에 따라 만주 대목구 지역과 조선의 국경 지역을 오가는 역할을 맡았다.

qu'autant que le vent m'y poussera, au premier moment que je pourrai faire route vers Manille j'en profiterai. – Vous m'avez trompé, je demande à débarquer à l'instant.[»] Cinq minutes après, j'étais avec mon élève sur une barque chinoise, et pendant que l'Erigone descendait fièrement le fleuve, le pauvre missionnaire allait gaiement chercher chez un payen l'hospitalité qu'il ne trouvait plus chez nos généreux et philantropes navigateurs.

Jugez, bien cher Monsieur Albrand, qu'elle fut la surprise de Mr de la Brunière, il ne savait expliquer mon apparition avec armes et bagages. Deux malheureux se consolent facilement, et nous ne tardâmes pas à d'éprouver que la divine providence se rapproche de nous à mesure que les hommes s'en éloignent, et qu'elle nous soutient lorsqu'ils nous abandonnent. Mon confrère recevait à ce moment une lettre de Mgr de Bési v. ap. du Chantong, administrateur du Kiannan où il habite et lui envoyait une barque pour le conduire à sa demeure.

Il m'a fait de même à mon égard, et après être resté cinq jours chez mon brave payen qui, j'espère, deviendra bientôt un fervent chrétien, je suis remonté sur un navire anglais, où Mgr m'a envoyé une barque le 17 7bre et je suis venu grossir la réunion des missionnaires du Kiannan qui sont à ce moment fort tranquilles de la part des mandarins. Après un séjour de deux semaines dans la mission du Kiannen aux environs de Chanhai, Mgr nous a procuré une jonque pour le Léaotong, et nous monterons à bord durant la nuit de S. Rosaire aux St anges gardiens. Dieu nous soit en aide!

…

나지 않을 겁니다. 마닐라로 향할 수 있을 때가 오는 대로 그때를 이용할 것입니다." "당신은 나를 속였군요. 즉시 하선시켜 주십시오." 5분 후, 저는 저의 학생과 함께 중국 배 위에 있었습니다. 에리곤호가 거만하게 강을 내려가는 동안 이 불쌍한 선교사는 우리의 관대하고 박애주의적인 항해자들한테서는 이제 더 이상 얻을 수 없는 숙식을 구하러 한 외교인의 집으로 유쾌하게 갔습니다.

　알브랑 신부님, 드 라 브뤼니에르 신부가 얼마나 놀랐을지 상상해 보십시오. 그는 제 물건을 전부 싸 들고 나타난 저를 보고 할 말을 잃었습니다. 가엾은 우리 둘은 곧잘 서로를 위로하였으며, 사람이 떠나갈수록 하느님의 섭리는 우리에게 다가오고 사람이 우리를 저버릴 때 섭리는 우리를 지탱한다는 것을 곧 깨달았습니다. 그때 제 동료 (드 라 브뤼니에르) 신부는 산동 대목구장이자 남경교구장 서리인 베시 주교님으로부터 편지 한 통을 받았습니다. 베시 주교님은 남경에 살고 계셨는데 드 라 브뤼니에르 신부를 당신 거처로 데려오기 위해 배를 한 척 보내셨습니다.

　베시 주교님은 저를 위해서도 같은 조처를 해주셨습니다. 저의 착한 외교인—바라건대 그는 곧 열심한 교우가 될 것입니다.—의 집에서 닷새를 지낸 후 저는 영국 배에 다시 올랐는데 그곳으로 (베시) 주교님께서 9월 17일에 배 한 척을 보내 주셨습니다. 저의 합류로 깅남 선교사 수가 늘어났습니다. 이들은 현재 관원들로부터 (시달림 없이) 매우 평온하게 지내고 있습니다. 상해에서 멀지 않은 이 강남 포교지에서 보름을 지내고 나니 베시 주교님께서 우리에게 요동으로 가는 정크선 한 척을 마련해 주셨습니다. 우리는 로사리오 축일에서 수호천사 축일로 넘어가는 날 밤에 배에 오를 것입니다. 하느님께서 우리를 도와주시기를!

　…[이하 생략]…

④ Extrait d'une lettre de Mr Maistre à Mr Libois
(AMEP vol. 579 ; ff. 175~176)

TsangKalo, le 3 Octobre 1842
Reçue le 4 Novembre

Monsieur et très cher Procureur,

Je dois dans deux jours monter avec Mr de la Brunière et nos élèves sur la jonque qui promet de nous conduire promptement au Leaotong. Nous avons reçu de Mgr de Bési un accueil au-dessus de tout ce que je puis vous dire : il nous a envoyé des barques pour nous prendre sur le navire anglais, nous a logé chez lui d'abord, puis, afin d'éviter une trop grande réunion d'européens sur le même point, il a adjoint Mr de la Brunière au P. Estève et je suis allé avec André visiter plusieurs chrétientés accompagné du P. Gottland. Durant ce temps Mgr s'occupait de nous trouver une jonque, et le 26 7bre il nous a fait annoncer une jonque chrétienne qui s'estime fort heureuse de porter des missionnaires. Fan est allé à Chanhai pour disposer et faire transporter nos effets sur cette nouvelle demeure, et le maître de la

④ 메스트르 신부가 리브와 신부에게 보낸 서한

- 발신일 : 1842년 10월 3일
- 발신지 : 강남, 장가루
- 수신인 : 리브와 신부
- 출   처 : AMEP vol. 579, ff. 175~176

1842년 10월 3일, 장가루
11월 4일 수신

친애하는 대표 신부님께,

이틀 후 드 라 브뤼니에르 신부와 우리 (조선) 학생들과 함께 우리를 요동으로 데려다주기로 약속한 배에 오르기로 되어 있습니다. 우리는 베시 주교님으로부터 이루 말할 수 없는 환대를 받았습니다. 그분은 영국 배에 있던 우리를 태워 갈 배를 보내 주셨고, 우선 우리를 그분의 집에 묵게 하셨다가 그 후 같은 장소에 서양인들이 너무 많이 모이는 것을 피하기 위해 드 라 브뤼니에르 신부를 에스테브(Estève) 신부님에게 붙여 주셨습니다. 그리고 저는 (김대건) 안드레아와 함께 고틀랑 신부님을 따라 여러 교우촌을 방문하러 다녔습니다. 그러는 동안 주교님은 우리를 위해 정크선 한 척을 물색하셨습니다. 9월 26일 주교님께서 우리에게 알려주시길 교우의 정크선 한 척이 있는데 매우 다행히도 선교사들을 태울 생각이라고 하였습니다. 범(요한)은 우리 짐을 정리해서 이 새로운 거처로 옮기기 위해 상해로 갔고, 정크선 주인은 10월 4일에서 5일 사이에 출발

jonque nous a annoncé qu'il mettrait à la voile du 4 au 5 8bre.

Mr de la Brunière n'a pu tirer parti du piastres américaines, il vous en renvoie trois mille par la Favorite, et comme les besoins de la Corée seront probablement trop pressant pour attendre un nouvel envoi, j'en ai retenu 900, les cent autres ont été dépensés par Mr de la Brunière ; il a reçu de Mgr de Bési mille taels qu'il vous prie de lui renvoyer à la première occasion ; vous pourrez envoyer par la même voie de l'argent pour le Léaotong et la Corée ; et Mgr veut bien se charger de faire tout parvenir à Mgr Verrolles. Ainsi nos communications commenceront à se simplifier jusqu'à ce que nous puissions les établir plus directement sur les côtes de Corée.

…

J'ai habité quelques jours la maison où Mr de Faivre tenait ses élèves. Mgr se propose d'établir provisoirement un petit Séminaire près de la ville de Chanhai ; j'ai visité la maison où il doit fixer sa résidence à un quart d'heure de la ville.

…

할 것이라고 우리에게 알려 왔습니다.

　드 라 브뤼니에르 신부는 아메리카 피아스터를 쓰지 못했습니다. 그는 파보리트호를 통해 3,000 아메리카 피아스터를 신부님께 돌려보냅니다. 그리고 다음번 지원금을 보내 주실 때까지 기다리기에는 조선(선교지)에 필요한 것들이 필시 너무 절박할 것이기에 제가 그중에서 900피아스터를 뺐습니다. 나머지 100피아스터는 드 라 브뤼니에르 신부가 썼습니다. 그는 베시 주교님으로부터 1,000테일을 받았는데, 신부님께서 기회가 닿는 대로 주교님께 그 돈을 돌려보내 주시기를 청합니다. 요동과 조선에 보내시는 돈도 같은 방법으로 보내 주시면 됩니다. 베시 주교님께서는 모든 것을 기꺼이 맡아서 베롤 주교님께 보내고자 하십니다. 따라서 조선 해안에 보다 직접적인 연락망을 갖추게 될 때까지 우리의 연락망은 간략해지기 시작할 것입니다.

　…[중략]…

　저는 페브르(Faivre) 신부가 그의 학생들을 가르치는 집에서 며칠을 묵었습니다. 베시 주교님은 상해 근처에 임시로 소신학교를 세울 계획을 갖고 계십니다. 저는 그 집을 방문했는데 주교님은 시내에서 15분 걸리는 그곳을 당신의 거처로 정할 예정이십니다.

　…[이하 생략]…

⑤ **Extrait d'une lettre de Mr Maistre à Mr Libois**
(AMEP vol. 579 ; ff. 177~179)

Léaotong, le 14 Nov^{bre} 1842

Reçue le 9 8bre 1843

Monsieur et très cher Procureur,

Je ne puis encore vous annoncer mon entrée en Corée quoique je ne sois éloigné que de trois journées de la frontière. Le courrier Tchen Joachin est revenu le 7 9bre de Pienmen où il a passé 18 jours à attendre inutilement quelque chrétien : aucun ne paraît. Il ose à peine interroger les payens sur les affaires de religion, et ils se montrent eux-mêmes très réservés sur cette matière, ne parlant qu'avec ambiguité, réticence et un mystérieux secret. On peut conclure d'après leurs réponses que depuis quatre ans la persécution est devenue plus

⑤ 메스트르 신부가 리브와 신부에게 보낸 서한

· 발신일 : 1842년 11월 14일

· 발신지 : 요동[19]

· 수신인 : 리브와 신부

· 출　처 : AMEP vol. 579, ff. 177~179

1842년 11월 14일, 요동

1843년 10월 9일 수신

친애하는 대표 신부님,

(조선) 국경에서 3일밖에 걸리지 않는 거리에 와 있는데도 저는 아직 신부님에게 조선 입국을 알리지 못하고 있습니다. 밀사 천 요아킴이 11월 7일에 변문에서 돌아왔습니다. 그는 거기서 어느 교우를 18일 동안 부질없이 기다렸습니다. 아무도 오지 않았답니다. 그는 외교인들에게 간신히 종교 일에 관해 물어보았습니다. 그러자 그들은 이런 종류의 문제에 대단히 조심스러운 모습을 보였고, 망설이며 모호하게 그리고 비밀스러운 수수께끼처럼 이야기하였습니다. 그들의 대답으로 결론을 지어 본다면, 4년 전부터 박해는 더욱 가혹해졌고 300여 명의 교우가 신앙 때문

19　이에 앞서 김대건 일행은 10월 22일 요동반도의 남단인 태장하(太莊河, 지금의 요녕성 장하시)에 도착하였고, 25일에는 백가점(白家店)의 두(杜, 요셉) 회장 집에 유숙하였다. 최양업(토마스)은 11월 3일 드 라 브뤼니에르 신부와 함께 개주(蓋州)의 양관(陽關) 교우촌으로 떠났다.

violente, qu'environ 300 chrétiens ont été mis à mort pour cause de religion, et que deux étrangers, dont l'un savait très bien parler et écrire le chinois, ont pareillement été saisis et mis à mort. Ces indices désignent assez clairement Mgr Imbert.

…

Il faut du moins attendre disent les autres ; le temps amènera plus de sûreté ; mais nous attendons en vain depuis quatre ans, et nous n'apercevons qu'un triste silence mêlé de bruits confus de mort et de persécution, il faut envoyer un élève d'abord qui prépare les voies, mais ce jeune homme âgé de 20 ans, sera obligé de faire seul 20 journées de route au milieu des glaces et des déserts ; exposé aux voleurs, aux satellites, aux bêtes féroces qui, dit-on, sont nombreux, il ne pourra nous envoyer une réponse qu'au mois de mars, l'entrée alors sera bien plus difficile, nous n'aurons pas les ponts de glace pour traverser les rivières, les routes seront plus fréquentées… etc. et encore trouveroit-il aisément quelqu'un qui veuille nous introduire? Le plus facile et même le plus sûr moyen est donc d'entrer à ce moment, et si le Seigneur me fait la grâce d'arriver heureusement comme je l'espère de son infinie miséricorde, je songerai aux moyens d'introduire plus sûrement Mgr Ferréol ; ainsi, Dieu aidant, notre petit troupeau ne périra pas entièrement.

…

Je ne vous ai rien dit de notre descente au Léaotong ; elle n'a rien eu de remarquable si ce n'est le niais impéritie du courrier Fan, lequel tremblant de peur est allé se blottir dans la maison du catéchiste

에 죽임을 당했으며, 외국인 2명이—한 명은 중국어를 매우 잘 말하고 쓸 줄 안다고 합니다.—마찬가지로 잡혀서 죽임을 당했다는 것입니다. 이러한 단서들은 상당히 명확하게 앵베르 주교님을 가리키고 있습니다.

…[중략]…

적어도 다른 사람들이 하는 말도 기다려봐야 합니다. 시간이 지나면 더 확실해지겠지요. 하지만 우리는 4년째 보람없이 기다리고만 있고, 우리가 알게 되는 것은 죽음과 박해의 소문이 섞인 슬픈 침묵뿐입니다. 우선 학생 한 명을 보내 길을 준비하게 해야 합니다. 그러나 이 스무 살의 젊은이는 강도와 포졸과 그 수가 상당하다는 맹수를 만날 위험에 노출된 채 빙판과 황야 한복판을 20일 동안 혼자서 가야 합니다. 그는 3월이나 되어야 우리에게 답장을 보낼 수 있는데, 그때는 (우리의) 입국이 더욱 어려워질 것입니다. 강을 건널 얼음 다리가 사라지고 길에 다니는 사람도 더 많아질 것이기 때문입니다. 그리고 우리를 데리고 들어가려는 사람을 그가 찾을 수 있을까요? 그러므로 가장 쉽고 확실한 방법은 지금 입국하는 것입니다. 만일 주님께서 무한한 자비를 베푸시어 제가 바라는 바대로 저를 무사히 도착하게 해주시면 저는 페레올 주교님을 더 안전하게 입국시킬 방법을 생각해 보겠습니다. 그렇게 하느님께서 도우시면 우리의 작은 양 떼가 모두 없어지지는 않을 것입니다.

…[중략]…

우리가 요동에 상륙한 것에 관해 신부님께 말씀드리지 않았군요. 범(요한)의 무능함 말고 특별한 것은 아무것도 없었습니다. 그는 두려움에 벌벌 떨며 회장의 집에 가서 숨었고, 아주 안전한 곳에 갈 때 말고는 외

d'où il n'est plus sorti que pour aller dans des endroits plus sûrs. Le 25 8bre est venu à notre jonque le brave Teau qui s'est chargé de nous et de nos effets ; vers midi nous avons passé devant la douane accompagnés de deux matelots ; les satellites surpris d'abord de nos visages étranges pour le pays, se sont contentés de notre obstiné silence : une charette[charrette] attelée de quatre chevaux nous a conduit à la maison de notre bon Joseph Teau où nous sommes arrivés à 8h du soir : deux jours après il est arrivé lui-même avec tous nos effets qui n'ont pas été ouverts. La veille de Toussaint Mr de la Brunière s'est séparé de moi pour aller à deux journées de distance avec Thomas et Jean Fan. Il se trouve fort bien chez ces braves gens, nous avons eu jusqu'ici une correspondance facile. Le 9 9bre Fan est allé au devant de Mgr Verrolles qui doit être aux environs de Mukden. J'espère voir S.G. ou recevoir ses nouvelles avant mon départ pour Corée qui n'aura lieu qu'à la fin de X^bre. Nous n'avons pas de nouvelles de Mgr Ferréol qui est probablement aux environs de Kilin.

Pour moi je suis fidèle au même poste depuis notre arrivée. Joseph Teau m'a procuré une maisonette où je suis logé avec mon élève, une chambre de 12 pieds de long sur 10 de large, qui a la terre pour parquet, et des nattes pour plafond, nous sert de chambre à coucher, de réfectoire, de cabine d'étude et d'oratoire, tous les jours j'ai la consolation d'y offrir le divin sacrifice. Ne nous plaignez point, mon bon Procureur, rien ne nous manque, nos excellents voisins ont

출하지 않습니다. 10월 25일에 우리와 우리 짐을 책임진 착한 두(요셉) 씨가 우리 정크선으로 왔습니다. 정오경에 우리는 사공 2명을 동반하고 세관(관문) 앞을 지났습니다. 처음에 포졸들은 그 지역에서는 낯선 우리 얼굴에 놀랐으나 우리의 고집스러운 침묵에 만족하였습니다. 사륜 수레가 우리를 두 요셉의 집으로 데려갔는데, 저녁 8시에 그곳에 도착하였습니다. 두 요셉은 이틀 후 우리의 모든 짐을 가지고 도착하였고 짐은 열려 있지 않았습니다. 모든 성인의 날 대축일 전날, 드 라 브뤼니에르 신부는 저와 헤어져 최(양업) 토마스와 범 요한과 함께 걸어서 이틀이 걸리는 곳으로 갔습니다. 그는 그 좋은 이들 집에서 매우 잘 지내고 있으며 우리의 연락은 지금까지 수월했습니다. 범(요한)은 봉천 부근에 계실 베롤 주교님을 마중하러 갔습니다. 저는 12월 말에나 가능할 조선으로의 출발 이전에 주교님을 뵙거나 아니면 주교님의 소식을 듣게 되기를 바랍니다. 페레올 주교님으로부터는 소식이 없는데, 필시 길림 부근에 계실 것입니다.

저는 도착한 이후로 같은 자리에 변함없이 있습니다. 두 요셉이 제게 작은 집 한 채를 얻어 주어서 저는 제 학생(김대건)과 함께 거처하고 있습니다. 길이가 12피에(약 3.9m),[20] 너비가 10피에(약 3.2m)짜리 방 하나인데 바닥은 흙으로, 천장은 거적으로 되어 있습니다. 이 방은 우리의 침실, 식당, 공부방, 경당으로 쓰이며 저는 매일 여기서 미사를 올리며 위안을 얻습니다. 그러니 친애하는 대표 신부님, 우리를 전혀 가엾게 여기지 마십시오. 우리는 부족한 것이 없습니다. 우리의 훌륭한 이웃들이 우

---

20 피에(pied) : 옛 길이 단위로 1피에는 약 32.4cm.

orné notre cellule de deux vases de marguerites, une cage avec son oiseau a été suspendue à notre plafond, ils ont placé des fleurs sur notre autel et tapissé les murailles de papier presque jaune, ils font l'imaginable pour embellir notre petite retraite ; ils viennent fréquemment nous visiter et passer les soirées avec nous, l'un apporte dans sa manche une poignée de poires sauvages, un autre quelques petits fruits rouges qui croissent sur les épines, soigneusement enveloppés dans son mouchoir de nez, soit torchon, une autre fois ce sont des châtaignes de très bon goût, des patates douces qu'on mange froides ⋯ etc. après les compliments d'usage ils s'assoient sur un petit banc, mangent avec nous ces petites friandises, fument la pipe et boivent le thé. Tout cela me plaît beaucoup ; mais je serai bien plus content d'aller en Corée où je rencontrerai moins de jouissances corporelles et plus de spirituelles.

Vous enverrez à Chanhai par les navires anglais ce qui sera destiné au Léaotong et à la Corée, ainsi que je vous le marquai du Kiannan. Vous pouvez en toute assurance le faire remettre au chrétien Lo dont je vous donne ci-jointe l'adresse, ainsi que celle de Mgr de Bési à qui Lo enverra vos lettres. Ce chrétien est un riche négociant qui mérite toute confiance au témoignage de Mgr. Nous enverrons du Léaotong un courrier à Chanhai sur la fin de mai, et ainsi les relations seront faciles. Si vous n'avez pas acheté la montre que Mr. de la Brunière vous a demandée en échange de celle qu'il m'a laissée, ne l'achetez pas, on m'a dit que Mgr Verrolles a quatre montres pour Corée, il en prendra une de celles-là.

리의 작은 방을 데이지꽃 화병 두 개로 꾸며 주었습니다. 새 한 마리가 들어 있는 새장도 천장에 매달려 있습니다. 그들은 제대에 꽃을 올려두었고 노란빛이 도는 종이로 벽을 발라 주었습니다. 그들은 우리의 작은 피신처를 장식하기 위해 최선을 다하고 있습니다. 또 그들은 자주 우리를 만나러 와서 같이 저녁나절을 보냅니다. 누구는 돌배 한 움큼을 소맷자락에 넣어 가져오고 또 누구는 가시나무에 달리는 작은 빨간 과일들을 코 푸는 손수건이나 행주에 조심스럽게 싸서 가져옵니다. 지난번에는 매우 맛 좋은 밤, 차게 먹는 고구마 등을 가져왔습니다. 의례적인 인사말을 한 후에 그들은 작은 의자에 앉아서 우리와 함께 이 작은 간식들을 먹고 담배를 피우고 차를 마십니다. 이 모든 것이 아주 마음에 듭니다만, 저는 조선에 가는 게 훨씬 더 기쁠 것입니다. 거기서 육체적으로는 덜 만족할지 모르지만 영적으로는 더 만족하게 될 것입니다.

제가 강남에서 말씀드렸던 것처럼 요동과 조선으로 보낼 것은 영국 배에 실어 상해로 보내 주십시오. 제가 베시 주교님의 주소와 함께 교우 로 씨의 주소를 여기에 동봉해 보내니, 안심하시고 그 교우에게 그것들을 맡기십시오. 로 씨가 신부님의 편지를 베시 주교님께 보낼 것입니다. 이 교우는 부유한 상인인 듯한데, 주교님의 증언에 따르면 그는 믿을 만한 사람입니다. 우리는 5월 말에 요동에서 상해로 연락인을 보낼 것인데 그러면 연락이 쉬워질 것입니다. 드 라 브뤼니에르 신부가 제게 자기 시계를 넘기는 대신 신부님께 청한 시계를 아직 사지 않으셨다면 사지 마십시오. 베롤 주교님께서 조선에 줄 시계 4개를 갖고 계신다고 하니 그가 그중 하나를 가지면 됩니다.

Priez pour moi, priez pour ma Corée. Adieu à Mr. Guérin. Mes hommages à M. le Colonel s'il est à Macao.

Votre très humble Ser.

Maistre, Miss. Ap.

저를 위해 기도해 주시고, 저의 조선을 위해 기도해 주십시오. 게랭 신부님께 작별 인사 전해 주십시오. 대령께서 마카오에 계신다면 인사 전해 주십시오.

당신의 미천한 종,
교황 파견 선교사 메스트르

3. Contacts avec des chrétiens coréens et recherche de routes pour entrer en Corée

① Extrait d'une lettre de Mr Ferréol à Mr Legrégeois
(AMEP vol. 577 ; ff. 707~709)

Mongolie 20 Février 1843
Reçue le 29 Fév. 1844
Répondue le 29 Avril 44

Monsieur et très cher Confrère,

…

La Corée a enfin parlé, mais c'est pour annoncer ses désastres, qui n'étaient, hélas que trop prévus. Quand la tête de nos chers confrères fut tombée sous la hâche des bourreaux, on cessa d'immoler les chrétiens. Ceux-ci se remirent peu à peu et leur frayeur s'étant un peu rassurée, ils envoyèrent à la frontière un courrier qui mourut en

3. 조선 교우들과의 접촉과 조선 입국로 탐색

① 페레올 주교가 르그레즈와 신부에게 보낸 서한

- 발신일 : 1843년 2월 20일
- 발신지 : 몽골
- 수신인 : 르그레즈와 신부
- 출 처 : AMEP vol. 577, ff. 707~709

1843년 2월 20일, 몽골
1844년 2월 29일 수신
1844년 4월 29일 회신

친애하는 신부님께,

…[중략]…

조선이 마침내 입을 열었습니다. 그러나 슬프게도 그것은 너무나 예견되었던 재앙을 알리기 위한 것이었습니다. 우리의 소중한 동료 신부들의 목이 형리들의 도끼에 잘려 떨어지자 (조선 정부는) 교우들을 희생시키기를 멈추었습니다.[21] 교우들은 점차 다시 자리를 잡았고 공포심이 약간 사라지자 국경에 밀사 한 명을 보냈는데 그는 도중에 사망하였습니다.

---

21   1839년에 일어난 기해박해(己亥迫害)를 설명한 것이다.

route ; l'année suivante, ils en envoyèrent un second qui n'eut pas le bonheur de rencontrer les courriers chinois ; enfin en décembre de 1842 la Providence voulut qu'André reconnût comme par miracle, sur la route de Pékin, à quelque distance de Pien-Men, son conpatriote François Kin, porteur des lettres de nos chers martyrs.

…

Mr Maistre heureusement arrivé sur les côtes du Leaotong, voulait avant la 11e lune, de concert avec André, l'un et l'autre déguisé en mendiant, pénétrer dans la Corée. Mgr Verrolles qui se trouvait là-bas sur les lieux improuva ce projet qu'il ne trouva pas assez réfléchi. André emporté par son ardeur bouillante et contre l'avis de François Kin qu'il avait déjà vu, voulut tenter l'aventure.

…

Thomas est ici dans le nord avec moi ; il continue sa théologie. Il est d'une vie très régulière. S'il avait un an de plus, peut-être serait-il bon de l'ordonner cette année. André est dans le Midi avec Mr Maistre. Ils se concerteront avec François Kin à son retour de Pékin pour aviser aux moyens à prendre pour notre introduction.

…

이듬해 두 번째 밀사를 보냈지만 그는 중국 밀사들을 만나지 못했습니다. 마침내 1842년 12월 하느님의 섭리로 (김대건) 안드레아는 변문에서 얼마 떨어지지 않은 곳에서 우리의 소중한 순교자들의 편지를 지니고 북경으로 가던 중인 조선인 김 프란치스코[22]를 기적적으로 알아보았습니다.

…[중략]…

요동 해안에 무사히 도착한 메스트르 신부는 음력 11월 이전에 안드레아와 함께 둘 다 걸인으로 변장하고 조선에 입국하려 하였습니다. 그 자리에 계셨던 베롤 주교님은 그 계획이 충분히 심사숙고되지 않은 것으로 생각하시어 찬성하지 않으셨습니다. 안드레아는 끓어오르는 열정으로, 그가 이미 만난 김 프란치스코의 의견과는 반대로 모험을 시도하고자 하였습니다.

…[중략]…

최(양업) 토마스는 이곳 북쪽에서 저와 함께 있습니다. 그는 신학 공부를 계속하며 매우 규칙적인 생활을 하고 있습니다. 그가 한 살만 더 먹었더라면 금년에 서품될 수 있었을 것입니다. 안드레아는 남쪽에서 메스트르 신부와 같이 있습니다. 그들은 북경에서 돌아오는 김 프란치스코와 함께 우리를 조선에 입국시킬 방법을 찾아볼 것입니다.

…[이하 생략]…

---

22 조선 교회의 밀사로 기해박해 이전부터 성직자 영입을 위해 노력하였다. 1836년 1월, 정하상 등과 함께 모방 신부를 영접하였다. 기해박해 후에는 거의 매년 중국을 왕래하였고, 1842년 12월에 변문에서 김대건을 만났다. 그 후에도 프란치스코는 1844년에 만주로 와서 봉천(奉天)에 있던 페레올 주교를 만났고, 그해 말에는 김대건 부제를 조선으로 영입하였다.

② Extrait d'une lettre de Mʳ Maistre à Mʳ Libois
(AMEP vol. 579 ; ff. 185~187)

Léaotong, le 1ᵉʳ Mars 1843
Reçue le 9 8ᵇʳᵉ 1843

Monsieur et bien cher Procureur,

Ainsi que je vous l'annonçai dans ma dernière lettre, tout était prêt pour mon entrée en Corée, et je me disposais à partir avec André couverts l'un et l'autre de pauvres haillons, lorsque Mgr Verrolles arrivé près de Kaitchou, à deux journées de ma retraite, m'a fait appeler auprès de lui et a jugé ce projet peu conforme aux règles de la prudence. Il a alors été résolu qu'André irait seul explorer d'abord l'état de cette Mission désolée, et sonder les dispositions de ses frères tandis que j'attendrais son retour pour le commencement d'avril.

Parti le 23 Xᵇʳᵉ avec deux courriers notre jeune homme a rencontré sur la route à deux lieues de Pienmen les députés coréens allant à Pékin, formant une caravane fort nombreuse. La curiosité l'a porté à accoster un de ses compatriotes ; et la divine providence a voulu

② 메스트르 신부가 리브와 신부에게 보낸 서한

· 발신일 : 1843년 3월 1일
· 발신지 : 요동
· 수신인 : 리브와 신부
· 출   처 : AMEP vol. 579, ff. 185~187

1843년 3월 1일, 요동
1843년 10월 9일 수신

친애하는 대표 신부님께,

지난번 편지에서 말씀드린 대로 조선 입국 준비를 다 끝내고 안드레아와 누더기를 걸치고 둘이 막 떠나려 했을 때, 제 은신처에서 이틀 거리인 개주(蓋州) 근방에 도착하신 베롤 주교님께서 저를 부르셨습니다. 주교님은 제 계획이 신중함의 원칙에 부합하지 않는다고 판단하셨습니다. 그래서 주교님은 우선 (김대건) 안드레아 혼자 가서 안타까운 이 (조선) 포교지의 상황을 탐색하고 교우들의 분위기를 살피고, 저는 4월 초 그의 귀환을 기다리는 것으로 결정하셨습니다.

12월 23일 2명의 밀사와 함께 떠난 우리의 젊은이(김대건 안드레아)는 변문에서 2리외(8㎞) 떨어진 곳에서 대규모로 북경으로 가는 조선 사절단을 만났습니다. 호기심에서 안드레아는 그중 한 명에게 말을 걸기 위해 다가갔습니다. 그런데 하느님의 안배로, 그는 그토록 오래 기다려온 조

qu'il s'adressa précisément à un courrier X^{ien} chargé des lettres de Corée attendues depuis si longtemps. Les nouvelles de cette infortunée Mission ne pouvaient être plus désolantes, le loup infernal est entré dans le bercail, il a égorgé les Pasteurs et dispersé le troupeau. Ainsi que vous le lirez dans les relations que doit vous envoyer Mgr Verrolles, Mgr Imbert et nos deux chers confrères ont été mis à mort au mois de 7bre 1839 et avec eux environ 200 chrétiens.

…

Depuis 1839 trois courriers ont été envoyés de Corée à la frontière, le premier, dit-on, est mort en route, le second ne s'est pas rencontré avec les courriers chinois, et le troisième est aujourd'hui découvert d'une manière toute providentielle, sur une grande route au milieu d'environ 300 payens.

…

Après l'heureuse rencontre du courrier coréen, mon André aurait fait sagement de ne pas aller plus loin et je lui avais bien recommandé d'attendre s'il voyait des chrétiens et de m'en donner aussitôt avis ; mais emporté par son ardeur, il n'a pas réfléchi, et il est allé imprudemment affronter les premiers dangers. Son St. ange qui l'avait si visiblement protégé dans les premiers pas, me l'a heureusement ramené le 6 janvier, après 14 jours d'absence. Il avait pu franchir la porte coréenne, et avait voyagé durant toute une nuit sur cette terre malheureuse lorsque soupçonné et accusé de n'être pas coréen, menacé même d'être livré aux mandarins, il a jugé à propos de reprendre la route de Leaotong et de revenir à ma petite retraite.

선의 서한을 가지고 있던 바로 그 밀사에게 말을 걸게 되었습니다. 그러나 이 불운한 포교지의 소식은 더할 수 없이 슬펐습니다. 사악한 이리가 양의 우리에 침입하여 목자를 죽이고 양 떼를 흩어놓았던 것입니다. 베롤 주교님께서 신부님께 보내실 보고서에서 읽게 되시겠지만, 앵베르 주교님과 소중한 우리 2명의 동료 신부가 1839년 9월에 처형되었습니다. 그들과 함께 약 200명의 교우도 처형되었습니다.

…[중략]…

1839년 이후로 3명의 밀사가 조선에서 국경으로 파견되었는데, 첫 번째 밀사는 도중에 죽었다고 하고 두 번째 밀사는 중국인 밀사들을 만나지 못했습니다. 세 번째 밀사를 바로 이번에 큰길에서 300여 명의 외교인들 가운데서 온전히 하느님의 섭리로 발견하게 된 것입니다.

…[중략]…

안드레아는 조선인 밀사를 반갑게 만나고 나서 더 전진하지 않는 것이 현명했을 것입니다. 저는 그에게, 교우들을 만나면 즉시 제게 알리고 기다리라고 당부했습니다. 그러나 그는 열성에 사로잡혀 숙고하지 않고 경솔하게 초반의 위험에 맞서려 하였습니다. 수호천사가 첫걸음에서 그를 아주 분명하게 보호해 주어 그는 1월 6일, 14일 만에 무사히 제게 돌아왔습니다. 그는 조선의 변문을 통과할 수 있었고, 이 불행한 땅에서 밤새 여정을 계속하였습니다. 그때 그는 조선인이 아니라는 의심을 받고 비난당하고 관가에 끌고 가겠다는 위협까지 받았습니다. 그는 다시 요동으로 향하는 길로 들어서서 저의 작은 은신처로 돌아오는 것이 적절하다고 생각하였습니다. 저는 그가 돌아온 것과 오직 필요했기 때문에 감행한 이 첫 시도에서 성공을 거둔 것이 대단히 만족스러웠습니다.

J'ai été fort content de son retour et de mon succès de cette première tentavie[tentative] que la nécessité seule m'avait fait entreprendre.

…

Le courrier de Corée sera de retour de Pékin vers la fin de mars, je lui enverrai mes courriers pour disposer mon introduction, et, si dieu veut, je serai en Corée pour la fin d'avril. Mais toutes ces dispositions sont fondées sur un avenir qui ne nous appartient pas, nous ferons de moins tout ce qui sera en notre pouvoir, n'attendant de succès que de l'infinie bonté et miséricorde de Seigneur notre Dieu.

Le 12 janvier j'ai reçu les premières lettres de Mgr Ferréol qui m'écrit de ne rien négliger pour entrer promptement dans notre mission désolée. Il ne connaissait point encore les tristes nouvelles envoyées depuis. Sa Grandeur me témoigne la plus grande surprise de sa nomination. Elle me dit entre autres que les mitres sont à bien bon marché dans ces pays. Etant à ce moment à plus de 100 lieues de distance aux environs de Kilin, son entrée est impossible pour cette année ; elle sera même fort difficile pour l'année prochaine. Peut-être serai-je forcé moi-même de chercher un nouveau refus, les timides chrétiens qui m'ont donné l'hospitalité, ne voulant plus me garder depuis le mois d'avril ; si je ne puis entrer il faudra déloger, chose qui n'est pas facile en Chine avec une longue barbe et de

…[중략]…

　조선 밀사는 3월 말에 북경에서 돌아올 것입니다. 저는 그에게 제 연락인들을 보내 저의 입국을 준비하게 할 것이고, 하느님께서 허락하신다면 저는 4월 말경에 조선에 들어가 있을 것입니다. 하지만 이 모든 조처는 우리가 어찌할 수 없는 미래에 토대를 둔 것입니다. 적어도 우리는, 우리 주님의 무한한 선과 자비의 결실만을 기대하며 우리가 할 수 있는 것을 할 것입니다.

　1월 12일 저는 페레올 주교님의 첫 편지들을 받았는데, 저더러 우리의 가엾은 포교지에 신속하게 들어가는 데에 등한시하는 일이 아무것도 없도록 하라고 하셨습니다. 그분은 그 후에 보낸 슬픈 소식에 대해서는 아직 전혀 모르고 계신 상태였습니다. 주교님은 제게 자신의 주교 임명에 대해 아주 큰 놀라움을 표시하셨습니다.[23] 무엇보다도 이들 지역에서는 주교관(主敎冠)이 참으로 흔하다고 하셨습니다. 주교님은 현재 길림 근방에서 100리외(400㎞) 이상 떨어진 곳에 계시니 올해 입국하시는 것은 불가능합니다. 내년에도 상당히 어려울 것입니다. 어쩌면 저는 새로운 은신처를 구해야만 할 듯도 합니다. 저에게 숙박을 제공한 소심한 교우들이 4월부터는 저를 데리고 있지 않으려 하기 때문입니다. 조선에 들어가지 못한다면 이사해야 할 것입니다. 긴 수염과 긴 머리털을 갖고 중국에서 집을 얻는 것은 쉬운 일은 아닙니다만, 하늘의 새들도 그들의 보금

23　페레올 주교는 1842년 12월 말경에 조선 대목구의 부주교로 임명되었다는 소식을 들었다. 그때는 이미 앵베르 주교가 순교한 뒤였으므로 자동적으로 대목구장직을 승계하였고, 1843년 12월 31일 양관 성당에서 베롤 주교의 집전으로 주교로 서품되었다.

longs cheveux ; mais, dans cette saison où ces oiseaux du ciel ont leurs nids, notre Père céleste me donnera bien un lieu où reposer la tête.

 Je suis heureux de pouvoir vous annoncer que le bon Dieu a daigné bénir les faibles soins que j'ai tâché de donner à votre André pour l'âme et pour le corps. Je vois avec plaisir que son tempérament se fortifie, et qu'il peut maintenant poursuivre ses études théologiques que j'avais jugé à propos d'interrompre. Je demeure convaincu que si vous eussiez été obligé de passer comme moi, une année dans un petit coin de dix pieds carrés, jour et nuit vis-à-vis de ce jeune homme et surtout cinq mois environ sur un navire de guerre fançais, vous eussiez parfaitement compris l'inconvénient de lui apprendre la langue française. Ne m'en veuillez donc pas, je vous prie, si j'ai hautement désapprouvé cet enseignement auprès de nos Messieurs de Paris : Experto crede Roberto. Mr. de la Brunière a été fort content de Thomas qui est maintenant auprès de Mgr Ferréol.

 …

자리를 차지하고 있는 계절이니만큼 하늘에 계신 아버지께서 저에게 쉴 장소를 마련해 주실 것입니다.

안드레아의 영혼과 육신을 돌보려는 저의 미약한 노력을 하느님께서 축복해 주셨음을 신부님께 알릴 수 있게 되어 기쁩니다. 그의 체질이 튼튼해지고 또 그간 중단하는 것이 적당하다고 생각하였던 신학 공부를 그가 이제 다시 계속할 수 있게 된 것을 보니 기쁩니다. 만일 신부님이 저처럼 10평방피에(3.2㎡)의 좁은 방구석에서 밤낮으로 그 젊은이와 마주 대하고 1년을, 그리고 특히 프랑스 군함에서 약 5개월을 함께 지내야 했다면[24] 그에게 프랑스어를 가르치는 것의 단점을 신부님도 완전히 이해하셨으리라 확신합니다. 그러니 청컨대, 제가 파리의 지도 신부님들께 이 (프랑스어) 수업을 소리높여 반대해도 언짢아하지 마십시오. 드 라 브뤼니에르 신부도 (최양업) 토마스에 대해 대단히 만족해하고 있습니다. 토마스는 지금 페레올 주교님과 함께 있습니다.

…[이하 생략]…

---

24 1842년 2월부터 9월까지 에리곤호에 있었던 일을 말한다.

③ **Extrait d'une lettre de Mgr Ferréol aux Directeurs**
(AMEP vol. 577 ; ff. 729~732)

Comté de Karlouskout, Mongolie, 5 Mars 1843

Reçue le 4 janvier 1844

Messieurs et très chers Confrères,

...

Repoussé de toutes parts dans le Leao-Tong, je dûs me réfugier dans la Mongolie, à 90 lieues nord de Moucden, capitale des anciens états de la famille Tartare-Mantcheou, actuellement sur le trône impérial de la Chine. Il y avait là des chrétiens moins peureux qui me donnèrent l'hospitalité, malgré les efforts de leurs faux frères d'au-delà de la barrière de pieux, l'hospitalité que je leur demandais. C'est au milieu d'eux que j'attendais depuis deux ans des lettres de nos chers confrères de Corée, quand dernièrement arrivèrent les affligeantes nouvelles qui ont réalisé nos sinistres prévisions.

③ 페레올 주교가 파리 신학교 지도 신부들에게 보낸 서한

- 발신일 : 1843년 3월 5일
- 발신지 : 몽골, 카를루스쿠트(고를로스) 지역
- 수신인 : 파리 외방전교회 신학교 지도 신부들
- 출   처 : AMEP vol. 577, ff. 729~731

1843년 3월 5일, 몽골 카를루스쿠트(Karlouskout) 지역
1844년 1월 4일 수신

친애하는 신부님들께,

…[중략]…

저는 요동의 모든 곳에서 쫓겨나 묵덴(봉천[奉天])[25]에서 북쪽으로 90리 외(360㎞) 떨어진 몽골(소팔가자)로 피신해야 했습니다. 묵덴은 현재 중국(청나라) 황좌(皇座)에 올라 있는 달단 만주족이 예전에 지배했던 나라의 수도였지요. 그곳(소팔가자)에 있는 겁이 덜한 교우들이 장책(長柵) 너머에 있는 그들의 거짓 형제들의 방해를 무릅쓰고 제가 요청한 숙식을 제공해 주었습니다. 거기서 2년간 조선의 동료 신부들 소식을 기다렸는데 최근에 우리의 불길한 예감을 확인시켜 준 슬픈 소식이 왔습니다.

---

25 중국 요녕성 심양(瀋陽). 옛 이름은 '봉천'이며, '묵덴'은 심양의 만주어 표현이다.

...

Enfin en décembre de 1842 la Providence voulut que celui de nos deux élèves coréens envoyé à Pien-Men reconnut son compatriote porteur des nouvelles du désastres de la mission.

...

Nous avons nos deux élèves coréens avec nous, ils sont bien pieux et bien instruits ; ils poursuivent leur cours de théologie. Dieu en fera les prémices du clergé de leur nation. Séparé de Mgr Verrolles de dix journées de chemin, je n'ai pu encore recevoir la consécration épiscopale. J'ai lieu de croire qu'elle se fera dans le courant du printemps de cette année.

...

④ Extrait d'une lettre de Mr Maistre à Mr Legrégeois
(AMEP vol. 577 ; ff. 749~751)

Léaotong, 7 mars 43

…[중략]…

마침내 1842년 12월, 우리 두 조선 학생 중 변문으로 파견된 하나(김대건 안드레아)가 하느님의 섭리로 (조선) 포교지의 슬픈 소식을 지니고 가던 자기 동포를 알아보았습니다.

…[중략]…

우리는 2명의 조선인 학생과 함께 있습니다. 그들은 아주 독실하고 교육도 잘 받았습니다. 그들은 신학 공부를 계속하고 있습니다. 하느님께서 그들을 그들 나라(조선)의 첫 사제로 만들어 주실 것입니다. 베롤 주교님과는 열흘 거리에 떨어져 있어서 저는 아직 주교품을 받지 못하였습니다. 올봄에는 받게 될 것입니다.

…[이하 생략]…

④ 메스트르 신부가 르그레즈와 신부에게 보낸 서한

· 발신일 : 1843년 3월 7일
· 발신지 : 요동
· 수신인 : 르그레즈와 신부
· 출   처 : AMEP vol. 577, ff. 749~751

1843년 3월 7일, 요동

Reçue le 29 Fév. 1844

Monsieur et cher confrère,

Depuis que j'eus l'honneur de vous annoncer mon débarquement de l'Erigone sur le fleuve de Nankin, je marche à petites journées vers ma chère mission de Corée. Le 23 8bre je suis arrivé sur les côtes du Leaotong avec Mr de la Brunière et nos deux élèves, et le 25 nous sommes tous descendus chez un brave catéchiste à 8 lieues de la mer ; huit jours après Mr de la Brunière s'est séparé de moi pour aller chercher retraite dans un autre village à deux journées de distance. Je reste seul avec André dans le premier village où je suis parvenu avec beaucoup de peine à trouver une petite cachette.

Le 7 9bre retour du courrier envoyé à la frontière coréenne, point de nouvelles, point de chrétiens. Dans cette cruelle incertitude, je me dispose à tenter avec mon élève l'entrée dans cette terre inhospitalière. On se procure de vieux haillons et tout était prêt pour le départ lorsque Mgr Verrolles, arrivé au village où était mon cher confrère avec Thomas, me fit appeler et rejeta ce projet comme absolument contraire aux règles de la prudence. Il fut donc résolu que l'élève irait seul explorer d'abord l'état de cette mission désolée et sonder les dispositions de ses frères, et que j'attendrais son retour au commencement d'avril.

1844년 2월 29일 수신

친애하는 신부님께,

　남경의 강(양자강)에서 에리곤호에서 내렸다는 소식을 전해 드린 후로 저는 조선을 향해 하루하루 조금씩 전진하고 있습니다. 10월 23일 드 라 브뤼니에르 신부와 우리 2명의 조선 학생과 함께 요동 해안에 도착하였고, 25일에 우리 모두는 해안에서 8리외(32㎞) 떨어진 어느 친절한 회장의 집으로 갔습니다. 8일 후에는 드 라 브뤼니에르 신부가 저와 작별하고 이틀 거리에 있는 다른 마을로 은신처를 구하러 갔습니다. 저는 (김대건) 안드레아와 첫 마을에 남아 있는데 여기서 작은 은신처를 구하는 데 힘이 많이 들었습니다.

　11월 7일 조선 국경으로 보냈던 밀사가 돌아왔습니다만, 소식도 듣지 못하였고 교우도 만나지 못했다고 합니다. 이 잔인한 불확실함 속에서 저는 제 학생(김대건)과 함께 이 불친절한 땅(조선)으로 입국을 시도하려 했습니다. 헌 누더기를 장만하고 모든 출발 준비가 끝났을 때, 베롤 주교님께서 제 동료 (드 라 브뤼니에르) 신부가 (최양업) 토마스를 데리고 있던 마을[26]에 도착하셔서 저를 부르셨습니다. 그리고 신중함이 원칙에 완전히 어긋난다는 이유로 이 계획을 받아들이지 않으셨습니다. 그리하여 저의 학생(김대건)만 우선 혼자 가서 비탄에 잠긴 이 포교지의 상황을 탐색하고 그의 형제(교우)들의 분위기를 살피고, 저는 4월 초 그의 귀환을 기다리는 것으로 결정이 되었습니다.

26　개주(蓋州) 인근의 양관(陽關).

Parti le 23 X^{bre} avec deux courriers, mon André a rencontré sur sa route à deux lieues de la dernière ville chinoise, les députés coréens allant à Pékin, formant une caravane d'environ 300 hommes. Surpris d'une rencontre si peu attendue, il s'arrête et les regarde défiler, puis s'approche de l'un d'eux, désirant voir son passeport qu'ils portent ordinairement d'une manière ostensible : Comment t'appelles-tu, lui a-t-il demandé? Je m'appelle Kim, répond le coréen, et ils se sont quittés. Cependant il restait un regret à mon élève, ce coréen, disait-il en lui-même, paraît bien meilleur que les autres ; il n'y a pas grand danger à l'interroger plus au long sur les affaires de Corée, je n'aurai pas d'occasion si favorable. Il le rappelle et lui demanda sans détour : Es-tu chrétien? Oui, répond Kim ne craignant pas de se manifester à un homme qu'il croyait chinois. Quel est ton nom? Mon nom est François. André alors le considérant de plus près se souvint de l'avoir vu fervent chrétien en Corée. Il redouble de confiance et l'invite à retourner avec lui à la ville ; François refuse et dit qu'il craint d'être observé et soupçonné par les siens, ce qui seul suffirait pour rallumer le feu d'une persécution mal éteinte. Cependant la conversation s'engage et se prolonge. André complètement rassuré se fit connaître à François, qui lui annonce la mort de son père, ainsi que du père et de la mère de Thomas qui ont terminé par le glaive leur martyre

12월 23일 2명의 밀사와 함께 떠난 안드레아는 중국의 마지막 도시(봉황성)에서 2리외(8㎞) 떨어진 곳의 길 위에서 300명가량의 대규모로 북경으로 가던 조선 사절단을 만났습니다. 예기치 못한 만남에 놀란 안드레아는 멈추어 서서 줄지어 지나가는 행렬을 보았습니다. 이어 그중 한 사람에게 다가가 그의 통행증을 보고자 하였습니다. 그들은 통행증을 보통 과시적으로 달고 다닙니다. 안드레아는 "당신 이름이 무엇입니까?" 하고 물었습니다. "김가라고 합니다." 그 조선인이 대답하였습니다. 그리고 그들은 헤어졌습니다. 하지만 저의 학생에게는 아쉬움이 남았습니다. 그는 속으로 말했습니다. '이 조선인이 다른 사람들보다 훨씬 나아 보이는군. 조선 사정에 대해 더 길게 물어도 크게 위험하지는 않겠다. 이렇게 좋은 기회는 또 없을 것이다.' 안드레아는 그를 다시 불러 단도직입적으로 "당신은 천주교인입니까?" 하고 물었습니다. 그는 안드레아를 중국인으로 생각하고 있었기 때문에 그에게 자신을 드러내는 것을 두려워하지 않고 "그렇습니다." 하고 대답하였습니다. "세례명이 무엇입니까?" "프란치스코입니다." 그러자 안드레아는 더욱 가까이 가서 보았고 그가 조선에서 본 열심한 교우라는 것이 생각났습니다.[27] 안드레아는 그를 더욱 믿고 그와 함께 도시(봉황성)로 돌아가자고 하였습니다. 그러나 프란치스코는 일행에게 감시당하고 의심받을 것이 두렵고 그것만으로도 간신히 꺼진 박해의 불길이 되살아나기에 충분하다고 말하며 거절하였습니다. 그러나 대화는 계속되고 길어졌습니다. 안드레아는 완전히 안심하여 프란치스코에게 자기의 신분을 밝혔습니다. 그러자 프란치스코는 안드레아

---

27 김대건은 김 프란치스코를 8년 전에 본 적이 있다고 하였다(김대건 신부의 1843년 2월 16일 자 서한 참조). 그러나 8년 전이 아니라 7년 전인 1836년 12월에 김대건이 조선을 떠날 때, 그를 중국으로 안내해 준 조선 밀사들 가운데 김 프란치스코가 있었으므로 그를 이때 만났을 것으로 생각된다.

glorieux ; leur famille et plusieurs autres se trouvaient réduites à la misère et à la mendicité.

...

Le courrier françois a remis à mon élève la relation écrite par Mgr Imbert jusqu'au jour de son entrée en prison, ainsi qu'une autre écrite par Mr Maubant avec des lettres de lui et de Mr Chastan. Nos MM. de Paris vous en donneront connaissance. L'état de la mission, dressé par Mr Maubant en 7bre 1839 porte le nombre des chrétiens à 10,000 et à 600 catéchumènes.

Le courrier coréen était d'avis de différer à l'année prochaine l'introduction d'un missionnaire ; mais j'avais fortement insinué à mon élève le désir que j'avais d'entrer cette année, ayant l'assurance probable qu'un navire de genre français abordera les côtes de Corée durant la saison de l'été, circonstance trop importante pour notre Mission pour qu'on puisse la négliger.

...

에게 그의 아버지, 그리고 토마스의 부모님이 영광스러운 순교의 칼을 받고 죽은 사실과 그들의 가족과 다른 여러 가족이 비참해지고 거지가 되었다는 사실을 알렸습니다.

…[중략]…

밀사 프란치스코는 앵베르 주교님께서 자신이 투옥되던 날까지 쓰신 보고서[28]와 모방 신부님이 쓰신 보고서,[29] 그리고 모방 신부님과 샤스탕 신부님의 편지[30]를 제 학생에게 전했습니다. 파리의 지도 신부님들께서 신부님께 그 내용을 알리실 것입니다. 1839년 9월 모방 신부님이 작성하신 보고서에 의하면, 포교지의 현황은 교우가 1만 명이고 예비 신자는 600명에 이릅니다.

조선 밀사는 선교사의 입국을 내년으로 미루자는 의견이었습니다. 그러나 저는 프랑스 배 한 척이 여름에 조선 해안에 갈 것으로 확신하고, 제 학생에게 올해 입국하고 싶다는 바람을 강하게 암시하였습니다. 우리 포교지에 더없이 중요한 기회이니만큼 등한시할 수 없습니다.

…[이하 생략]…

---

28 1839년 조선 서울에서 일어난 박해에 관한 보고(Relation de la Persécution de Sehoul en Corée en 1839)를 말한다. 앵베르 주교는 여기에 1838년 12월 31일부터 자신이 체포되기 나흘 전인 1839년 8월 7일까지의 사실들을 기록하였다.
29 모방 신부의 1839년 박해 보고서(AMEP vol. 577, ff. 561~592).
30 모방 신부와 샤스탕 신부가 파리 외방전교회 회원들에게 보낸 1839년 9월 7일 자 서한(AMEP vol. 1260, ff. 149~188).

⑤ Extrait d'une lettre de Mʳ Maistre à Mʳ Libois
(AMEP vol. 579 ; ff. 191~193)

Léaotong, le 21 Novembre 1843

Reçue le 23 Février 1844

Monsieur et très cher Procureur,

Comme nos courriers ne sont pas prêts à partir tout de suite, je vous adresse une petite lettre par la voie du Kiannan, persuadé que vous recevrez avec plaisir les nouvelles du Léaotong et de notre infortunée Corée. Je viens d'achever un an de séjour à la pointe que nos géographes ont appelée l'épée du Prince régent, dans un petit village où jusqu'ici aucun prêtre même chinois, n'avait pu résider au delà de deux mois.

…

⑤ 메스트르 신부가 리브와 신부에게 보낸 서한

· 발신일 : 1843년 11월 21일

· 발신지 : 요동

· 수신인 : 리브와 신부

· 출   처 : AMEP vol. 579, ff. 191~193

1843년 11월 21일, 요동
1844년 2월 23일 수신

친애하는 대표 신부님께,

우리 밀사들이 당장 떠날 준비가 되어 있지 않기에, 요동 소식과 불행한 우리 조선의 소식을 신부님께서 기꺼이 받으시리라 확신하며 신부님께 강남 편으로 짧은 편지를 보냅니다. 우리 지리학자들이 '섭정의 검(l'épée du Prince régent)'[31]이라 명명한 곳[岬]에 있는, 지금까지 어떠한 사제도, 중국인 사제조차도 2개월 이상 거처할 수 없었던 어느 작은 마을에 제가 체류한 지 1년이 되었습니다.

…[중략]…

---

31 원문 그대로를 번역하면 "섭정(攝政)의 검"인데, 내용으로 볼 때 이곳은 메스트르 신부가 거처하던 백가점(白家店) 교우촌이 속해 있는 "요동반도"를 말하는 것이 분명하다.

Mgr Ferréol dont le sacre aura lieu prochainement à Kaitchou, est resté confiné à Kilin avec Thomas et Jean Fan lequel doit être bientôt relégué dans sa chère patrie pour ses méfaits. Sa Grandeur a été gravement atteinte du Ouénping, épidémie assez fréquente dans ces pays ; mais le Seigneur n'a pas voulu cette fois ajouter à notre désolation, et après une longue convalescence, Elle est maintenant parfaitement guérie.

Les nouvelles de Corée ont mal répondu à mon attente : toutes tentatives ont été inutiles pour entrer dans cette bien chère et bien malheureuse Mission. J'ai écrit deux fois à nos chrétiens affligés, et j'ai reçu à la 9ème lune leur réponse à ma première lettre. Ils ne savent que m'exprimer leur grande surprise et douce émotion en apprenant que de nouveaux Pères sont prêts à aller partager leurs dangers, essuyer leurs larmes, guérir leurs blessures et relever leurs âmes abattues ; ils me disent aussi l'état d'accablement, de misère et de dénûment auquel les a réduits la dernière persécution.

Ils sont allés à la 5ème lune explorer la route du nord qu'ils ont trouvée assez facile, mais longue et pénible, il y a 200 lieues de la frontière jusqu'aux premiers chrétiens. A la 8ème lune trois chrétiens se dirigeaient vers Pienmen pour examiner la route du midi et préparer l'entrée d'un missionnaire à la 11ème lune ; deux ont été retenus à la frontière, le troisième qui était déjà venu l'année dernière a obtenu passage, et c'est par lui que j'ai obtenu quelques renseignements. La surveillance paraît sévère sur ce point ; il ne reste pas un chrétien un peu versé dans le métier de courrier ; tous sont gens simples et timides qui

개주에서 곧 주교 성성식을 하게 될 페레올 주교님은 (최양업) 토마스 와 범 요한과 함께 길림에 틀어박혀 계십니다. 범 요한은 그의 악행 때문 에 곧 그의 고향으로 보내질 것입니다. 주교님은 이 지방에서 유행하는 '원빙'이란 전염병을 크게 앓으셨습니다. 그러나 주님께서는 이번에는 우 리의 재난에 더하려 하지 않으셨고, 긴 회복기 끝에 주교님은 이제 완쾌 되셨습니다.

조선 소식은 저의 기대에 어긋난 것이었습니다. 참으로 소중하고 또 참으로 불행한 이 선교지에 들어가기 위한 모든 시도가 소용이 없었습니 다. 저는 고통받는 우리 교우들에게 두 번 편지를 썼는데 음력 9월에 저 의 첫 번째 편지에 대한 회답을 받았습니다. 그들은 새 신부들이 그들과 위험을 함께하고, 그들의 눈물을 씻어 주고, 그들의 상처를 치유하고, 그 들의 쇠약한 영혼을 일으키러 갈 준비가 되어 있다는 소식에 크게 놀라 고 감동하였음을 제게 표했습니다. 그들은 또 최근의 박해로 인해 낙담 하고 비참해지고 궁핍해진 상태에 대해서도 저에게 이야기했습니다.

그들은 음력 5월에 (조선의) 북쪽 길을 탐색하러 갔었는데, 상당히 쉬 우리라고 생각했으나 멀고 고통스러운 길이었습니다. 국경에서 교우들 이 있는 데까지는 200리외(800㎞) 거리였습니다. 음력 8월에 교우 3명이 남쪽 길을 조사하고 음력 11월에 선교사를 입국시킬 준비를 하기 위해 변문으로 향했습니다. 그중 2명은 국경에서 억류되었고, 이미 지난해에 왔던 세 번째 사람은 통행권을 얻었습니다. 그리고 저는 그를 통해 몇 가 지 정보를 얻었습니다. 이 지점에서의 감시가 엄한 것 같습니다. 밀사 역 할에 좀 정통한 교우는 하나도 남아 있지 않습니다. 모두가 예법을 모르 는 단순하고 겁 많은 사람들입니다. 그들은 저에게 "신부님 저희를 불쌍

n'ont pas l'usage du monde. Ils me disent que le Père ait pitié de nous, et assignent rendez-vous au nord pour la première lune (18 février).

...

André est toujours avec moi, fort, gros et grand ; il commence à ouvrir les yeux à la vraie lumière, j'espère que nous finirons, avec l'aide du bon Dieu, par en faire quelque chose de passable. Il me prie de vous offrir ses très humbles respects et sa vive reconnoissance.

...

⑥ Extrait d'une lettre de Mgr Ferréol à Mr Legrégeois (AMEP vol. 577 ; ff. 741~743)

Moucden 20 janvier 1844

Monsieur et très cher confère,

Nous sommes ici bas au temps de l'épreuve vraiment. Les nou-

히 여겨 주십시오."라고 말하며 음력 정월(2월 18일)에 북쪽에서 만나자고 약속을 정했습니다.

…[중략]…

안드레아는 여전히 저와 함께 있는데, 강하고 덩치가 크고 키가 큽니다. 그는 참된 빛에 눈을 열기 시작하였습니다. 하느님의 도우심으로 저희가 마침내 괜찮은 어떤 일을 하게 되기를 바랍니다. 안드레아가 신부님께 인사와 깊은 감사를 전해 달라고 합니다.

…[이하 생략]…

⑥ 페레올 주교가 르그레즈와 신부에게 보낸 서한

- 발신일 : 1844년 1월 20일
- 발신지 : 봉천
- 수신인 : 르그레즈와 신부
- 출   처 : AMEP vol. 577, ff. 741~743

1844년 1월 20일, 묵덴(봉천)

친애하는 신부님께,

우리는 이 세상에서 참으로 시련의 시기에 있습니다. 조선으로부터

velles que je viens de recevoir de Corée ont mal répondu à l'espoir que j'avais conçu l'année dernière de pénétrer enfin dans ma mission. Les Judas ont tout dévoilé à l'autorité ; ils lui ont dit l'endroit par où les européens étaient entrés dans le royaume et que trois jeunes coréens en étaient sortis pour aller étudier à Macao, que l'un d'entre eux était mort. En un mot rien dans cette désastreuse persécution, n'est resté secret. La surveillance la plus active et la plus sévère est exercée sur Pien Men et sur les gens qui suivent l'ambassade à Péking.

De trois chrétiens qui avaient pu furtivement venir jusqu'à I-Tcheou, première douane coréenne deux ont été renvoyés dans l'intérieur comme suspects, et ce n'est qu'avec la plus grande peine du monde que le troisième a pu sans accident gagner la frontière chinoise. Pour long-temps cette voie demeurera impratiquable[impraticable] : la tenter aujourd'hui ce serait l'exposer au danger imminent d'être pris.

Quelques chrétiens dévoués ont indiqué le nord comme moins périlleux. Deux hommes des leurs y ont été envoyés pour explorer le terrain ; ils en sont revenus, en assurant que du côté de la Corée l'introduction d'un missionnaire pourrait s'effectuer, mais une fois ou deux seulement. La difficulté reste donc du côté de la Chine. Je vais envoyer deux hommes pour examiner s'il serait possible à un européen d'arriver jusqu'à la frontière septentrionale. Il se fait dans cette partie un

막 받은 소식은 지난해 마침내 저의 선교지에 들어가려고 품었던 제 희망에 부응하지 않는 것이었습니다. 유다와 같은 자들이 당국에 모든 것을 폭로하였습니다. 그들은 서양인들이 어느 곳을 통해 조선에 들어왔는지, 그리고 세 조선인 소년이 마카오로 유학 가기 위해 조선을 빠져나갔고 그들 중 한 명이 죽었다는 것을 당국에 말했습니다. 한마디로 이 비참한 박해에서 드러나지 않은 것이 아무것도 없습니다. 감시가 매우 삼엄해지고 변문과 북경 사절을 따르는 일행에 대한 감시가 아주 엄격해졌습니다.

첫 번째 조선 세관(관문)이 있는 의주까지 몰래 올 수 있었던 세 교우 중 둘은 혐의를 받고 국내로 돌려보내졌고, 세 번째 사람만이 매우 힘들지만 무사히 중국 국경에 도달할 수 있었습니다. 앞으로 오랫동안 이 길은 통행이 불가능한 길로 남을 것입니다. 지금 이 길을 시도한다는 것은 당장 체포될 위험에 처하게 된다는 뜻입니다.

헌신적인 몇몇 교우들이 위험이 덜한 곳으로 북쪽 길을 가리켰습니다. 그 지방 출신 두 사람이 그곳을 답사하기 위해 파견되었습니다. 그들은 돌아와서 조선 쪽으로 선교사를 입국시키는 것이 실현 가능하나 한두 번에 그칠 것이라고 말하였습니다. 그러므로 중국 쪽의 어려움이 여전히 남아 있습니다. 저는 서양인이 북쪽 국경까지 갈 수 있는지 알아보기 위해 두 사람을 보내려고 합니다. 이 지역에서는 연중 3개월 동안 중국인과 조선인 사이에 교역[32]이 이루어집니다. 중국 상인들은 경계를 통과해서

---

32 북관 개시(北關 開市)를 말한다. 북관 개시는 조선 후기 함경도 회령·경원에서 청나라와 공무역(公貿易)을 행하던 국제 무역 시장이다. 1406년에 경성·경원에 무역소(貿易所)를 설치하고 여진인에게 무역을 허락한 것이 북관 개시의 전신이었다. 1627년 정묘호란 직후부터 청나라가 조선에 강요해 회령을 개시했지만, 병자호란으로 중단되었다. 그러다가 1638년에

échange de marchandises entre les chinois et les coréens pendant trois mois de l'année. Les marchands chinois peuvent franchir la limite et entrer dans les villes coréennes où ils demeurent plusieurs jours pour expédier leurs affaires. Les mandarins, moyennant quelque argent, ferment les yeux sur cette infraction aux lois. Mais avant d'arriver là, il faut traverser toute la Mantchourie, on ne se rencontre pas un chrétien, et faire trois ou quatre jours de route à travers les déserts qui n'ont d'autres habitants que les bêtes sauvages. On voyage en caravanes et l'on passe la nuit sous des tentes. C'est donc une nécessité de traîner après sa maison, sa batterie de cuisine et ses vivres. Tels sont les rapports qui m'ont été faits ; sont-ils exacts? Je ne l'affirmerai pas. Quoiqu'il en soit, cette voie ne me sourit pas le moins du monde. Cependant si c'est l'unique et qu'elle soit praticable, je la tenterai à tout prix.

…

Me voici actuellement à Chan-iang ou Moucden où j'ai voulu me trouver aux passages de l'ambassade coréenne pour me concerter avec le brave King François qui dans son dévouement a succédé à Augustin Liou pour la gestion des affaires de la mission. Ce sera un bonheur tant qu'il ne sera pas connu comme chrétien. Il a commencé l'année dernière à suivre les ambassadeurs en qualité de négotiant[négociant]. En passant par cette ville, il se rend la nuit et secrètement

조선 고을로 들어올 수 있는데, 거기서 그들의 일을 신속히 처리하기 위해 며칠을 머뭅니다. 돈을 주면 관원들은 이 위법을 눈감아 줍니다. 그러나 거기까지 가기 위해서는 만주를 관통해야 합니다. 교우는 만날 수 없고, 맹수밖에 없는 황야를 지나는 데 사나흘이 걸립니다. 사람들은 무리 지어 여행하고 밤은 천막에서 보냅니다. 그러므로 그들의 집 뒤로 부엌 세간과 식량을 끌고 다녀야 합니다. 이것이 제가 받은 보고입니다. 이것이 정확할까요? 저는 단언하지 않겠습니다. 어쨌든 이 길이 전혀 탐탁지는 않습니다. 하지만 그것이 유일하고 실용적이라면 반드시 시도해 보겠습니다.

…[중략]…

저는 지금 심양 혹은 묵덴에 있는데, 김 프란치스코와 상의하기 위해 조선 사절단이 지나는 길목에 있기 위해서입니다. 김 프란치스코는 포교지(조선 교회)의 일을 맡기 위해 헌신하는 마음으로 유(진길) 아우구스티노를 이어받았습니다. 그가 교우로 드러나지 않는 한은 아주 좋을 것입니다. 그는 작년에 상인 자격으로 조선 사절단을 수행하기 시작하였습니다. 그는 이 도시를 지나면서 제가 은신처로 쓰는 집으로 밤에 몰래 올 것이고, 거기서 향후 우리를 조선으로 입국시키는 일을 상의하게 될 것

회령 개시가 재개되었다. 개시의 시기는 봄·가을 또는 겨울에 열렸으나 효종 때부터 동지 이후로 결정되었다. 1645년부터 경원에서도 무역이 시작되었고, 그 뒤에 격년제로 무역이 이루어졌다.

dans la maison même qui me sert d'asile et où il prendra ce que désormais nous voudrons faire introduire en Corée. Déjà quelques précurseurs de la légation sont arrivés ici, le gros doit arriver ce soir. …

P.S.

… Le King coréen est arrivé ce soir. Ils sont menacés d'une nouvelle persécution. Le cruel Tchao, régent du royaume et si ennemi des chrétiens, vient d'envoyer dans la province méridionale où se trouve le plus grand nombre de fidèles, un gouverneur de sa clique et qui ne vaut pas mieux que lui. On a à craindre que son dessein ne soit de susciter de nouvelles tracasseries. On me donnera des nouvelles à 3e lune. S'il n'y a rien, ils consentent à m'introduire l'année prochaine à la 11e lune. … Je vous envoie une lettre coréenne portée en cordée. Vous verrez de quels moyens ingénieux se servent les chrétiens pour avoir des communications avec leur évêque, il faut dérouler la corde pour la copie est contenu dans la lettre.

입니다. 벌써 사절의 선발대 몇 명이 이곳에 도착했습니다. 높은 사람은 오늘 저녁에 올 것입니다.

…[중략]…

추신

…[중략]… 조선인 김가(김 프란치스코)가 오늘 저녁에 도착하였습니다. 조선 교우들은 새로운 박해의 위협을 받고 있습니다. 잔인한 조가(趙哥)[33]는 조선의 섭정으로 신자들에게 매우 적대적인데, 그가 신자 수가 가장 많은 남부지역에 자신의 파벌인 사람을 감사로 파견했답니다. 그런데 이 자도 조가 못지않은 자입니다. 사람들은 이것이 또다시 (교우들을) 괴롭히려는 그의 계획이 아닌가 두려워하고 있습니다. (조선 교우들이) 음력 3월에 저에게 소식을 보낼 것입니다. 별일이 없으면 그들은 저를 내년 음력 11월에 입국시키기로 동의하였습니다. …[중략]… 신부님에게 꼰 형태의 조선 편지 한 통을 보냅니다. 교우들이 그들의 주교와 연락하기 위해 얼마나 기발한 방법을 쓰는지 보십시오. 편지 안에 필사한 것이 있는데 (그것을 보려면) 꼬인 줄을 풀어야 합니다.

---

[33] 당시 조선의 영의정으로 있던 풍양 조씨 출신의 조인영(趙寅永)을 말한 것 같다.

⑦ Extrait d'une lettre de Mr Maistre à Mr Albrand
(AMEP vol. 577 ; ff. 753~754)

Kilin, 28 mars 1844

Monsieur et très cher confrère,

...

L'expédition anglaise m'a procuré l'avantage de venir jusqu'au Kiannan sur un navire français ; qui sait si nous ne verrons pas un jour nos chers confrères aborder en Corée sur des navires européens? Ce serait bien à désirer, car la route de terre est bien difficile.

Vous connaissez déjà tout ce qui s'est passé autour de moi depuis mon arrivée au Leaotong. J'en ai écrit deux lettres à M^r le Supérieur : après un séjour de 14 mois sur cette langue de terre nommée dans plusieurs cartes : l'épée du Prince régent. Je suis venu à Kaitchou pour assister au sacre de Mgr de Belline ; de là je me suis dirigé vers le Nord et je suis arrivé le 14 janvier à la maison que Mgr Verrolles

⑦ 메스트르 신부가 알브랑 신부에게 보낸 서한

- 발신일 : 1844년 3월 28일
- 발신지 : 길림
- 수신인 : 알브랑 신부
- 출   처 : AMEP vol. 577, ff. 753~754

1844년 3월 28일, 길림

친애하는 신부님께,

…[중략]…

영국의 원정으로 저는 프랑스 배를 타고 강남까지 가는 특혜를 얻었습니다. 언젠가 우리 신부들이 서양 배로 조선 해안에 가는 날을 보게 될지 누가 압니까? 육로가 매우 어려우니 그것은 아주 바람직한 일입니다.

신부님은 제가 요동에 도착한 이후로 제 주변에서 일어난 일을 이미 다 아신 것입니다. 여러 지도에 '섭정의 검'으로 명명된 이 반도에서 14개월을 지낸 후 저는 이 이야기를 써서 장상 신부님께 편지를 두 번 드렸습니다. 저는 벨리나 명의 (페레올) 주교님의 성성식에 참석하기 위해 개주에 갔다가 거기서 북쪽으로 떠나 1월 14일, 베롤 주교님께서 몽골 국경, 길림 인근에 세우신 집[34]에 도착했습니다. 페레올 주교님도 같은 달

---

[34] 만주에 있던 소팔가자(小八家子) 교우촌의 집을 말한다. 이곳은 길림성의 장춘(長春)에서 서

a fait bâtir aux environs de Kilin sur les frontières de la Mongolie : Mgr Ferréol y est arrivé sur la fin du même mois : mais dans tout cela nous n'avançons guère vers notre infortunée Corée. J'avois conçu quelque espérance pour l'hiver dernier, nos chrétiens ont en effet envoyé quelqu'un sur la frontière nord pour introduire leur nouvel évêque ou un missionnaire ; Mgr n'a voulu ni l'un ni l'autre. L'entreprise, il est vrai, est assez difficile et paraissait au prime abord assez aventureuse. Les Coréens se sont retirés, m'a-t-on dit, bien tristes ; ils avaient fait 20 jours de route et attendu un mois à la frontière. On promet une ouverture au midi pour l'an prochain.

...

말경에 이곳에 도착하셨습니다. 그러나 이 모든 상황에서도 우리는 불운한 우리의 조선을 향해 별로 나아가지 못했습니다. 지난겨울에는 희망을 좀 가졌었습니다. 실제로 우리 교우들은 그들의 새 주교나 선교사를 입국시키기 위해 북쪽 국경으로 사람을 보냈습니다. 그러나 주교님은 자신의 입국도, 선교사의 입국도 바라지 않으셨습니다. 물론 계획은 매우 어려운 것이었고 첫눈에도 매우 모험적으로 보였습니다. 조선 사람들은 상당히 슬퍼하며 돌아갔다고 합니다. 그들은 20일간 여행을 하고 국경에서 한 달을 기다렸습니다. 내년에 남쪽으로 (입국을) 시도할 것을 약속하였습니다.

…[이하 생략]…

북쪽으로 약 75리 정도 떨어져 있는 곳으로, 베롤 주교가 토지를 매입하고 성당을 건립한 곳이다.

4. Ordination diaconale d'Andre Kim et Thomas Tchoi

① Extrait d'une lettre de Mgr Ferréol à Mr Libois
(AMEP vol. 579 ; ff. 188~190)

Mongolie, le 18 Mai 1844
Reçue le 29 7bre 1844

Monsieur et cher Confrère,

…

J'ai envoyé cet hyver[hiver] André accompagné d'un Chinois explorer le nord, tout le nord de la Corée. Il a reconnu ces compatriotes X^{tiens} aux signaux convenus. L'église coréenne est tranquille en ce moment. Si Pien-Men devenait impraticable, on pourrait tenter la route du nord à toute aventure. Elle est pleine de dangers. Il faut

4. 김대건과 최양업의 부제 서품

① 페레올 주교가 리브와 신부에게 보낸 서한

- 발신일 : 1844년 5월 18일
- 발신지 : 몽골
- 수신인 : 리브와 신부
- 출   처 : AMEP vol. 579, ff. 188~193

1844년 5월 18일, 몽골
1844년 9월 29일 수신

친애하는 신부님,

…[중략]…

지난겨울 (김대건) 안드레아더러 중국인 한 사람을 데리고 가서 북쪽, 조선의 북쪽 전체를 답사하게 했습니다.[35] 그는 약속된 신호로 조선인 교우들을 알아보았습니다. 지금 조선 교회는 평온합니다. 만일 변문이 실현 불가능하게 되면 모든 모험을 걸고 북쪽 길을 시도해 볼 수도 있을 것입니다. 그곳은 위험으로 가득 차 있습니다. 맹수와 도둑들로 가득 찬

---

35 김대건은 1844년 2월 5일 출발하여 3월 초에 훈춘의 홍시개(Hong-si-kai)에 도착하였다. 3월 9일에 교역이 시작되자 경원에 가서 조선 신자들을 만났다. 동북방 입국로 개척의 어려움을 확인한 뒤 4월에 소팔가자로 돌아왔다. 이에 관한 내용은 김대건의 1844년 12월 15일 자 (아홉 번째) 서한 즉 "훈춘(琿春) 기행문"을 참조할 것.

traverser une forêt de cinquante lieues pleupée[peuplée] de bêtes féroces et de voleurs ; mais le plus grand péril surtout se trouve dans le passage d'une frontière à l'autre. Tout cela me montre de plus en plus la nécessité d'avoir un clergé indigène. Je voudrais, Mon cher monsieur Libois, avoir la possibilité de former des prêtres coréens comme j'en ai la volonté, bientôt la chrétienté en serait fournie.

…

P.S.

⋯ Si à la fin de cette année j'entre en Corée, je me propose d'emmener avec moi André, qui sera alors Pater Andreas. Je m'en vais faire à la Trinité ces jeunes gens sous-diacres. La nécessité où je me trouve me fait un devoir d'user de la permission de Rome pour la dispense d'âge.

50리외(200㎞)의 숲을 지나야 합니다. 그러나 무엇보다도 가장 큰 위험은 이 국경에서 저 국경으로 넘어가는 데 있습니다. 이 모든 것이 방인 사제가 필요하다는 것을 점점 더 보여줍니다. 친애하는 리브와 신부님, 저는 조선인 사제 양성의 가능성을 가지고 싶습니다. 제게 그 의지가 있으니 조선 교회는 곧 조선인 사제를 갖게 될 것입니다.

…[중략]…

추신

…[중략]… 만일 제가 올해 말에 조선에 들어가게 되면 안드레아를 데리고 함께 갈 작정입니다. 그때면 그는 안드레아 신부가 되어 있을 것입니다.[36] 저는 천주 성삼 대축일(삼위일체 대축일)에 이 학생들을 차부제품(次副祭品)에 올릴 것입니다. 저의 상황으로 보아 로마(교황청)로부터 받은 연령 (제한) 관면을 사용해야만 합니다.[37]

---

36 페레올 주교는 1844년 말에 조선에 입국할 수 없었으며, 김대건 또한 이때까지 부제품을 받았을 뿐 사제품을 받지는 못하였다.
37 당시 김대건은 만 23세였으므로, 사제가 되는 데 필요한 24세에서 한 살이 모자랐다.

② Extrait d'une lettre de Mr Maistre à Mr Legrégeois
(AMEP vol. 577 ; ff. 761~762)

Kilin, 19 mai, 1844

Monsieur et bien cher confrère,

…

Nos deux élèves vont être élevés aux Ss. Ordres et même l'un d'eux à la prêtrise ; celui qui accompagnera Mgr de Belline. L'entrée en Corée pour X^{bre} prochain est très probable ; nous voulons à tout prix former un clergé indigène. La persécution a épargné deux élèves en Corée, et deux que nous avons fait quatre, sur quatre piliers on peut construire un bel édifice, surtout lorsque le bon Dieu le soutient de sa main.

Mr. le commandant Cécille, qui me conduisit au Kannan, a reçu prorogation de commmandement dans les mers de Chine, il a sous ses ordres 2 frégates et trois corvettes, il m'écrit que, si on ne lui lie pas trop les jambes, il ira en Corée, et me promet que nous pourrons ensuite nous y présenter avec plus d'assurance. Ainsi les espérances de martyre s'évanouissent devant nos yeux.

…

② 메스트르 신부가 르그레즈와 신부에게 보낸 서한

· 발신일 : 1844년 5월 19일
· 발신지 : 길림
· 수신인 : 르그레즈와 신부
· 출   처 : AMEP vol. 577, ff. 761~762

1844년 5월 19일, 길림

친애하는 신부님께,

…[중략]…

우리 두 학생은 성품(聖品, 즉 부제품)을 받게 될 것입니다. 그리고 그들 중 한 명, 즉 벨리나 명의 (페레올) 주교님을 수행하게 될 학생은 사제품까지 받게 될 것입니다. 오는 12월에 조선에 입국하게 될 가망이 큽니다. 우리는 반드시 방인 사제 한 명을 만들고자 합니다. 박해 때 조선에서 학생 2명이 살아남았고 저희에게 2명이 있으니 총 4명입니다. 네 기둥 위에 우리는 멋진 건축물을 세울 수 있습니다. 특히 하느님께서 당신 손으로 받쳐주신다면 말입니다.

저를 강남에 데려다준 세실 함장이 중국해에서의 지휘권 연장을 허가 받았습니다. 그는 휘하에 2척의 프리깃함과 3척의 기함(旗艦)을 가지고 있습니다. 그가 제게 편지를 써 보내기를, 자신이 너무 제약을 받지 않는다면 조선에 갈 것이고 그러고 나면 우리는 더 안전하게 조선에 갈 수 있을 것이라고 저에게 약속했습니다. 이렇게 순교의 희망이 우리 눈앞에서 사라져 가고 있습니다.

…[이하 생략]…

③ Extrait d'une lettre de Mgr Ferréol à Mr Libois
(AMEP vol. 579 ; ff. 196~198)

Xen ian, le 10 X^{bre} 1844
Reçue le 3 Avril 1845

Monsieur et cher Confrère,

En arrivant dans cette ville j'ai appris de M. de la Brunière que le paquet de lettres arrivé de Macao venait d'être expédié pour PaKiatse, lieu de mon ancien refuge. Nous nous sommes croisés en route. Elles ont fait un séjour de plus de deux mois dans le Leao-tum!

...

Comme je vous l'annonçais dans ma dernière, j'ai envoyé deux hommes explorer le nord de la Corée. André a été de l'expédition. Vous verrez quel en a été le succès en lisant la relation qu'il en a faite. Lui et Thomas sont diâcres : je les ordonnerai prêtres le

③ 페레올 주교가 리브와 신부에게 보낸 서한

· 발신일 : 1844년 12월 10일
· 발신지 : 심양
· 수신인 : 리브와 신부
· 출   처 : AMEP vol. 579, ff. 196~198

1844년 12월 10일, 심양
1845년 4월 3일 수신

친애하는 신부님,

이 도시(심양)에 도착해서 드 라 브뤼니에르 신부로부터, 마카오에서 도착한 편지 꾸러미가 저의 옛 거처인 (소)팔가자로 막 발송되었다는 소식을 들었습니다. 길이 엇갈렸습니다. 그 편지들은 두 달 넘게 요동에 머물러 있었습니다.

…[중략]…

지난번 편지에서 알려드린 바와 같이 저는 조선의 북쪽을 답사하도록 두 사람을 보냈는데 (김대건) 안드레아가 거기에 참여하였습니다. 그가 작성한 보고서를 읽어 보시면 그 성과가 어떠한지 알게 되실 것입니다. 안드레아와 토마스는 이제 부제입니다.[38] 저는 가능한 한 빨리 그들

---

38 이처럼 페레올 주교는 김대건과 최양업에게 부제품을 주고 나서 기쁜 마음에 리브와 신부에게 이 사실을 말하였다. 따라서 이 서한의 날짜(12월 10일)에서 본다면, "1844년 12월

plutôt[plus tôt] qu'il me sera possible. André et moi nous nous acheminons vers Pien Men. Serons-nous cette fois-ci plus heureurx que les autres fois? Dieu le veuille. Si je ne puis entrer, je m'en vais au Kiam nan, tenter la voie par mer. Ou ce sera absolument impossible ou je pénétrerai finalement dans ma mission d'une manière ou d'une autre. Seulement il me faut le secours de vos ferventes prières avec cela je serai tout puissant.

…

을 사제품에 올리려 합니다. 안드레아와 저는 변문으로 향합니다. 이번에는 이전보다 나을까요? 하느님께서 도와주시기를! 만일 제가 입국하지 못하면 강남으로 가서 해로를 통해 시도하겠습니다. 완전히 불가능하든지, 아니면 어떻게 해서든 마침내 제 선교지에 들어가게 되든지 하겠지요. 다만 신부님의 뜨거운 기도의 도움이 제게 반드시 필요합니다. 그것이 있으면 저는 아주 강해질 것입니다.

…[이하 생략]…

10일경에 부제품을 주었다."고 설명해도 크게 틀리지는 않을 것 같다. 즉 김대건은 이해 4월 초 훈춘 여행에서 돌아와 8개월 동안 최양업과 함께 신학 공부를 계속하면서 삭발례부터 제1~5품, 그리고 제6품인 부제품까지 받은 것이다.

제 4 장
Chapitre 4

김대건의 활동과 사제 수품

Activités d'André Kim et son ordination sacerdotale

1. Entrée du diacre André Kim en Corée

① Extrait d'une lettre de Mr Maistre à Mr Albrand
(AMEP vol. 577 ; ff. 811~812)

Mongolie, 25 mai 1845

Monsieur et bien cher confrère,

…

Mgr Ferréol dégoûté de voyager sur terre, est allé à Macao chercher un navire français qui le porte en Corée ; très bien encore, c'est là que résident les autorités françaises députées auprès des cours de Chine et des royaumes voisins. Sa Grandeur trouvera indubitablement des navires ; peut-être même au moment où j'écris a-t-elle pris possession de la terre coréenne : déjà elle a envoyé d'avance un de nos élèves,

1. 김대건 부제의 조선 입국

① 메스트르 신부가 알브랑 신부에게 보낸 서한

- 발신일 : 1845년 5월 25일
- 발신지 : 몽골
- 수신인 : 알브랑 신부
- 출   처 : AMEP vol. 577, ff. 811~812

1845년 5월 25일, 몽골

친애하는 신부님,

…[중략]…

페레올 주교님은 육로가 지긋지긋해져서 조선으로 자신을 태워 갈 프랑스 배를 찾기 위해 마카오로 가셨습니다. 중국 황실과 이웃 나라에 파견된 프랑스 당국자들이 주재하는 곳이 바로 그곳이니 아주 잘하신 것입니다. 주교님은 틀림없이 배를 구하게 되실 것이고, 어쩌면 제가 편지를 쓰고 있는 바로 이때 이미 조선 땅에 들어가 계실지도 모릅니다. 주교님은 우리 학생 한 명(김대건 안드레아)을 미리 (조선으로) 보내셨습니다.[1] 머

---

[1] 본래 김대건은 페레올 주교와 함께 조선으로 갈 예정이었으나, 국경의 감시 때문에 페레올 주교는 입국하지 못하고 김대건 혼자만 1845년 1월 1일 의주 변문을 통과하여 1월 15일 서울에 도착하였다(다음 페레올 주교의 1845년 5월 25일 자 서한 참조).

bientôt nous aurons cathédrale et chapitre dans la capitale de Corée, et nous y chanterons grand-messe et vêpres comme dans votre chapelle au Séminaire de Paris.

...

Pour moi, je me contente d'entrer par la voie du nord que l'on dit assez sûre de la part des hommes, mais pénible et même dangereuse de la part des bêtes féroces ; mais l'oeil qui veille sur les pas du missionnaire, saura bien le soutenir et le préserver de tout danger. Je pourrai vous en dire quelque chose quand j'aurai fait le trajet.

...

② Extrait d'une lettre de Mr Maistre à Mr Libois
 (AMEP vol. 579 ; ff. 199~200)

Pakiatze, le 25 Mai 1845

Reçue le 24 8bre 1845

지않아 우리는 조선 수도에 대성당과 참사회를 갖게 될 것입니다. 그러면 파리 신학교의 성당에서처럼 우리는 그곳에서 대미사를 올리고 저녁 기도를 바치게 되겠지요.

…[중략]…

저는 북쪽 길을 통해서 입국하겠습니다. 그 길은 사람들로부터는 상당히 안전하지만 매우 힘들고, 또 맹수들 때문에 위험하다고들 합니다. 그러나 선교사의 발걸음을 돌보시는 눈이 그 선교사를 지탱해 주시고 모든 위험으로부터 지켜 주실 것입니다. 제가 그 여정을 마치고 나면, 신부님께 무언가 말씀드릴 수 있을 것입니다.

…[이하 생략]…

② 메스트르 신부가 리브와 신부에게 보낸 서한

· 발신일 : 1845년 5월 25일
· 발신지 : 팔가자
· 수신인 : 리브와 신부
· 출　　처 : AMEP vol. 579, ff. 199~200

1845년 5월 25일, 팔가자

1845년 10월 24일 수신

Monsieur et bien cher Confrère,

...

Mgr de Belline est allé vous raconter toutes ses aventures, touche-t-il au terme? je n'ose l'espérer ; je compte revoir Sa Grandeur en 9bre ou X^{bre} prochain. Je pense qu'il voudrait bien n'avoir pas rejeté la voie du nord, il y a deux ans ; mais il est assez ordinaire qu'on ne s'instruise que par les évènemens : si le bon Dieu permet que Mgr entre sur un navire français ou même sur une barque coréenne, j'espère qu'il m'appellera au mois de janvier par la terrible voie du nord ; mais je suis déjà bien endurci au froid, je demande tous les jours à notre divin Maître qu'il m'envoie travailler à sa vigne, et qu'il n'écrive pas après mon nom : homme stérile.

Je crains beaucoup pour l'expédition d'André, vous savez combien il est peu avisé dans ses démarches. Mgr Ferréol a pris Thomas en grippe, ce qui arrive très facilement à quiconque est dans le cas de passer quelque temps vis-à-vis de Sa Grandeur. N'allez pas, je vous prie, communiquer ceci à Mgr, il en serait offensé ; déjà je lui ai fait en particulier quelques observations à ce sujet, j'espère qu'il ne les prendra pas en mauvaise part : les nombreuses contradictions qu'il a éprouvées jusqu'ici ont beaucoup aigri son caractère, des temps plus heureux adouciront tout.

...

친애하는 신부님께,

…[중략]…

벨리나 명의 (페레올) 주교님께서 신부님께 자신의 온갖 모험담을 이야기하러 가셨는데, 끝이 날까요? 저는 감히 바랄 수가 없습니다. 저는 오는 11월이나 12월에 주교님을 다시 만날 예정입니다. 주교님께서 2년 전에 북쪽 경로를 반대하지 말았어야 했다고 생각하시는 것 같습니다. 그러나 아주 예사로이 우리는 결과를 통해서만 깨닫게 되지요. 하느님께서 주교님이 프랑스 함선이나 조선 배로 입국하는 것을 허락하신다면, 주교님께서 1월에 험한 북쪽 길로 저를 불러 주시기를 기대합니다. 저는 이미 추위에 잘 단련되어 있습니다. 저는 매일 주님께 당신의 포도밭에서 일하도록 저를 보내 달라고, 또 제 이름 뒤에 '결실을 맺지 못하는 사람'이라고 쓰지 말아 달라고 청합니다.

(김대건) 안드레아의 원정이 매우 염려됩니다. 그의 행동이 별로 주의 깊지 못하다는 것을 신부님도 아시지요. 페레올 주교님께서 (최양업) 토마스에게 갑자기 반감을 품으셨습니다. 이것은 주교님과 얼마 동안 같이 지내는 사람에게는 누구에게나 아주 쉽게 일어나는 일입니다. 주교님께 이 이야기는 하지 마십시오. 기분 상해하실 것입니다. 저는 벌써 이 문제에 대해 개인적으로 그분께 몇 번 지적하였습니다. 그분이 그것을 나쁘게 받아들이시지 않기를 바랍니다. 그분이 지금까지 겪은 수많은 장애가 그분의 성격을 무척 까다롭게 만들었습니다. 더욱 행복한 시간이 오면 모든 것이 진정될 것입니다.

…[이하 생략]…

③ Extrait d'une lettre de Mgr Ferréol à MM. les membre des Conseils centraux de Lyon et de Paris
(APF 1846 N. 104, pp. 76~81)

Macao, 25 mai 1845

Messieurs,

...

Je fus fidèle au rendez-vouz ; j'arrivai à la frontière le premier jour de cette année, à l'heure même où la légation coréenne la franchissait pour passer en Chine. Le même chrétien ne tarda pas à se rendre à l'auberge où j'étais descendu. En le voyant mon coeur palpita de joie ; j'étais à la porte de ma nouvelle patrie, de la terre qui m'avait été promise, et dans laquelle je cherchais à pénétrer depuis si longtemps. Je me croyais à la fin de mon exil ; toutefois je tremblais d'apprendre de funestes nouvelles. Les bras me tombèrent quand il me dit que mon entrée ne pourrait encore s'effectuer pour le moment. Sur sept chrétiens, partis de la capitale, et parvenus sans obstacles à Itcheou, douane la plus voisine de la Chine, trois seulement avaient pu la franchir ; les autres, objets de graves soupçons, entourés partout de soldats qui les

③ 페레올 주교가 파리와 리옹의 참사회원들에게 보낸 서한

· 발신일 : 1845년 5월 25일
· 발신지 : 마카오
· 수신인 : 파리와 리옹의 참사회원들
· 출   처 : 『전교회 연보』 1846년 제104호, pp. 76~83

1845년 5월 25일, 마카오

신부님들께,

…[중략]…

저는 약속한 대로 올해 1월 1일, 조선 사절단이 중국으로 가기 위해 국경을 통과하는 바로 그 시간에 국경에 도착했습니다. 그 교우(김 프란치스코)가 제가 묵고 있는 주막으로 늦지 않게 왔습니다. 그를 보자 기뻐 제 심장이 뛰었습니다. 저의 새 조국, 오래전부터 입국하려 애쓴 약속된 땅의 문턱에 있었습니다. 저의 유배가 끝나는 것으로 생각하였습니다. 그러나 불길한 소식을 듣고 몸이 떨렸습니다. 그 교우로부터 당장은 제 입국이 아직 실현될 수 없다는 말을 듣자 저는 놀라서 말도 나오지 않았습니다. 7명의 교우가 수도에서 출발하여 중국에서 가장 가까운 세관(관문)이 있는 의주에 무사히 도착하였는데, 그중 3명만이 그곳을 지날 수 있었습니다. 큰 의혹의 대상이 되어 집요하게 신문하며 괴롭히는 군사들에게 둘러싸였던 나머지 사람들은 말을 이끌고, 또 제게 입히려 했던 옷들을 가지고 서둘러 되돌아갔습니다. 이리하여 제 입국은 불가능해졌고 연기

accablaient de questions pressantes, s'étaient hâtés de regargner l'intérieur, emmenant les chevaux et emportant les habits qui devaient me servir. Dès lors mon entrée devenait impossible ; il fallut l'ajourner.

...

Mes courriers consentirent à introduire un de nos élèves coréens que j'avais ordonné Diacre ; il était trop jeune encore pour recevoir la prêtrise. Sera-t-il parvenu sans accident jusqu'aux provinces méridionales, où se trouvent les chrétiens? Je l'ignore encore.

...

Je m'embarquai au Leao-Tong pour retourner à Macao. Quinze jours de navigation suffirent pour ce voyage.

...

해야만 하게 되었습니다.

…[중략]…

제 밀사들은 제가 부제품을 준 우리 학생 중 한 명을 입국시키는 데는 동의하였습니다. 그는 사제품을 받기에는 아직 너무 어렸습니다. 교우들이 있는 남쪽까지 그가 무사히 도착하게 될까요? 아직은 모르겠습니다.

…[중략]…

저는 마카오로 돌아가기 위해 요동에서 배를 탔습니다. 항해는 보름 동안으로 충분했습니다.

…[이하 생략]…

2. Arrivée du diacre André Kim à Changhai et son ordination sacerdotale

① Extrait d'une lettre de Mr Gotteland s.j. à Mr Libois
(AMEP vol. 308 ; ff. 1325~1328)

Reçue le 23 juillet 1845

Bonne nouvelle : André est arrivé avant-hier à Chang-hai, avec une jonque Coréenne, dirigée par une jonque Chinoise (de Can-Tong, m'a-t-on dit). Il y a 12 hommes à bord de la barque Coréenne, tous chrétiens, ils ont eu bien du mal en mer : une tempête affreuse a brisé leur gouvernail et les a forcés de couper leur mât. Dans leur

2. 김대건 부제의 상해 도착과 사제 수품

① 고틀랑 신부가 리브와 신부에게 보낸 서한

- 발신일 : (1845년 5월 30일)[2]
- 발신지 : (상해)
- 수신일 : 1845년 7월 23일
- 수신인 : 리브와 신부
- 출　　처 : AMEP vol. 308, ff. 1325~1328

1845년 7월 23일 수신

　기쁜 소식을 전합니다. (김대건) 안드레아와 조선 정크선이 중국 정크선(산동의 정크선이라고 합니다.)에 이끌려 그저께 상해에 도착했습니다. 조선 배에 12명[3]이 있었는데 모두 교우들입니다. 그들은 뱃멀미를 상당히 많이 하였습니다. 무서운 폭풍우로 배의 키가 부서졌고, 그들은 돛대를 부러뜨려야만 했습니다. 조난당했을 때 그들은 중국 배를 만났습니

---

2 이 서한에는 발신일이 없다. 그러나 편지 내용 중 김대건이 그저께 상해에 도착했다고 한 점에서 이 서한이 1845년 5월 30일에 작성되었음이 확실하다. 왜냐하면 고틀랑 신부는 김 부제가 상해(정확히는 오송 항구에) 도착한 날을 5월 28일로 보고 있기 때문이다(다음의 7월 8일 자 서한 참조).

3 김대건 신부의 1845년 7월 23일 자 서한에 의하면 정확히 '김대건 부제와 11명의 조선 교우들'인데, 고틀랑 신부는 교우들만 12명이라고 하였다(다음의 7월 8일 자 서한 참조). 이 교우들 중에서 이름이 알려진 사람들은 현석문(玄錫文, 가롤로), 이재의(李在誼, 토마스), 최형(崔炯, 베드로), 임치화(林致化), 노언익(盧彦益), 임성실(林聖實), 김인원(金仁元) 등이다.

détresse, ils ont recontré la jonque chinoise dont le parton a consenti à les conduire à Chang-hai, moyennant la somme de mille piastres que lui a promise André. Nous allons tâcher de faire rabattre quelque chose, s'il y a moyen : le jonque chinoise est à leur service depuis 18 jours ; elle a 11 hommes d'équipage et elle a renoncé à son petit commerce (contrebande de sel), pour conduire les Coréens.

André est un intrépide qui en impose aux mandarins eux-mêmes : du reste le Consul Anglais, que Mgr Ferréol avait prévenu, l'a reçu à bras ouverts et me fait écrire qu'il se fera un bonheur de le protéger. Il restera ici jusqu'au retour de Mgr Ferréol. Vous comprenez sans peine, mon bien cher Monsieur Libois, que si le Consul de la Gde Bretagne a quelque jouissance à seconder de si braves gens, nous y participerons bien un peu.

Il paraît qu'en Corée comme ailleurs le sang des martyrs est une rosée qui fait germer la foi dans les coeurs ; la moisson y est en pleine maturité. Daigne le Séigneur seconder vos voeux et vos saints projets.

…

Je vous avoue, mon bien cher Mr Libois, qu'en apprenant ces petites particularités de Mgr Ferréol, j'ai compris mieux qu'auparavant la futilité de tous les remous humains.

…

André me dit que ce serait un malheur si Mgr Ferréol allait en Corée sans passer par Chang-hai.

Priez pour cette bande chérie de vos enfants, qui méritent un si

다. 그 배의 선주는 안드레아가 약속한 1,000피아스트르를 받는 조건으로 그들을 상해로 인도하기로 하였습니다. 방법이 있으면 값을 좀 깎아 보도록 하겠습니다. 중국 정크선은 18일 동안 그들을 도왔습니다. 그 배에는 선원이 11명 있었는데, 조선인들을 이끌고 가기 위해 그들의 장사(소금 밀수)를 포기했습니다.

안드레아는 관원들을 위압할 정도로 대담합니다. 게다가 페레올 주교님이 미리 기별해 놓은 영국 영사가 안드레아를 크게 환영하였고 그를 기꺼이 보호하겠다는 편지를 제게 보내왔습니다. 안드레아는 페레올 주교님이 돌아오실 때까지 이곳에 머무를 것입니다. 친애하는 리브와 신부님, 신부님께서도 쉽사리 이해하시겠지만, 대영 제국의 영사가 이렇게 선량한 (조선) 사람들을 기쁘게 돕고 있으니 우리도 이 일에 미약하나마 기꺼이 함께하겠습니다.

조선에서도 다른 곳에서와 마찬가지로 순교자들의 피가 이슬이 되어 (신자들의) 마음속에 신심을 싹트게 하는 것 같습니다. 수확물이 완전히 무르익어 있습니다. 주님께서 신부님의 바람과 거룩한 계획을 도와주시기를 기원합니다.

…[중략]…

친애하는 리브와 신부님, 신부님께 털어놓자면, 페레올 주교님의 이러한 사소한 특징들을 알게 되면서 저는 온갖 인간적인 동요가 무용하다는 것을 전보다 더 이해하게 되었습니다.

…[중략]…

안드레아는 페레올 주교님이 상해를 들르지 않고 조선에 가신다면 그것은 안 좋은 일이라고 말하였습니다.

큰 관심을 받아 마땅한 신부님의 이 소중한 자녀들을 위해 기도해 주

grand intérêt.

...

② Extrait d'une lettre du R.P. Gotteland, de la Compagnie de Jésus, à un Père de la même Société
(APF 1847 N. 112, pp. 226~231)

Kiang-nan, 8 juillet 1845

Mon Révérend Père,

Je reprends cette lettre le 11 Août, après l'avoir commencée le 8 Juillet, et à quelle heure croyez-vous que je me remette à écrire? Vous savez que les nuits pour moi ne sont rien moins que pleines,

십시오.

　…[이하 생략]…

② 예수회 고틀랑 신부가 같은 회 소속 신부에게 보낸 서한[4]

· 발신일 : (1845년 9월 12일 이후[5])
· 발신지 : 강남
· 수신인 : 예수회 소속 신부
· 출　　처 : 『전교회 연보』 1847년 제112호, pp. 226~231

1845년 7월 8일, 강남

공경하올 신부님,

　7월 8일에 쓰기 시작한 이 편지를 오늘 8월 11일에 다시 이어 쓰고 있습니다. 제가 편지 쓰는 일을 몇 시에 다시 시작했는지 아십니까? 신부님께서도 아시다시피 저는 밤에도 일이 가득합니다. 그러니 일하기보다

4　이 서한의 내용 일부는 샤를르 달레의 저서에도 인용되었다(샤를르 달레 저, 안응렬 · 최석우 역주, 『한국 천주교회사』 하, 1980, 74~75쪽).

5　서한 맨 앞에는 작성일이 1845년 7월 8일로 기입되어 있으나 서한의 맨 마지막 문단에 "오늘은 9월 12일입니다."라는 문장이 있다.

et j'écris souvent dans des moments où j'aurais bien plus besoin de me reposer que de travailler. Les nuits toutefois ne se passent pas toujours à faire des lettres. J'ai veillé l'autre jour, depuis 9h. du soir jusqu'à 4h. du matin, pour entendre des confessions ; devinez lequelles : des confessions de Coréens.

Vous savez que la pauvre Corée est toujours sous le glaive de la persécution. L'année dernière Mgr Ferréol, son Vicaire apostolique, qui attendait depuis plus de trois ans sur les confins de sa chère Mission, sans pouvoir y pénétrer, envoya dans ce malheureux pays un jeune diacre coréen qui avait étudié à Macao. André Kim, c'est le nom du jeune diacre, après avoir tenté deux fois l'entrée de son propre pays, avec des fatigues et des périls incroyables, et s'être vu forcé deux fois de revenir en Chine, réussit enfin à la troisième tentative, et parvint jusqu'à la capital, en voyageant principalement la nuit et se cachant le jour. Si on avait seulement soupçonné son retour dans sa patrie, il aurait été infailliblement arrêté et promptement écartelé ; car, depuis longtemps il est dénoncé à la police comme ayant quitté la Corée pour étudier la langue des Européens.

Mgr Ferréol avait ordonné au courageux diacre de se procurer une jonque, s'il le pouvait, de s'adjoindre des chrétiens pour faire l'office de matelots, et de venir le chercher à Chang-hai, espérant pouvoir

는 쉬어야 할 필요가 훨씬 클 때 종종 저는 편지를 씁니다. 그렇더라도 밤마다 편지를 쓸 수 있는 건 아닙니다. 요전에는 저녁 9시부터 새벽 4시까지 고해성사를 주느라 밤을 지새웠습니다. 누구에게 주었는지 맞혀 보십시오. 조선인 고해자들이었습니다.[6]

신부님도 아시다시피 가엾은 조선은 여전히 박해의 칼 아래 놓여 있습니다. 자신의 포교지에 들어가지 못하고 국경에서 3년 이상을 기다리던 조선 대목구장 페레올 주교님은 마카오에서 공부한 젊은 조선인 부제 한 명을 작년에 이 불행한 나라로 파견하였습니다. 이 젊은 부제의 이름은 김 안드레아인데, 그는 믿을 수 없을 정도의 피로와 위험 속에서 자신의 나라에 두 차례 입국을 시도했다가 두 번 중국으로 되돌아가야만 했습니다. 마침내 세 번째 시도에서 성공하여 주로 밤에 이동하고 낮에는 숨어 지내면서 수도에 도착하였습니다. 만일 그의 귀국이 조금이라도 의심을 받았다면 그는 틀림없이 잡혀 즉시 능지처참을 당했을 것입니다. 왜냐하면 그는 오래전부터 서양 말을 배우기 위해 조선을 떠났다고 고발되어 있었기 때문입니다.

페레올 주교님은 오래전부터 육로 입국이 불가능했던 이 포교지에 해로로 입국하기를 바라면서, 이 용감한 부제에게 정크선 한 척을 마련하고 가능하면 교우들을 뱃사공으로 삼아 상해로 자신을 데리러 오라고 지

---

6 이 문단은 『전교회 연보』에는 없는 부분이다. 중국에서 활동한 예수회 선교사들의 서한을 엮어 예수회에서 간행된 *Lettres des Nouvelles Missions de la Chine*, tome I에 수록되어 있는 같은 날짜의 고틀랑 신부 서한에서 발췌하였다.

enfin arriver par mer dans cette Mission, dont l'entrée lui était depuis si longtemps fermée par terre. André a fidèlement obéi au Prélat, il a acheté une barque, mais quelle barque? c'est un vrai sabot, comme disent nos gens de la marine ; elle n'avait pas même été construite pour la mer, mais seulement pour les fleuves à l'intérieur. Néanmoins, un beau jour, le jeune diacre appelle ce qu'il connaît de plus dévoué parmi les chrétiens, les embarque sans même leur dire où il veut les mener, et lui, capitaine improvisé, avec un équipage non moins neuf en fait de navigation, il pousse au large sur son frêle esquif. Bientôt ils ont quitté les côtes de la patrie, et, à l'aide d'une boussole de vingt-cinq centimes, les voilà qui cherchent le sol inhospitalier du Céleste Empire.

Parmi les lois tant vantées de la Chine, il en est une, passée en convention avec la Corée, dont les dispositions donnent une idée assez exacte de la manière dont on entend l'égalité dans ces lointains parages : Si une jonque coréenne, maltraitée par le gros temps, est jetée sur les rives de la Chine, elle doit être sur-le-champ mise en pièces et livrée aux flammes ; si, au contraire, une jonque chinoise, fuyant la tempête, se réfugie en Corée, les Coréens doivent la réparer, lui fournir tout ce qui peut lui être nécessaire, et la remettre à flot.

André Kim emportait avec lui dans sa barque une pieuse image venue de France, et représentant celle qu'on invoque à si juste titre comme l'Étoile de la mer ; il avait encore la protection de son propre père,

시하였습니다. 안드레아는 주교님께 충실히 순종하여 배 한 척을 구입했습니다. 그러나 어떤 배였을까요? 우리 해군들 말마따나 그 배는 정말로 고물이었습니다. 그것은 바다에서가 아니라 내지의 강에서 쓸 용도로 만들어진 것이었습니다. 그럼에도 불구하고 어느 날 이 젊은 부제는 교우 중에서 자기가 아는 가장 헌신적인 사람들을 불러 어디로 데려가는지조차 말하지 않고 그들을 배에 태웠습니다. 그리고 자신이 즉석에서 선장이 되어 항해에 무지한 선원들과 함께 빈약한 작은 배를 타고 대양으로 나갔습니다. 곧 그들은 조국의 해안을 떠나 25상팀[7]짜리 나침판에 의지해서 불친절한 중국 땅으로 향했습니다.

중국이 그토록 자랑하는 법들 가운데 조선과 협약한 법이 하나 있는데, 그 처분을 보면 먼바다에서 평등함이 어떻게 받아들여지는지 그 방식이 아주 명확하게 제시되어 있습니다. 즉, 조선 정크선이 악천후로 중국 해안에 이르게 되면 그 배는 당장에 조각 나서 불태워지게 되어 있습니다. 반대로 중국 정크선이 폭풍우를 피해 조선으로 피신하게 되면 조선인들은 그 배를 수리하고 필요한 모든 것을 제공한 후 바다로 다시 띄우게 되어 있습니다.

김 안드레아는 프랑스에서 온 바다의 별을 상징하는 상본(바다의 별이신 성모 마리아 상본) 한 장을 갖고 배에 탔습니다. 또 그에게는 그의 아버지와 조부, 증조부 총 3명의 예수 그리스도의 순교자들[8]의 보호가 있었

---

7 상팀(centime) : 프랑스의 화폐 단위로, 1상팀은 1/100프랑이다.
8 김대건의 증조부 김진후(金震厚, 비오)는 1814년 해미에서 옥사했고, 종조부 김종한(金宗漢,

de son aïeul et de son bisaïeul, tous trois martyrs de J.C. Sa mère elle-même avait voulu se livrer aux persécuteurs ; mais les tyrans, effrayés de voir les femmes et les enfants venir en foule déclarer en leur présence qu'ils étaient chrétiens, avaient défendu de les arrêter.

Le diacre, devenu capitaine de navire, ne tarda pas à avoir besoin de son héroïque confiance et d'une protection spéciale du ciel. Une tempête horrible vint assaillir nos navigateurs inexpérimentés, elle brisa mâts et gouvernail, et emporta au gré de sa fureur la barque à demi submergée sur l'abîme. Bien d'autres jonques mieux constituées périrent ce jour-là. A la vue du danger, l'équipage est saisi de terreur, et tous les regards se portent sur André. L'intrépide jeune homme, jugeant avec raison qu'il devait montrer d'autant moins de peur que ses gens en avaient davantage, rassure tout le monde par sa contenance et par ses paroles : «Voilà, dit-il en montrant l'image de la Vierge, voilà celle qui nous protége. Ne craignez rien, nous arriverons à Chang-hai, et nous verrons notre Evêque.»

Il disait vrai. Bientôt ils aperçurent une jonque chinoise dont le patron, moyennant la promesse d'une somme assez forte, se chargea de les conduire jusqu'à leur destination. C'est sous la tutelle de ce navire que la barque coréenne est parvenue devant Chang-hai le 28 mai dernier.

습니다. 그의 어머니(고 우르술라)도 박해자에게 자수하려 하였지만, 여교우들과 아이들이 무리를 지어 자수하러 올 것을 두려워한 박해자들은 그들을 체포하는 것을 금지하였습니다.

선장이 된 부제는 곧 영웅적인 믿음과 하늘의 특별한 보호를 필요로 하게 되었습니다. 무서운 폭풍우가 경험이 없는 우리 항해자들을 공격하였습니다. 폭풍우는 배의 돛대와 키를 부수고, 맹렬하게 배의 절반을 심연으로 끌고 들어갔습니다. 더 잘 만들어진 다른 정크선들이 이날 많이 침몰하였습니다. 위험에 처하자 선원들은 공포에 사로잡혔고 모두의 시선이 안드레아에게로 향했습니다. 이 대담한 젊은이는 같이 겁을 내면 그들이 더욱 두려워할 것을 알고 침착한 태도와 다음과 같은 말로 모두를 안심시켰습니다. 그는 성모님의 상본을 보이며 "여기에 우리를 보호하시는 분이 계십니다. 아무것도 두려워하지 마십시오. 우리는 상해에 도착할 것이고 우리의 주교님을 뵙게 될 것입니다."라고 말했습니다.

과연 그의 말은 옳았습니다. 곧 그들은 중국 정크선 한 척을 만났습니다. 그 배의 선장은 거액을 약속받고 그들을 목적지까지 데려다주기로 하였습니다. 이 배의 보호로 조선 배는 지난 5월 28일 상해 앞바다(오송)에 도착하였습니다.

안드레아)은 1815년 을해박해 때 체포되어 1816년에 순교했으며, 아버지 김제준(金濟俊, 이냐시오)은 1839년 기해박해 때 순교하였다.

Son apparition dans la rade de Wou-Song fut un phénomène pour le pays. Les Coréens ne viennent jamais dans ces parages ; leurs barques d'ailleurs sont d'une construction toute différente des jonques chinoises, et leur costume n'est guère moins étrange que celui des Européens pour les habitants du Céleste Empire. Les mandarins ne pouvaient donc ignorer ce fait, et André Kim connaissait ce qu'il avait à craindre. Comme il a étudié à Macao chez MM. des Missions Etrangères où il a appris un peu de français, il commença par faire visite à quelques officiers de la station anglaise. Il fut reçu à bras ouverts, et on lui promit aide et protection, s'il en était besoin. André, se voyant assuré de cette protection puissante, se garde bien d'éviter le mandarin du port ; il va le trouver, lui dit que maltraité par la tempête, il a besoin de réparer sa jonque, et que son intention est de se rendre à Chang-hai pour la radouber ; qu'il le prie donc d'informer le grand mandarin de cette ville de sa prochaine arrivée. Puis il ajoute : «Je n'ignore pas les dispositions des lois par rapport aux barques coréennes qui viennent en Chine ; mais je prie les mandarins de ne pas me molester ; s'ils me suscitent des affaires, je saurai bien leur en susciter à mon tour : qu'ils le veuillent ou ne le veuillent pas, je retournerai en Corée sur ma jonque, et les Européens sont là pour m'aider, si les Chinois me refusent leur assistance.» Voilà, pour le dire en passant, la vraie manière de traiter avec les Chinois ; avec eux il ne faut pas prier, il faut commander.

Le mandarin de Wou-Song, surpris de trouver tant de fermeté dans un jeune homme, lui fit bon accueil et ne l'inquiéta point pour

오송 정박지에 이 배가 나타난 것은 그 지역에서는 놀라운 사건이었습니다. 조선인들은 이 해안에 전혀 오지 않습니다. 게다가 그들의 배는 건조(建造) 방식이 중국 정크선과 매우 다르고, 그들의 의복은 중국인들에게 유럽인의 의복 못지않게 생소합니다. 그러므로 (중국) 관리들이 이러한 사실을 모를 리 없었습니다. 김 안드레아는 무엇을 두려워해야 하는지를 알고 있었습니다. 그는 파리 외방전교회 마카오 대표부에서 공부하였고, 거기서 프랑스어를 약간 배웠으므로 영국 주둔군의 몇몇 장교들을 방문하기 시작했습니다. 그는 크게 환영받았고, 그들은 필요하면 그를 돕고 보호하겠다고 약속했습니다. 이런 강력한 보호를 확신하게 되자 안드레아는 항구의 관장을 피하지 않으려 주의하였습니다. 안드레아는 그 관장을 찾아가, 폭풍우를 만나 배를 수리할 필요가 있어서 상해로 갈 생각이니 상해 관장에게 자신의 도착을 기별해 주기 바란다고 말했습니다. 이어 이렇게 덧붙였습니다. "중국으로 오는 조선 배에 대한 법의 조치를 모르는 바 아닙니다. 그러나 관원들이 나를 괴롭히지 않기를 바랍니다. 만일 그들이 나에게 말썽을 일으킨다면 나도 그들에게 그리할 것입니다. 그들이 원하든 원하지 않든 나는 내 배로 조선에 돌아갈 것입니다. 중국인들이 협조를 거절하면 여기 있는 유럽인들이 나를 도와줄 것입니다." 여담입니다만 이것이야말로 중국인들을 대하는 진짜 방법입니다. 그들에게는 청해서는 안 되고 명령해야 합니다.

오송 관장은 젊은이의 단호함에 놀라 그를 환대하고 상해로의 그의 여행을 조금도 방해하지 않았습니다. 상해에 이르자마자 안드레아는 영

son voyage à Chang-haï. A peine arrivé dans cette ville, André alla rendre visite au consul anglais, qui le reçut on ne peut mieux, et le fit ensuite porter en palanquin dans une famille chrétienne. C'est de là qu'il m'écrivit en hâte pour m'informer de son retour. Je l'avais connu à Macao et au Kiang-nan même, lors de son passage pour se rendre en Corée. Je me rendis bien vite chez le chrétien qui le logeait et qui avait beaucoup plus peur que lui à son sujet. Je lui fis donner l'argent nécessaire pour subvenir aux premiers besoins de son équipage ; puis je le fis reporter à sa jonque, en lui recommandant de ne plus revenir dans cette famille, parce qu'elle était dans l'appréhension que les mandarins ne lui fissent un crime de l'hospitalité qu'elle lui avait un instant donnée. Cette maladie de la peur est un peu épidémique chez les Chinois, et nous sommes obligés d'user de beaucoup de ménagements avec nos pauvres chrétiens.

Après avoir renvoyé André à son équipage, qui avait grand besoin de lui dans les premiers moments d'une position si critique, je m'empressai d'aller visiter ces braves gens à leur bord. Vous pouvez juger, mon R. Père, de la consolation que j'éprouvai en me voyant au milieu de douze chrétiens, presque tous pères, fils, ou parents de martyrs. L'un d'eux a eu sa famille à peu près immolée pour la cause du Seigneur ; il n'y a pas jusqu'à son petit enfant de onze ans

국 영사를 방문하였습니다. 영사는 그를 더할 나위 없이 환대하였고, 이어 그를 가마에 태워 한 교우 집으로 보냈습니다. 거기서 그는 서둘러 저에게 자신의 귀환을 알리는 편지를 보냈습니다. 저는 그를 마카오에서 알았고 또 그가 조선으로 가기 위해 강남에 들렀을 때에도 만났습니다. 저는 김 안드레아를 유숙시키고 있던 교우의 집으로 급히 갔습니다. 이 교우는 안드레아에 대하여 안드레아 본인보다도 더 겁을 먹고 있었습니다. 저는 안드레아에게, 선원들에게 가장 급한 생필품을 사주는 데 필요한 돈을 주었습니다. 이어 그에게, 이 가족이 그에게 잠시 숙식을 제공한 것을 관헌이 죄로 몰지 않을까 겁을 먹고 있으니 그 집으로 다시 가지 말라고 권하며 사람을 시켜 그를 그의 배로 데려다주게 하였습니다. 이 공포증은 중국인들에게 약간 유행처럼 번져 있어서 우리는 가엾은 교우들을 아주 조심해서 대해야 합니다.

그렇게도 위험한 처지에 있게 된 처음 얼마 동안 안드레아를 몹시 필요로 하던 선원들에게 안드레아를 돌려보내고 나서 저도 그 착한 사람들을 만나 보려고 그들의 배로 서둘러 갔습니다. 거의 모두가 순교자들의 아버지요, 아들이요, 친척인 이 12명의 교우와 만났을 때 제가 얼마나 위로를 받았는지 신부님도 짐작하실 수 있을 것입니다. 그중 한 사람[9]의 가족은 주님을 위하여 거의 모두가 몰살당했습니다. 그의 11세 된 손자[10]까지도 순교를 통하여 하늘나라로 가기를 원하였던 것입니다. 처음 만나

---

9   현석문(가롤로)을 말한 것 같다. 아버지 현계흠(玄啓欽, 플로로)은 1801년 신유박해 때, 누나 현경련(玄敬連, 베네딕타)은 1839년 기해박해 때 순교하였다. 아내 김 데레사와 아들 은석도 1839년에 죽었다.
10 현석문의 '손자'가 아니고 '아들' 은석이었다.

qui n'ait voulu s'en aller au ciel par la voie du martyre. Dès la première entrevue il fut question de confession ; mais André voulut d'abord remettre sa jonque un peu en état, afin que je pusse y dire la messe. Quand elle fut prête, on vint m'avertir et je m'y rendis, le soir, résolu d'y passer la nuit, pour célébrer les saints mystères le lendemain. Mais il fallait d'abord confesser nos braves Coréens, qui le désiraient grandement. Il y avait six à sept ans qu'ils n'avaient pas vu de prêtres ; Mgr Imbert et MM. Mauband[Maubant] et Chastan, les derniers Missionnaires de la Corée, furent martyrisés en 1839.

Comme ces bons néophytes n'entendaient guère mieux le chinois que je ne comprenais leur coréen, je leur fis exposer nettement ce que la théologie enseigne sur l'intégrité de la confession, quand on ne peut l'accomplir que par interprète : mais ils ne voulurent point user de l'indulgence accordée en pareille occasion. «Il y a si longtemps que nous n'avons pu nous confesser, disaient-ils, nous voulons tout dire.» Donc, après m'être assuré qu'ils étaient suffisamment instruits des mystères de la religion, je m'assis sur une caisse, et mon cher Diacre vint le premier. Sa confession faite, il resta en place, à genoux, appuyé sur ses talons, pour servir d'interprète aux matelots, qui arrivèrent l'un après l'autre, se jetant à genoux à côté de lui ; il tenait ainsi le milieu entre le confesseur et le pénitent. Avant de commencer la confession, je faisais répéter par l'interprète à chacun des pénitents ce que j'avais dit d'abord à tous, de la non obligation de confesser toutes ses fautes eu pareil cas ; mais j'obtenais constamment la même réponse : «Je veux tout dire.»

자마자 고해성사가 문제가 되었습니다. 그러나 안드레아는 제가 미사를 드릴 수 있도록 우선 배를 좀 정리하고 싶어 했습니다. 배가 정리되자 제게 기별하였고 저는 이튿날 미사성제를 드리기 위하여 배에서 밤을 지낼 각오를 하고 저녁에 그리로 갔습니다. 그러나 고해하기를 몹시 원하는 우리 착한 조선인들에게 우선 고해성사를 주어야 했습니다. 그들이 신부를 보지 못한 지가 6~7년은 되었습니다. 조선의 마지막 선교사들인 앵베르 주교님과 모방 신부님, 샤스탕 신부님이 1839년에 순교하셨기 때문입니다.

이 착한 교우들이 중국말을 거의 못 알아듣는 것이나 제가 조선말을 알아듣지 못하는 것이나 마찬가지였으므로 저는 통역을 거쳐서만 고해를 해야 하는 경우에 고해성사의 완전성에 대하여 신학에서 가르치는 것을 그들에게 분명히 설명하였습니다. 그러나 그들은 이런 경우에 허용되는 대사(大赦)를 받아들이기를 원치 않았습니다. 그들은 "저희가 고해를 하지 못한 지가 하도 오래되었으니 모든 것을 고하렵니다." 하고 말하는 것이었습니다. 그리하여 저는 그들이 교리를 충분히 배웠다는 것을 확인하고 나서 상자 위에 앉았습니다. 우리 소중한 부제가 맨 처음으로 왔습니다. 그는 고해를 끝낸 후 그 자리에 무릎을 꿇고 앉아 차례로 그의 옆에 와서 무릎을 꿇는 선원들의 통역을 하였습니다. 그는 이렇게 고해 신부와 고해하는 교우 사이에 있었습니다. 고해성사를 주기에 앞서 저는 먼저 모두에게 말했던 것, 즉 이런 경우에는 모든 잘못을 고해할 의무가 없다는 것을 통역을 통해 거듭 알렸으나 한결같이 "모두 고해하렵니다."라는 같은 대답뿐이었습니다.

Ces confessions me retinrent donc plus de temps que je ne pensais ; tous firent l'aveu de leurs fautes avec une ferveur admirable ; je finis qu'il était à peu près l'heure de dire la messe. La jonque avait été ornée dès la veille, et les derniers préparatifs furent bientôt faits. J'offris donc le saint Sacrifice sur un tout petit navire, près d'une grande ville remplie d'idolâtre, et environné de quelques fidèles, heureux, après une si longue privation, de pouvoir participer à nos saints mystères.

… Nous voici maintenant au 12 septembre. André a été ordonné prêtre, le dimanche 17 août, dans une chrétienté près de Chang-hi, par Mgr Ferréol, Vicaire apostolique de la Corée. C'est le premier Coréen qui ait été élevé au sacerdoce ; il a dit sa première messe au séminaire de Wam-dam, le dimanche 24 août, assisté par M. Daveluy. Le dimanche suivant, 31 août, Mgr Ferréol et son compagnon montaient à bord du sabot coréen pour aller dans leur Mission, où les chrétiens sont toujours mis hors la loi. Quel héroïque courage! …

Gotteland, S.J.

그러므로 이 고해는 생각한 것보다 더 많은 시간이 걸렸습니다. 모두가 자신들의 잘못을 훌륭한 열성으로 고백하였습니다. 미사 드릴 시간이 거의 다 되어 고해가 끝났습니다. 배는 전날부터 장식되어 있었으므로 마지막 준비는 곧 끝났습니다. 이리하여 저는 우상 숭배자로 가득 찬 대도시 근처의 아주 조그마한 배 위에서, 그렇게도 오랜만에 미사에 참여할 수 있게 된 것을 기뻐하는 몇몇 교우들에게 둘러싸여 미사성제를 올렸습니다.

…오늘은 9월 12일입니다. 안드레아는 8월 17일 주일, 상해 근처의 한 교우촌에서 조선 대목구장 페레올 주교님으로부터 사제품을 받았습니다. 그는 사제직에 오른 첫 번째 조선인입니다. 그는 첫 미사를 8월 24일 주일에, 다블뤼[11] 신부의 복사를 받으며 횡당(橫堂) 신학교에서 드렸습니다. 그리고 다음 주일인, 8월 31일에 페레올 주교님과 그의 동료(다블뤼 신부)는 교우들이 항상 법의 보호 밖에서 살고 있는 그들의 포교지로 가기 위해 그 조선 고물 배에 올랐습니다. 얼마나 영웅적인 용기입니까!…

고틀랑

---

11 다블뤼(M.N.A. Daveluy, 安敦伊, 1818~1866) : 성인. 파리 외방전교회 선교사. 1845년 페레올 주교, 김대건 신부 등과 함께 조선에 입국하였다. 1857년 3월 25일에 주교로 서품되었고, 부주교로서 베르뇌 주교를 보좌했다. 1866년 3월 7일 베르뇌 주교가 처형되자, 제5대 조선 대목구장이 되었다. 하지만 그해 3월 11일에 체포되어 3월 30일 충청남도 보령 갈매못에서 순교하였다.

③ Extrait d'une lettre de Mgr Ferréol à Mʳ Libois
(AMEP vol. 579 ; ff. 201~204)

Shang-hai, le 28 Août 1845

Reçue le 21 7ᵇʳᵉ 1845

Monsieur et cher confrère,

…

La main de Sa Providence a mené d'une manière bien visible les coréens jusqu'en Chine ; elle nous ramènera de même. Nous l'espérons fermement. A dire vrai, nous avons besoin d'une protection spéciale de sa part. Je vous assure que lorsque je vis pour la première fois cette chétive barque coréenne, je ne puis me défendre d'un certain effroi. Comment traverser une mer de plus de cent lieues sur un bois semblable? Cependant les coréens sont joyeux, tout disposés à affronter de nouveau les vagues ; leur foi est vraiment admirable ; ils ont vu leur évêque ; leurs maux sont oubliés ; ils l'ont avec eux ; ils se croient désormais à l'abri de tout danger. Dieu bénira cette simplicité.

Parmi eux se trouve le frère aîné de cet élève qui mourut à Ma-

③ 페레올 주교가 리브와 신부에게 보낸 서한

- 발신일 : 1845년 8월 28일
- 발신지 : 상해
- 수신인 : 리브와 신부
- 출   처 : AMEP vol. 579, ff. 201~204

1845년 8월 28일, 상해
1845년 9월 21일 수신

친애하는 신부님께,

…[중략]…

　하느님의 섭리는 아주 눈에 잘 보이는 방식으로 조선인들을 중국으로 이끄셨고, 마찬가지로 우리를 데려다주실 것입니다. 우리는 확고하게 기대하고 있습니다. 솔직히 말씀드리면, 우리는 그분의 특별한 보호가 필요합니다. 신부님께 단언하건대 이 빈약한 조선 배를 처음 보았을 때 어떤 공포를 느낀 것을 부인할 수가 없습니다. 이런 나무토막으로 어떻게 100리외(400km)도 더 되는 바닷길을 항해할 수 있을까? 그러나 조선인들은 모두 즐거워하고 다시 한번 파도에 맞설 각오가 되어 있습니다. 그들의 신심은 정말로 훌륭합니다. 그들은 그들의 주교를 만났고, 그들의 아픔은 잊혔습니다. 그들은 주교와 함께 있으니 이제부터 모든 위험을 면하게 되리라고 믿고 있습니다. 하느님께서 이 순진함을 축복하시기를!

　그들 가운데는 마카오에서 죽은 학생(최방제 프란치스코 하비에르)의

cao. Le P. André m'ayant dit qu'il avait envoyé la relation détaillée de son voyage, je ne vous en dirai rien. Il nous reste encore bien des périls à éviter ; mais les prières nombreuses ferventes qui s'élèvent vers le ciel pour nous, nous rassurent.

...

Le P. André (je l'ai ordonné prêtre) s'est fait craindre et respecter des mandarins de Changhai, parce qu'ils le croient protégé par les français, et que le consul anglais l'a pris sous sa sauvegarde. Ils lui ont fait des présents. Quand il arriva ici, ce fut un rumeur extraordinaire dans la ville : Plusieurs milliers d'habitants vinrent entourer sa nacelle sans mâts et sans gouvernail. Les mandarins envoyèrent cent satellites pour dissiper la foule ; ils ne purent rien contre elle ; ils en furent même battus. André la mit en fuite à coup de seau d'eau. Il a eu plusieurs entretiens avec le Tao-Tai qui l'a toujours bien reçu. Quoiqu'il ait changé de nom, celui-ci sait bien qu'il est ce Kim qui, il y a trois ans, servit d'interprète à M. Cécile. Le Tao-Tai écrivit aussitôt au vice roi de NanKin et au gd mandarin de Soutcheou à son sujet. Ils lui répondirent de le laisser faire. Il est probable qu'ils savent maintenant le motif pour lequel il est venu ici. Il est à craindre qu'ils en instruisent l'Empereur, et que celui-ci en informe le roi de Corée.

형(최형 베드로)이 있습니다. 안드레아 신부가 자신의 여행에 관해 자세한 보고를 보냈다고 하니 저는 아무 이야기도 하지 않겠습니다. 피해야 할 많은 위험이 아직 남아 있습니다만, 우리를 위한 수많은 열심한 기도들이 하늘로 올라가고 있으니 우리는 안심하고 있습니다.

…[중략]…

안드레아 신부는 (제가 사제품을 주었습니다.) 상해 관리들로부터 두려움과 존경을 받았습니다. 그들은 안드레아가 프랑스인들의 보호를 받고 있다고 믿고 있고, 또 영국 영사가 그를 보호했기 때문입니다. 관리들은 그에게 선물을 주었습니다. 그가 이곳에 도착하자 시내에 대단하게 소문이 퍼졌습니다. 수천 명의 주민이 와서 돛대도 키도 없는 그의 작은 배를 에워쌌습니다. 관리들은 군중을 해산시키기 위해 포졸 백 명을 보냈지만 포졸들은 아무것도 할 수 없었고, 심지어 두들겨 맞기까지 했습니다. 안드레아는 물 양동이로 군중들을 쫓았습니다. 안드레아는 도대(道臺)[12]와 여러 번 회견하였는데, 도대는 언제나 그를 잘 맞이했습니다. 그가 이름을 바꾸었는데도 도대는 그가 3년 전에 세실 씨의 통역을 했던 그 김 씨라는 것을 잘 알고 있습니다. 도대는 즉시 남경 총독[13]과 그 휘하에 있는 소주(蘇州)의 대관(大官)[14]에게 편지를 썼습니다. 그들은 안드레아를 내버려 두라고 답하였습니다. 그들은 이제 안드레아가 여기에 온 이유를 알고 있는 것 같습니다. 그들이 이 사실을 황제에게 알리고 황제가 조선의 왕에게 알릴까 봐 두렵습니다. 그렇게 되면 우리 일에 좋지 않을 것입

---

12 청나라 지방 관직으로 '도원(道員)'이라고도 했다.
13 원문에는 'vice-roi'라 되어 있다. 이 단어는 여러 가지로 해석될 수 있으나, 당시 남경에 양강(兩江) 총독(總督)이 있었으므로 이렇게 번역하였다.
14 원문에는 'grand mandarin'으로 되어 있다. 청나라 때 성(省)의 장관은 총독과 순무(巡撫)였는데, 총독이 순무보다 조금 더 높았다. 문맥상으로 볼 때 순무를 가리키는 것으로 추정된다.

S'il en est ainsi, nous serons mal dans nos affaires. Parmi le peuple se répandent les bruits, les plus absurdes : les uns disent que les Coréens sont venus délivrer la Chine du joug des Anglais, qu'arrivés à Ousong, on leur tira vingt coups de canon, mais qu'ils restèrent debout, immobiles, sine agitatione capillorum(expression d'André) les autres qu'ils sont venus prendre des chefs français pour s'emparer de la Corée, etc. etc. etc.

Nous partons dans quelques jours. Nous ne pourrons nous diriger vers Quelpaert. Il y aurait danger que nous la manquâssions et allassions donner du nez contre le Japon.

…

④ Extrait d'une lettre de Mr Daveluy à Mr Barran
 (APF 1846 N. 106, pp. 304~306)

니다. 아주 터무니없는 소문들이 시내에 돌고 있습니다. 어떤 이들은 조선인들이 영국인들의 억압으로부터 중국을 해방시키기 위해 왔으며, 그들이 오송에 도착하자 그들을 향해 대포 20발을 쏘았으나 그들은 꿈쩍도 하지 않고 서 있었고 (안드레아의 표현에 따르면) *머리털 하나 움직이지 않았다*고 말한답니다. 또 어떤 이들은 그들이 조선을 점령하기 위해 프랑스 두목들을 데리러 온 것이라는 등의 말을 한답니다.

우리는 며칠 후에 떠납니다. 제주도를 향해 갈 수는 없을 것입니다. 제주도를 놓치고 일본을 마주하게 될 위험도 있습니다.

…[이하 생략]…

④ 다블뤼 신부가 바랑 신부에게 보낸 서한[15]

- 발신일 : 1845년 8월 28일
- 발신시 : 중국 밍첨(網尖)
- 수신인 : 바랑 신부
- 출　　처 : 『전교회 연보』 1846년 제106호, pp. 304~306

15　이 서한 내용의 일부는 샤를르 달레의 저서에도 인용되었다(샤를르 달레 저, 안응렬·최석우 역주, 『한국 천주교회사』 하, 1980, 76쪽).

Moutsie[Maong-tsié] en Chine, 28 août 1845

Monsieur et cher Confrère,

La Corée vient de faire un heureux effort, pour sortir de la solitude dans laquelle on voudrait étouffer sa foi. Vous savez qu'un jeune diacre de cette nation, nommé André Kimai-Kim, avait été envoyés dans le Nord par Mgr Ferréol, pour y tenter une voie nouvelle. Dans le cas où il trouverait le passage absolument fermé, il devait retourner au Leao-Tong, épier l'occasion de se glisser dans son pays à travers les postes nombreux de Pien-men, et, s'il était possible, y acheter une jonque pour venir à Chang-hai ou à Chusan chercher le Vicaire apostolique.

C'est ce qu'il a fait avec autant de bonheur que d'intelligence et de courage. Soutenu par une confiance sans bornes en la Providence, André a surmonté tous les obstacles ; il s'est procuré un petit navire, monté par vingt-quatre chrétiens, et avec une simple boussole, sur une mer tout à fait inconnue pour lui comme pour son équipage, il a fait voile vers la Chine. Dans une tempête sa barque a perdu le gouvernail ; mais elle a été remorquée jusqu'à Chang-hai par un bateau chinois. André est allé mouiller au milieu des bâtiments anglais qui stationnaient dans le port ; jugez de la surprise des officiers lorsqu'ils l'ont entendu leur dire en français : «Moi Coréen, je demande votre protection!»

1845년 8월 28일, 중국 망첨

친애하는 신부님께,

　　조선이 다행히 고독에서 벗어나기 위한 노력을 하기 시작했습니다. 그 고독 안에서 그들은 신앙을 질식시키려 하였지요. 아시는 바와 같이 김해 김 안드레아라고 하는 이 나라의 젊은 부제가 새 경로를 시도하기 위해 페레올 주교님의 지시로 북쪽 지역에 파견되었습니다. 그 경로가 완전히 차단되어 있는 경우 그는 요동으로 돌아와서 변문의 여러 지점을 통해 그의 나라로 들어갈 기회를 엿보고, 만약 가능하면 거기서 배를 구입하여 상해나 주산으로 와서 대목구장을 모셔가기로 되어 있었습니다.

　　안드레아는 이 일을 기쁘게 그리고 지혜와 용기를 가지고 해냈습니다. 천주의 섭리에 한없이 의탁함으로써 안드레아는 모든 어려움을 극복하였습니다. 그는 작은 배 한 척을 마련하여 24명의 교우[16]를 태운 후 단순한 나침반 하나를 가지고, 자신에게나 선원들에게나 온전히 미지의 세계인 바다에서 중국을 향해 출범하였습니다. 폭풍우로 키를 잃었으나 중국 배에 견인되어 상해까지 갔습니다. 안드레아는 그곳 항구에 정박해 있던 영국 배들 사이로 가시 닻을 내렸습니다. 영국 장교들이 그들에게 프랑스어로 "나는 조선 사람이오. 당신들의 보호를 요청합니다!"라고 하는 말을 들었을 때 얼마나 놀랐을지 상상해 보십시오. 그들은 그를 보호해 주기로 하였고, (아무 일 없었지만) 필요한 경우 그는 잘 보호되었을

16　이것은 오류인데, 김대건 부제와 동행했던 신자는 11명이었다(김대건 신부가 리브와 신부에게 보낸 1845년 7월 23일 자 서한 참조).

Cette protection lui a été accordée, et il aurait été bien défendu au besoin, je vous prie de la croire.

Mgr Ferréol fut aussitôt prévenu et se hâta d'accourir auprès de ses intrépides Coréens. Quand il leur fut permis de voir leur pasteur, de recevoir sa bénédiction, quand ils virent un autre prêtre accompagnant Monseigneur pour les secourir, leur émotion fut extrême.

…

Nous eûmes quelques jours plus tard un grand sujet de consolation. Monseigneur pensa devoir conférer la prêtrise à André, et la cérémonie se fit dans la chapelle de Kin-ka-ham, chrétienté distante de Chang-hai de deux ou trois lieues. Quatre prêtres européens et un chinois assistèrent à l'ordination, pour laquelle une foule de chrétiens étaient accourus. Nous y déployâmes toute la pompe possible. Mais comment vous peindre notre joie en voyant ces prémices du clergé coréen! André est le premier prêtre de cette nation. Dieu, nous l'espérons, les multipliera dans quelques années ; c'est là notre oeuvre, notre premier but : puissions-nous l'accomplir! Cette fête fut complétée peu de jours après : André célébra sa première messe dans la chapelle du petit séminaire, où trente-trois élèves dirigés par les PP. Jésuites font la consolation de Mgr de Bési.

…

것입니다. 믿어 주십시오.

 페레올 주교님은 즉시 이 소식을 받으셨고, 그의 대담한 조선인들에게로 급히 달려가셨습니다. 그들이 자신들의 목자를 만나고 그분의 강복을 받았을 때, 그리고 그들을 돕기 위해 주교와 동행한 사제가 또 한 명 있는 것을 보았을 때 그들은 지극히 감동하였습니다.

…[중략]…

 우리는 며칠 후 큰 위안거리를 얻었습니다. 주교님께서는 안드레아에게 사제품을 주어야 한다고 생각하셨습니다. 예식은 상해에서 2~3리 외(8~12㎞) 떨어진 교우촌 김가항(金家巷)의 소성당[17]에서 거행되었습니다. 서품식에 서양 신부 4명과 중국인 신부 1명이 참석하였고, 또 거기에 교우들이 무리를 지어 참석하였습니다. 우리는 가능한 한 성대하게 치렀습니다. 하지만 조선인 사제의 첫 탄생을 보았을 때 우리의 기쁨이 얼마나 컸는지 신부님께 도저히 표현할 수가 없습니다! 바라건대, 하느님께서 몇 년 후에 그 수를 늘려주실 것입니다. 우리의 과업, 우리의 첫 번째 목표가 그것입니다. 부디 우리가 그 일을 이루어낼 수 있기를! 이 축제는 며칠 후에 완성되었는데, 즉 안드레아가 (횡당) 소신학교 성당에서 첫 미사를 드린 것입니다. 이 소신학교에서 예수회 사제들의 지도를 받는 학생 33명이 베시 주교님께 위안을 주고 있습니다.

…[이하 생략]…

---

17 명나라 숭정제(崇禎帝, 1627~1644) 연간에 김씨 성을 가진 신자들이 처음 세운 성당이다. 1840년대 초 남경교구의 주교좌 성당으로, 강남 지역의 복음화에 중요한 구실을 담당하였다. 2001년 상해 도시 개발로 철거되었던 이 김가항 성당은 2016년에 수원교구 용인 은이성지에 복원되었다.

3. Retour du P. André Kim en Corée

① Extrait d'une lettre de Mgr Ferréol à Mr Barran, directeur du Séminaire les Missions Etrangères de Paris.
(APF 1847 N. 112, pp. 232~242)

        Kang-Kien-i, dans la province méridionale de la Corée,
                                                      le 29 octobre 1845

Après six ans de tentatives, je suis enfin arrivé dans ma Mission. Le Seigneur en soit mille fois béni! Cette heureuse nouvelle vous comblera de joie, ainsi que nos confrères et les âmes pieuses qui s'intéressent au bonheur de la pauvre église coréenne. Bien des personnes ont prié pour nous ; qu'elles trouvent ici le témoignage de ma sincère gratitude. Et vous, cher confrère, vous m'avez recommandé de vous donner quelques détails sur mon entrée dans ce royaume, situé aux dernières exrêmités de l'Orient ; je m'empresse de satisfaire à vos désirs.

3. 김대건 신부의 조선 귀국

① 페레올 주교가 바랑 신부에게 보낸 서한[18]

- 발신일 : 1845년 10월 29일
- 발신지 : 조선의 남쪽 지방, 강경
- 수신인 : 바랑 신부
- 출   처 : 『전교회 연보』 1847년 제112호, pp. 232~242

1845년 10월, 29일
조선 남쪽 지방, 강경

친애하는 동료 신부님!

6년을 시도한 끝에 마침내 제 포교지에 도착하였습니다. 주님 천번 만 번 찬미 받으소서! 이 복된 소식은 신부님과 더불어 우리 동료 신부님들, 그리고 가엾은 조선 교회의 행복에 관심을 기울이는 신심 깊은 분들을 기쁨에 넘치게 하겠지요. 많은 분이 우리를 위해 기도해 주셨습니다. 여기서 그분들께 깊은 감사의 인사를 드립니다. 친애하는 신부님, 신부님께는 동양의 끝에 자리한 이 나라에 제가 들어온 이야기를 상세히 전해 달라고 하셨지요. 그러니 서둘러 신부님의 바람을 채워 드리겠습니다.

---

18   이 서한 내용은 샤를르 달레의 저서에도 인용되었다(샤를르 달레 저, 안응렬 · 최석우 역주, 『한국 천주교회사』, 하, 1980, 81~89쪽).

D'abord, vous serez peut-être bien aise de connaître la barque qui nous a portés en Corée à travers la Mer Jaune. Elle a vingt-cinq pieds de long, sur neuf de large, et sept de profondeur. Pas un clou n'est entré dans sa construction ; des chevilles en retiennent les ais unis entre eux ; point de goudron, pas de calfat ; les Coréens n'en connaissent pas l'usage. A deux mâts d'une longueur démesurée, sont attachées deux voiles en nattes de paille, mal cousues les unes aux autres. L'avant est ouvert jusqu'à la cale ; il occupe le tiers de la barque. C'est là que se trouve placé le cabestan, entouré d'une grosse corde tressée d'herbes à demi pourries, et qui se couvrent de champignons dans les temps humides. A l'extrémité de cette corde est liée une ancre de bois, notre espoir de salut. Le pont est formé partie en nattes, partie en planches mises à côté l'une de l'autre, sans être fixées par aucune liaison. Ajoutez à cela trois ouvertures pour entrer dans l'intérieur. Aussi, lorsqu'il pleut ou que les ondes déversent par-dessus le bastingage, on ne perd pas une goutte d'eau ; il faut la recevoir sur le dos, et puis à force de bras la rejeter dehors.

Les Coréens, quand ils naviguent, ne quittent jamais la côte. Dès que le ciel menace de la pluie, ils jettent l'ancre, étendent sur leurs barques un couvert de chaume, et attendent patiemment que le beau temps revienne. Il n'est pas nécessaire de vous dire, Monsieur et cher Confrère,

우선 신부님은 황해를 건너 조선에 우리를 데려다준 배에 대해 들으시면 대단히 흡족해하실 듯합니다. 그 배는 길이가 25피에(약 8m), 너비가 9피에(약 2.8m), 깊이가 7피에(약 2.2m)입니다. 이 배를 짓는 데 쇠못은 한 개도 들어가지 않았고, 널판은 쐐기로 서로 이어져 있습니다. 타마유[19]도, 틈막이도 없습니다. 조선 사람들은 이런 기술은 알지 못합니다. 엄청나게 높은 돛대 두 개에는 서로 잘 꿰매지지 않은 가마니로 된 돛 두 폭이 달려 있습니다. 뱃머리는 선창까지 열려 있는데, 그것이 배의 3분의 1을 차지합니다. 거기에 반쯤 썩은 풀을 꼬아 만든 굵은 줄로 둘러 감은 권양기(卷揚機)[20]가 있는데, 축축한 날씨에는 이 풀이 버섯으로 뒤덮입니다. 이 줄 끝에는 나무로 된 닻이 하나 매어져 있는데, 이것이 우리 구원의 희망입니다. 갑판은 일부는 거적으로 되어 있고 일부는 어떤 접합 재료로도 고정되지 않고 그저 잇대어 죽 깔아 놓은 나무판자로 되어 있습니다. 여기에 배 안으로 들어가는 구멍 3개를 보태십시오. 비가 내리거나 파도가 뱃전을 넘어 쏟아져 들어오기라도 하면 물 한 방울 잃지 않고 고스란히 들어옵니다. 그 물을 등에 맞아야 하고 또 팔을 걷어붙이고 밖으로 퍼내야 합니다.

조선 사람들은 항해할 때 절대로 연안을 벗어나지 않습니다. 하늘에서 비가 내릴 듯하면 바로 그들은 닻을 내리고 배에 기적을 펼치고 날씨가 다시 좋아지기를 참을성 있게 기다립니다. 신부님, 우리가 배에서 그렇게 편하지 않았다는 것은 말씀드릴 필요도 없겠지요. 자주 파도가 넘

---

19 타마유(一油) : '콜타르(coal tar)'를 달리 이르는 말. 기름 상태의 끈끈한 검은 액체로, 함석·철재 등의 방부제로 쓰인다.
20 밧줄 혹은 쇠사슬을 이용하여 감거나 풀면서 배의 닻이나 돛을 올리고 내리는 장치.

que nous n'étions pas fort à l'aise dans la nôtre. Souvent inondés par la vague, nous vivions habituellement en compagnie des rats, des cancres et, ce qui était plus ennuyeux, de la vermine. Sur la fin de notre navigation, il s'exhalait une odeur fétide de la cale, dont nous n'étions séparés que par un faible plancher.

L'équipage était digne du navire ; il se composait du P. André Kim, que j'avais ordonné prêtre quelques jours auparavant, et qui était notre capitaine ; vous devinez facilement la portée de sa science nautique ; plus, d'un batelier qui nous servait de pilote, d'une espèce de menuisier qui remplissait les fonctions de charpentier ; le reste avait été pris pêle-mêle dans la classe agricole. En tout douze hommes. N'est-ce pas là un équipage impromptu? Cependant, parmi ces braves gens se trouvaient des confesseurs de la foi, des pères, des fils et des époux de martyrs. Nous nommâmes notre barque le Raphaël.

Vous avez appris les dangers qu'elle courut pour se rendre en Chine et y demeurer sans être capturée. Son départ nous offrait une autre difficulté ; c'était, pour M. Daveluy et moi, de monter à son bord à l'insu des mandarins qui la faisaient surveiller sans relâche. Le dernier jour du mois d'août, vers le soir, elle quitta le port de Changhai, descendit dans le canal à la faveur de la marée, et vint mouiller en face de la résidence de Mgr de Bési, où nous l'attendions. Un instant après, une chaloupe du gouvernement, qui l'avait suivie de loin,

쳐 들어왔고, 우리는 보통 쥐들과 바닷게들과 함께 지냈는데 그보다도 더 성가신 것은 벌레였습니다. 항해가 끝날 무렵에는 얇은 널판 한 장으로만 구분해 놓은 선창에서 악취가 풍겨 나왔습니다.

선원들도 이 배에 걸맞았습니다. 제가 며칠 전에 사제품을 준 김 안드레아 신부가 선장이었으니, 그의 항해 지식의 수준을 신부님도 쉽게 짐작하실 수 있을 것입니다. 여기에 우리의 길잡이 노릇을 한 사공 한 명과 목수 일을 맡은 소목공(小木工) 한 명이 있었고, 나머지는 농부들 사이에서 마구잡이로 모아온 이들이었습니다. 모두 12명이었습니다. 즉흥적으로 꾸며진 승무원이 아니고 무엇입니까? 그러나 이 착한 사람들 중에는 신앙 증거자도 있고, 순교자들의 아버지, 아들, 배우자도 있습니다. 우리는 우리 배를 라파엘(Raphaël)[21]호라고 명명했습니다.

신부님은 이 배가 중국에 오느라고, 또 거기에서 붙잡히지 않고 머물러 있느라고 어떤 위험들을 무릅썼는지 들으셨지요. 이 배가 출발하는 데 또 다른 어려움이 나타났으니, 그것은 이 배를 끊임없이 감시하도록 한 관리들 몰래 다블뤼 신부와 제가 어떻게 배에 오르느냐 하는 것이었습니다. 8월 마지막 날 저녁 무렵에 이 배는 상해의 항구를 떠나 조수를 이용하여 수로로 내려와서 우리가 배를 기다리고 있던 베시 주교님 댁 앞에 닻을 내렸습니다. 잠시 후 이 배를 멀리서 뒤쫓아오던 관아의 작은 배가 이 배 곁에 닻을 내렸습니다. 그러나 이러한 뜻밖의 사태도 안드

---

21 대천사 중의 하나. 구약 토빗기에 토비야의 길을 인도한 사실에서 이 대천사는 특히 여행자의 주보로 공경을 받고 있다.

jeta l'ancre auprès d'elle. Toutefois, ce contre-temps n'empêcha pas le P. André de descendre à terre, et de venir nous avertir. Le ciel était couvert, la nuit était sombre, tout semblait nous favoriser. Mgr de Bési qui, depuis notre arrivée au Kiang-nan, nous avait prodigué l'hospitalité la plus généreuse, eut encore la bonté de nous accompagner jusqu'à la barque. La chaloupe du mandarin, emportée probablement par le courant, s'était un peu écartée ; nous eûmes donc la liberté de monter à bord sans que personne nous aperçût.

Le lendemain, nous allâmes mouiller à l'embouchure du canal, auprès d'une jonque chinoise, qui faisait voile vers le Leao-tong ; elle appartenait à un chrétien qui nous avait promis de nous remorquer jusqu'à la hauteur du Chang-tong. M. Faivre, missionnaire lazariste, se trouvait sur la jonque ; il allait en Mongolie. Les premiers jours de septembre furent pluvieux, les vents nous étaient contraires et soufflaient avec violence. Trois fois nous essayâmes de gagner le large, trois fois nous fûmes contraints de revenir au port. En pleine mer, il est rare que le Chinois coure des bordées contre le vent ; au lieu de louvoyer, il retourne au plus proche mouillage, en fût-il à cent lieues de distance.

Près de l'île de Tsong-min était une rade sûre ; plus de cent navires, qui devaient se rendre dans le Nord, y étaient à l'ancre, attendant une brise favorable. Nous allâmes nous y réfugier. Le capitaine de la jonque chinoise nous invita à célébrer, à son bord, la fête de la Nativité de la Sainte Vierge. Nous acceptâmes d'autant plus volontiers

레아 신부가 뭍에 내려 우리에게 일러주러 오는 것을 막지는 못하였습니다. 하늘에는 구름이 끼어 있고 밤은 어둡고 하여 모든 것이 우리에게 유리한 듯했습니다. 우리가 강남에 도착한 뒤로 매우 관대하게 우리에게 환대를 베푸셨던 베시 주교님은 또 한 번 우리를 배까지 배웅해 주시는 친절을 베푸셨습니다. 관아의 배는 아마 조류에 휩쓸렸던지 좀 떨어져 있었습니다. 그래서 우리는 아무에게도 들키지 않고 자유롭게 배에 올랐습니다.

이튿날 우리는 수로 어귀에 이르러 요동으로 떠나는 중국 정크선 곁에 정박하였습니다. 그 배의 주인은 어느 교우였는데 그가 우리를 산동까지 끌어주겠다고 약속했던 것입니다. 라자로회 선교사 페브르 신부가 그 정크선에 있었는데, 그는 몽골로 가는 중이었습니다. 9월 초순에는 비가 잦았고, 바람은 맞바람인 데다가 몹시 세찼습니다. 세 번이나 먼바다로 나가려 해보았으나 세 번 모두 포구로 돌아올 수밖에 없었습니다. 난바다에서 중국인은 바람을 안고 배를 전진시키는 일이 드뭅니다. 그들은 역풍을 안고 갈지자로 전진하는 대신 거리가 천 리가 되더라도 가장 가까운 정박지로 되돌아갑니다.

숭명도(崇明島)²² 근처에 안전한 정박지가 있었는데, 북쪽으로 간 100여 척의 배들이 그곳에 닻을 내리고 순풍을 기다리고 있었습니다. 우리도 그곳으로 대피해 들어갔습니다. 중국 정크선의 선장이 자기 배에서 성모 탄생 축일(즉 9월 8일, 복되신 동정 마리아 탄생 축일)을 지내자며 우리를 초대하였습니다. 우리는 훌륭한 페브르 신부와 좀 더 함께 있어야 했

22 양자강 중간에 있는 섬.

que nous devions jouir encore de la compagnie de l'excellent M. Faivre. Les équipages de plusieurs autres barques chrétiennes se rendirent à la fête. Quatre messes furent dites ; tout ce qu'il y avait là de fidèles communia. Le soir, des fusées s'élancèrent dans les airs en gerbes de feu ; c'étaient nos adieux à la Chine et le signal du départ. Nous levâmes l'ancre, nous attachâmes notre barque à la jonque chinoise avec un gros câble, et nous reprimes notre course vers la Corée.

Le commencement de notre navigation fut assez heureux ; mais bientôt à la brise qui enflait nos voiles, succéda un vent trop violent pour notre frêle embarcation ; des lames d'une grosseur énorme semblaient à chaque instant devoir l'engloutir. Néanmoins nous soutînmes sans avarie leurs assauts pendant vingt-quatre heures. La seconde nuit, notre gouvernail fut brisé, nos voiles se déchirèrent ; nous nous trainions péniblement à la remorque. Chaque vague jetait dans notre barque son tribut d'eau ; un homme était sans cesse occupé à vider la cale. Oh! la triste nuit que nous passâmes!

A la pointe du jour, nous entendîmes crier le P. André d'une voix qui paraissait à demi étouffée par la terreur. Nous montâmes sur le pont, M. Daveluy et moi. Nous y étions à peine, qu'il s'en écroula une partie ; c'était l'endroit au-dessous duquel nous habitions ; un moment plus tard nous étions écrasés par la chute des planches. André s'efforçait d'avertir le capitane chinois de changer de direction, celle qu'il suivait nous conduisant vers la Chine ; mais le bruissement des flots couvrait sa voix. Nous criâmes aussi de notre côté ; nous parvînmes enfin à nous faire entendre ; quelqu'un parut sur l'arrière de la jonque

던 만큼 기꺼이 수락하였습니다. 다른 여러 교우 배의 선원들도 축일을 지내러 왔습니다. 미사 네 대가 봉헌되었고, 거기 있던 신자들 모두가 성체를 모셨습니다. 저녁에는 불화살[火箭]이 불꽃 다발이 되어 하늘로 치솟았습니다. 이것이 중국에 대한 우리의 작별 인사이자 출발 신호였였습니다. 우리는 닻을 올렸고, 우리 배를 중국 정크선에 굵은 밧줄로 붙잡아 맨 후 조선을 향하여 우리의 항해를 다시 시작했습니다.

우리의 항해는 초반에는 무사하였습니다. 그러나 우리 돛을 부풀리던 미풍이 오래지 않아 우리의 작은 배에는 너무도 거친 바람으로 변하였습니다. 어마어마하게 큰 파도가 줄곧 배를 집어삼킬 것만 같았습니다. 그렇지만 우리는 배에 손상을 입지 않고 24시간 동안 파도의 돌격을 견뎌냈습니다. 둘째 밤에는 키가 부러지고 돛이 찢어졌습니다. 우리는 간신히 이끌려갔습니다. 파도가 칠 때마다 우리 배는 물을 뒤집어써서 한 사람은 끊임없이 선창의 물을 퍼내야만 했습니다. 아아, 얼마나 견디기 어려운 밤을 지냈는지 모릅니다!

새벽녘에 우리는 안드레아 신부가 겁에 질려 반쯤 숨이 막힌 듯한 목소리로 소리치는 것을 들었습니다. 다블뤼 신부와 나는 갑판으로 올라갔습니다. 우리가 거기에 오르자마자 갑판 힌쪽이 무너졌습니다. 그 바로 밑이 우리가 머무르는 곳이었습니다. 조금만 늦었더라면 우리는 떨어지는 판자에 깔렸을 것입니다. 안드레아 신부는 중국인 선장에게 우리를 중국 쪽으로 이끌던 방향을 바꾸라고 일러주려 애썼습니다. 그러나 파도 소리 때문에 그의 목소리가 들리지 않았습니다. 우리도 소리를 쳤습니다. 마침내 우리 소리가 전해졌고, 어떤 사람이 정크선 고물 쪽에 나타났습니다. 그러나 우리말이나 신호를 조금도 알아듣지 못하였습니다.

; mais il ne put rien comprendre à nos paroles, ni à nos signaux.

Dans le péril où nous étions, le P. André nous dit qu'il était prudent pour les deux Missionnaires de quitter la barque coréenne, et de monter sur la jonque ; que pour lui et ses gens, ils ne pouvaient nous suivre en Chine, parce que d'après une loi d'extradition, ils seraient conduits à Peking, et de là dans leur patrie, où une mort cruelle leur était réservée ; que la mer, toute orageuse qu'elle était, leur offrait moins de péril ; qu'enfin la Providence disposerait d'eux comme elle le voudrait ; mais qu'il importait avant tout de conserver à la Corée son Évêque.

Quelque peine que nous eussions à abandonner ainsi des personnes qui s'étaient exposées à tant de dangers pour venir à nous, cependant dans l'extrémité où nous étions, nous crûmes devoir adopter leur avis. Nous nous mîmes alors à faire signe à nos compagnons de voyage de nous amener à eux, ce qui étant fait, nous leur exprimâmes le désir de passer à leur bord. On joignit aussitôt les deux barques assez près l'une de l'autre pour que nous pussions être tirés sur la leur avec des cordes. On était à les préparer, et à nous les lier à la ceinture, lorsque le câble qui nous retenait à la jonque se rompit, et nous abandonna à la fureur des vagues. On nous jette aussitôt le même câble ; nous ne pouvons le saisir. C'en est fait. Emportés par le vent, nos Chinois sont déjà loin de nous. Nous leur tendions les bras en signe d'adieu, lorsque nous les voyons revenir. En passant devant notre barque, ils nous jettent des cordes ; vaine tentative! nous n'en pouvons atteindre aucune. Ils reviennent une

이런 위험에 처해 있던 중에 안드레아 신부는, 선교사 두 분은 조선 배를 떠나 (중국) 정크선에 오르는 것이 현명한 일일 것이며 그와 그의 동료들은 우리를 따라 중국으로 갈 수가 없다고 우리에게 말했습니다. 왜냐하면 범죄인 인도법에 따라 그들은 북경으로 압송될 것이고 거기서 다시 고국으로 압송될 것인데, 조선에서는 참혹한 죽음이 그들을 기다리고 있기 때문이라는 것이었습니다. 그리고 아무리 폭풍우가 몰아친다 해도 바다에서가 위험이 덜하고, 결국 하느님의 섭리대로 그들은 안배될 것이며, 무엇보다도 중요한 것은 조선 포교지에 그 주교를 보존하는 것이라고 하였습니다.

우리에게 오느라고 그렇게도 많은 위험을 무릅쓴 사람들을 이렇게 포기해야 하는 것이 괴로웠지만, 극한 상황에 있던 우리는 그들의 의견을 받아들여야 한다고 생각했습니다. 그래서 우리는 여정의 동행자들에게 우리를 그들에게로 끌어 달라는 신호를 보내기 시작하였습니다. 그렇게 한 다음에 우리는 그들 배로 옮겨 타고 싶다는 의사를 표시하였습니다. 밧줄로 우리를 당겨 그들의 배에 오르게 할 수 있도록 사람들은 곧 두 배를 서로 가까이 붙였습니다. 사람들이 밧줄을 준비하여 우리 허리에 묶으려던 차에 우리를 (중국) 정크선에 붙들어 매었던 밧줄이 끊어져 우리는 성난 파도에 밀려가게 되었습니다. 그들은 즉시 우리에게 같은 밧줄을 던져 주었지만 우리는 그것을 잡을 수가 없었습니다. 다 틀렸습니다. 바람에 떠밀려 중국인들은 벌써 우리에게서 멀어졌습니다. 작별 인사의 뜻으로 그들을 향하여 팔을 내밀었더니 그들이 다시 돌아오는 것이 보였습니다. 우리 배 앞을 지나가면서 그들은 밧줄을 던져 주었으나 쓸데없는 시도였습니다! 우리는 하나도 붙잡지 못했습니다. 그들이 두 번째 다시 돌아왔으나 역시 성과가 없었습니다. 그렇게 자신들의 소용없는 노력

seconde fois et avec aussi peu de succès. Considérant alors l'inutilité de leurs efforts et le danger qu'ils couraient eux-mêmes de sombrer, ils continuent leur route, et disparaissent pour toujours à nos yeux.

Quoique nous fussions loin d'en juger ainsi dans le moment, ce fut un bonheur pour nous de n'avoir pas quitté notre barque ; nous ne serions pas aujourd'hui dans notre chère Mission, si une main invisible, disposant les choses mieux que notre prudence, n'avait enchaîné notre sort à celui de nos braves Coréens.

Voilà donc notre Raphaël au milieu d'une mer en courroux, sans voiles et sans gouvernail. Je vous laisse à penser comme il était ballotté et nous avec lui. Déjà il s'emplissait d'eau. On fut d'avis de couper les mâts. Nous avertîmes nos gens de ne pas les abandonner à la mer une fois abattus, comme ils avaient fait à leur premier voyage. Que les coups de hâche me paraissaient lugubres! Les mâts en tombant brisèrent une partie de notre frêle bastingage. Quand ils furent à l'eau, nous voulûmes les retirer sur le pont, ce qui aurait pu se faire, malgré l'agitation des vagues ; mais nos marins étaient si découragés, que nous ne pûmes les déterminer à cet acte de prévoyance. Ils se retirèrent dans leurs cabines, prièrent un instant, puis s'endormirent.

Cependant les mâts, poussés par les flots, venaient par intervalle donner de rudes coups contre la barque ; il était à craindre qu'ils n'enfonçassent ses flancs déjà ébranlés. Mais Dieu veillait sur nous, il ne nous arriva aucun malheur. Le jour suivant l'orage s'apaisa ; la mer fut moins agitée ; notre équipage avait repris un peu de force et de courage dans les sommeil. On retira les mâts, on les mit debout : ils étaient rac-

과 그들 자신이 물에 잠길 위험이 있음을 보고는 그들은 자기네들의 여정을 계속하였고 우리 눈에서 아주 사라져 버렸습니다.

비록 그때 당장은 꿈에도 그렇게 생각하지 못하였지만 우리 배를 떠나지 않은 것은 우리에게 다행한 일이었습니다. 만일 보이지 않는 손이 우리의 슬기보다 더 낫게 일을 조처하여 우리 운명을 그 착한 조선인들의 운명에 연결시켜 주지 않았더라면 우리는 지금 소중한 우리 포교지에 와 있지 못할 것입니다.

이렇게 하여 우리 라파엘호는 돛도 없고 키도 없이 성난 바다 한가운데 있게 되었습니다. 우리가 배와 함께 얼마나 흔들렸는지는 신부님의 상상에 맡깁니다. 벌써 배에는 물이 가득 찼습니다. 사람들은 돛대들을 끊어 버리자고 하였습니다. 우리는 선원들에게 돛대를 자른 다음에 그들이 첫 번째 여정에서 했던 것처럼 바다에 버리지 말라고 일렀습니다. 도끼질이 내게 얼마나 처참하게 보였는지 모릅니다. 돛대들이 넘어지면서 배의 허술한 상갑판 난간 일부를 부수었습니다. 돛대가 물에 떨어지자 우리는 그것을 갑판에 끌어올렸으면 하였습니다. 파도가 몰아치긴 했지만 그렇게 할 수는 있었을 것입니다. 그러나 우리 뱃사람들이 하도 의기소침해 있어서 우리는 그들에게 앞날을 대비하는 이런 행동을 하도록 마음먹게 할 수가 없었습니다. 그들은 선실로 들어가 잠시 기도를 드린 후 잠들었습니다.

그런데 이 돛대들이 파도에 밀려와서 이따금 배를 세게 후려쳤습니다. 그것들이 벌써 흔들거리는 우리 배의 옆구리를 뚫지 않을까 염려스러웠습니다. 그러나 하느님께서 우리를 보살펴 주셨고 아무런 불행도 닥치지 않았습니다. 다음 날 폭풍우가 가라앉자 바다가 덜 너울거렸습니다. 우리 선원들도 잠을 자고 나서 기운과 용기를 약간 되찾았습니다. 돛대들을 건져서 일으켜 세웠습니다. 돛대가 8피에(약 2.5m) 짧아졌습니다.

courcis de huit pieds ; sans doute un Européen les aurait trouvés encore assez hauts ; aux yeux d'un Coréen ils n'étaient plus en proportion avec la barque. Un nouveau gouvernail fut construit et les voiles racommodées. Ce fut l'affaire de trois jours, pendant lesquels le calme nous favorisa. Pendant ce travail, nous avions constamment en vue de dix à quinze jonques chinoises ; nous avions hissé notre pavillon de détresse ; elles l'apercevaient très-bien : pas une ne vint à notre secours. L'humanité est un sentiment inconnu au Chinois ; il lui faut du lucre ; s'il n'en espère point, il laissera mourir d'un oeil sec ceux qu'il pourrait sauver.

Nous avions été séparés de notre remorqueur à vingt-cinq lieues environ du Chan-Tong ; mais depuis lors où étions-nous? où les courants nous avaient-ils entraînés? nous l'ignorions. Nous mîmes le cap à l'Archipel coréen. Peu après, le P. André nous dit qu'il lui semblait reconnaître ces îles, et que bientôt nous apercevrions l'embouchure du fleuve qui conduit à la capitale.

Jugez, monsieur et cher confrère, de notre joie ; nous croyions toucher au terme de notre voyage et à la fin de nos misères. Mais hélas! ce pauvre marin était dans une grande erreur. Quelle fut notre surprise et notre douleur le lendemain, lorsque, abordant au premier îlot, nous apprîmes des habitants que nous étions au midi de la péninsule, en face de Quelpaert à plus de cent lieues de l'endroit où nous voulions débarquer! nous crûmes cette fois que nous étions poursuivis par le malheur ; nous nous trompions cependant, car ici encore la providence nous dirigeait. Si nous avions été droit à Hang-Yang, nous aurions probablement été pris. Nous sûmes plus tard que l'apparition

아마 서양 사람은 그것이 아직 꽤 높다고 생각했을 테지만, 조선 사람의 눈에는 배와 균형이 맞지 않아 보였습니다. 키를 새로 하나 만들고 돛을 기웠습니다. 이 일을 하는 데 사흘이 걸렸는데, 그동안 바다가 조용하여 우리 일은 순조로웠습니다. 이 일을 하는 동안 우리는 줄곧 10척에서 15척의 중국 정크선을 보았고 조난하였다는 깃발을 올렸습니다. 그 배들은 우리 깃발을 분명히 보았지만 한 척도 우리를 구하러 오지 않았습니다. 인정이라는 것은 중국인들에게는 알려지지 않은 감정입니다. 그들에게는 그저 돈벌이가 필요할 뿐입니다. 돈을 벌 희망이 없으면 그들은 구할 수 있는 사람이 죽어 가는 것을 무심히 바라볼 것입니다.

우리는 산동에서 25리외(100㎞)가량 떨어진 곳에서 우리의 예인선(曳人船)과 헤어졌습니다. 그러나 그 이후로 우리가 어디에 있는지, 해류가 우리를 어디로 몰고 간 것인지 알 수가 없었습니다. 우리는 조선 군도(群島)로 뱃머리를 돌렸습니다. 조금 후에 안드레아 신부는 그 섬들을 알아볼 수 있을 것 같다며, 곧 수도로 이어지는 강의 어귀를 보게 될 것이라고 말했습니다.

신부님, 우리가 얼마나 기뻤을지 생각해 보십시오. 우리는 여정의 끝에 다다랐고 고생도 끝났다고 믿었습니다. 그러나 그 가엾은 선원(김대건 신부)이 큰 오산을 하고 있었습니다. 이튿날(1845년 9월 28일) 첫 번째 작은 섬에 닿아서 주민들에게서 우리가 도착한 곳이 우리기 상륙하고자 한 곳에서 100리외(400㎞)도 더 떨어진 제주도를 마주한 반도의 남쪽이라는 말을 들었을 때 우리는 얼마나 놀랐고 고통스러웠던지요. 이번에는 불행이 우리를 쫓아오고 있다고 믿었습니다. 그러나 우리는 잘못 생각하고 있었습니다. 여기서도 하느님의 섭리가 우리를 인도하고 계셨던 것입니다. 우리가 한양으로 바로 갔더라면 우리는 아마 붙잡혔을 것입니다. 나중에 안 일입니다만, 이 나라 남쪽에 영국 배 한 척이 나타나자 조정은

d'un navire anglais dans le midi du royaume, avait mis le gouvernement en émoi ; on surveillait les abords de la ville, on examinait avec une sévérité minutieuse toutes les barques qui entraient dans la rivière. La longue absence de la nôtre avait soulevé des soupçons dans l'esprit de ceux qui avaient été témoins de son départ ; ils l'avaient vue s'approvisionner d'une manière extraordinaire ; ils disaient même qu'elle partait pour un pays étranger. A notre arrivée ils nous auraient suscité mille tracasseries ; Dieu nous en délivra.

Il nous restait encore une course périlleuse à fournir au milieu d'un labyrinthe d'îles ignorées de nous tous, sur une embarcation qui faisait beaucoup d'eau et qui avait peine à tenir la mer ; la corde de notre ancre était usée ; si elle rompait, nous devions nous faire échouer sur la côte et nous mettre à la discrétion des premiers venus ; ce qui aurait entraîné notre perte. Nous décidâmes qu'il fallait renoncer à la capitale, et aller mouiller au port de Kang-Kien-in, situé au nord de la première province du midi, dans une petite rivière, à six lieues dans l'intérieur. Il s'y trouvait quelques familles de néophytes convertis depuis peu à la foi. Ce fut un trajet de quinze jours au milieu d'alarmes continuelles. Nous avions constamment le vent de bout ; les courants étaient rapides, les écueils nombreux. Plusieurs fois nous touchâmes sur les rochers ; nous étions souvent engagés dans le sable, plus souvent encore nous nous trouvions arrêtés au fond d'une baie où nous espérions rencontrer un passage. Nous envoyions alors notre canot à terre demander notre route. Enfin le 12 octobre, nous jetâmes l'ancre à quelque distance du port, dans un lieu isolé.

공포에 휩싸였습니다. 그들은 수도 주변을 감시하고 강에 들어오는 모든 배를 빈틈없이 엄격하게 조사하였습니다. 우리 배가 오랫동안 모습을 나타내지 않자 배가 떠나는 것을 보았던 이들의 마음에 의심이 싹텄습니다. 그들은 그 배가 식량을 굉장히 많이 장만하는 것을 보았던 것입니다. 그들은 이 배가 외국으로 떠나는 것이라고 말하기까지 하였습니다. 우리가 도착하면 수많은 말썽이 일었을 것입니다. 하느님께서 우리에게 그것을 면하여 주셨습니다.

우리에게는 물이 새어 들어와 바다에 겨우 떠 있는 작은 배를 타고 우리 중 아무도 알지 못하는 섬들의 미로 한가운데서 완수해야 하는 위험한 여정이 아직 남아 있었습니다. 우리 배의 닻줄은 닳아 있었습니다. 그것이 끊어지면 우리는 해변에 배를 좌초시켜 아무의 손에나 우리를 내어 맡길 수밖에 없고, 그렇게 되는 날이면 우리는 결국 죽게 되는 것이었습니다. 우리는 수도를 포기하고, 남부지방 첫 번째 도(道)의 북쪽에 위치해 있으며 내륙으로 6리외(24km) 들어간 작은 강가에 있는 강경 포구에 가서 정박하기로 결정하였습니다. 거기에는 얼마 전에 입교한 신입 교우 몇 가구가 있었습니다. 끊임없이 경계하며 보름 동안을 가야 하는 거리였습니다. 줄곧 맞바람이 불었고, 물살이 빨랐으며 암초가 수없이 많았습니다. 우리는 여러 번 바위에 부딪혔습니다. 자주 모래에 걸렸고, 그보다도 자주 만(灣)의 안쪽에 멎어서 빠져나갈 곳을 찾기를 바라기도 하였습니다. 그러면 우리는 종선(從船)을 뭍에 보내서 길을 묻고는 하였습니다. 마침내 10월 12일 우리는 포구에서 약간 떨어진 외딴곳에 닻을 내렸습니다.

Notre descente devait se faire le plus secrètement possible. Nous envoyâmes un homme informer les chrétiens de notre arrivée. Ils vinrent deux, la nuit, pour nous conduire à leur habitation. Comme ils jugèrent à propos de me faire descendre en habit de deuil, on m'affubla d'un surtout de grosse toile écrue, on mit sur ma tête un grand chapeau de paille, lequel me tombait jusque sur les épaules ; il était de la forme d'un petit parapluie à demi fermé ; ma main fut armée de deux bâtonnets, soutenant un voile qui devait soustraire ma figure aux regards des curieux, et mes pieds furent chaussés de sandales de chanvre. Mon accoutrement était des plus grotesques. Ici, plus un habit de deuil est grossier, mieux il exprime la douleur causée par la perte des parents. M. Daveluy fut habillé avec plus d'élégance.

Ces préparatifs achevés, deux matelots nous chargèrent sur leur dos, et nous portèrent à la terre des martyrs. Ma prise de possession ne fut pas très-billante. Dans ce pays, il faut faire tout en silence et à huis clos. Nous nous dirigeâmes à la faveur de la nuit vers la demeure du chrétien qui marchait en avant. C'était une misérable hutte bâtie en terre, couverte de chaume, composée de deux pièces, ayant à la fois pour porte et pour fenêtre une ouverture de trois pieds de haut. Un homme s'y tient à peine debout. La femme de notre généreux hôte était malade ; il la fit transporter ailleurs pour nous donner un logement. Dans ces chaumières, point de chaises, point de table ; ces sortes de délicatesses ne se trouvent, nous dit-on, que dans les maisons des riches. On est assis sur le sol couvert de nattes ; par-dessous est installé le fourneau de la cuisine, qui entretient une douce chaleur. Je vous écris, monsieur et

우리는 가능한 한 은밀히 배에서 내려야 했습니다. 우리는 사람을 한 명 보내서 우리의 도착을 신자들에게 알리게 하였습니다. 밤에 신자 2명이 우리를 자기들 집으로 데려가려고 왔습니다. 그들은 나를 상복 차림으로 배에서 내리게 하는 것이 적당하다고 판단하고 내게 거친 베로 만든 겉옷을 걸쳐 주고 머리에는 짚으로 만든 커다란 모자를 씌웠는데, 제 어깨까지 내려오는 것이었습니다. 그 모자는 반쯤 접은 작은 우산 같은 모양이었습니다. 내 손에는 두 개의 작은 막대기가 들렸는데, 거기에는 호기심 많은 사람의 시선으로부터 내 얼굴을 가려줄 헝겊이 달려 있었습니다. 그리고 내 발에는 삼베로 만든 샌들(미투리)이 신겨졌습니다. 내 차림은 몹시 우스꽝스러웠습니다. 여기서는 상복이 거칠면 거칠수록 부모를 잃은 슬픔을 더 잘 나타내는 것입니다. 다블뤼 신부는 좀 더 우아한 옷차림을 하였습니다.

이런 준비를 끝낸 다음 사공 두 사람이 우리를 등에 업고 순교자들의 땅에 내려 주었습니다. 제 취임식은 그리 찬란한 것이 못 되었습니다. 이 나라에서는 모든 것을 조용하고 은밀히 해야 합니다. 우리는 야음을 틈타 앞장서 가는 신자의 집으로 향하였습니다. 그것은 흙으로 짓고 짚으로 지붕을 이은 초라한 오두막이었는데 방이 2개 있었고, 출입문도 되고 창문도 되는 높이 3피에(약 1m)짜리 구멍이 하나 있었습니다. 남자는 그 안에서 서 있기가 힘듭니다. 관대한 우리 집주인의 아내가 앓고 있었는데, 주인은 우리에게 숙소를 내어주기 위하여 아내를 다른 데로 옮기게 하였습니다. 이런 초가에는 의자도 없고 책상도 없습니다. 이런 고급품은 부잣집에나 있다고 합니다. 사람들은 거적을 깐 바닥에 앉는데, 그 밑에는 부엌의 화덕이 놓여 있어 아늑한 열을 유지해 줍니다. 신부님, 저는 지금 무릎을 꿇고 쭈그리고 앉아 이 편지를 씁니다. 상자나 내 무릎이 책상 노릇을 합니다. 나는 온종일 내 오막살이 안에 갇혀 있다가 밤이 되어

cher confrère, accroupi sur mes jambes ; une caisse ou mes genoux me servent de pupitre. Je reste tout le jour enfermé dans ma cabane, ce n'est que la nuit qu'il m'est permis de respirer l'air du dehors. On souffre beaucoup dans cette mission, mais cela dure peu, et le ciel récompense bien amplement ces peines en les courronnant du martyre.

Je me séparai aussitôt du M. Daveluy ; je l'envoyai dans une petite chrétienté étudier la langue. Il est plein de zèle, très pieux, doué de toutes les qualités d'un missionnaire apostolique. Je désire pour le bonheur des Coréens que Dieu lui conserve longtemps la vie. Nos matelots retournèrent dans leurs familles, qui avaient perdu tout espoir de les revoir jamais ; depuis sept mois ils en étaient absents. On m'assure que la capitale est l'endroit où j'aurai le moins de dangers à courir ; je m'y rendrai peut-être au coeur de l'hiver prochain. En attendant, nous sommes comme l'oiseau sur la branche, nous pouvons être pris à chaque instant.

Tout est à refaire dans cette mission ; et malheureusement il est plus difficile d'agir que du temps de nos confrères, parce que le gouvernement connaît mieux tout ce qui nous concerne, et aussi parce que la persécution a dispersé les chrétiens en bien des endroits. La première occupation sera d'envoyer ça et là des hommes pour savoir où ils habitent. Si les mandarins nous en laissent le temps, nous pourrons commencer l'administration de ce troupeau désolé, en nous entourant des plus grande précautions pour que rien ne trahisse le secret de notre présence. Je me recommande instamment à vos ferventes prières, et j'ai l'honneur d'être avec un profond respect et l'affection la plus vive,

야만 밖의 공기를 마실 수 있습니다. 이 포교지에서 사람들이 많은 괴로움을 당하고 있습니다. 그러나 그것은 얼마 가지 않고, 하늘은 이 고통에 순교의 화관을 씌워 후하게 상을 주십니다.

저는 이내 다블뤼 신부와 헤어졌습니다. 말을 배우라고 그를 어느 작은 교우촌으로 보냈습니다. 그는 열성이 가득하고 매우 신심이 깊고 교황 파견 선교사로서의 모든 자격을 갖추었습니다. 저는 조선 사람들의 행복을 위하여 하느님께서 그의 목숨을 오래 보전해 주시기를 바랍니다. 우리 뱃사공들은 가족들에게로 돌아갔습니다. 가족들은 그들을 다시 만날 희망을 모두 잃은 상태였습니다. 그들이 7개월 동안이나 집을 나가 있었으니 말입니다. 사람들은 제가 위험을 가장 덜 당하게 될 곳은 수도라고 단언합니다. 저는 아마 오는 한겨울에 수도로 갈 것입니다. 그때까지 우리는 마치 나뭇가지에 앉은 새와 같아서 언제 붙잡힐지 모릅니다.

이 포교지에서는 모든 것을 새로 해야 합니다. 그리고 불행히도 우리 동료 선교사들이 있었을 때보다도 행동하기가 더 어렵습니다. 왜냐하면 조정이 우리에 관한 모든 것을 (그때보다) 더 잘 알고 있고, 또 박해로 말미암아 신자들이 사방으로 흩어졌기 때문입니다. 가장 먼저 할 일은 사람을 여기저기 보내서 신자들이 어디에 살고 있는지 알아내는 것입니다. 만일 관헌들이 우리에게 그럴 만한 시간을 준다면, 우리가 와 있다는 비밀이 전혀 새어 나가지 않도록 지극히 조심하면서 이 슬픔에 빠진 양 떼를 다스리기 시작할 수 있을 것입니다. 신부님의 열성적인 기도에 간절히 의탁하며 깊은 경의와 애정을 표합니다.

P.S.

Il paraît que sur la route qui conduit à la frontière, on surveille maintenant les voyageurs avec la dernière sévérité ; on dit même qu'on ne peut porter aucune lettre. J'espère néanmoins que celle-ci vous parviendra. Dans quelques mois, des courriers se dirigeront vers le nord pour introduire M. Maistre et le diacre coréen qui l'accompagne.

② Extrait d'une lettre de Mgr Ferréol à Mr Libois
(AMEP vol. 579 ; f. 205)

Corée, le 2 Novembre 1845

Reçue le 11 Avril 1846

Monsieur et cher confrère,

Enfin, nous voilà arrivés au terme tant désiré. Que j'ai souffert dans ce misérable voyage. Dieu veuille m'en tenir compte pour l'expia-

추신

국경으로 가는 길에서는 지금 여행자들을 지극히 엄중하게 감시하는 모양입니다. 편지 한 장 가지고 갈 수도 없다고 합니다. 그렇지만 이 편지가 신부님께 도착하기를 바랍니다. 몇 달 후에 밀사들이 메스트르 신부와 그와 동행하는 조선인 부제(최양업 토마스)를 입국시키기 위하여 북쪽으로 향할 것입니다.

② 페레올 주교가 리브와 신부에게 보낸 서한

- 발신일 : 1845년 11월 2일
- 발신지 : 조선
- 수신인 : 리브와 신부
- 출   처 : AMEP vol. 579, f. 205

1845년 11월 2일, 조선
1846년 4월 11일 수신

친애하는 신부님께,

마침내 우리는 그렇게 바라던 목적지에 도착하였습니다. 이 비참한 여행에서 얼마나 고생을 하였던지요. 하느님께서 저의 속죄로 받아 주셨

tion de mes péchés. Je vous envoie la relation de notre expédition et quelques autres lettres. Vous voudrez bien, quand vous écrirez aux autres vicaires ap. leur donner connaissance de notre entrée en mission.

...

Avant de partir de Changhai, nous avions acheté un peu de toile européenne, pour avoir en arrivant de quoi vivre. Elle s'est vendue le double. Nous devons faire fondre notre argent chinois et le convertir en coréen, avant de le changer. Heureusement il y a ici un chrétien, qui sait le métier. On y perd beaucoup, mais c'est un nécessité. Priez pour nous ; nous en avons besoin.

...

③ Extrait d'une lettre de Mgr Ferréol au préfet de la Propagande
(AMEP vol. 577 ; ff. 817~818)

Corea 6a die Novembris 1845

으면 좋겠습니다. 우리의 여행 보고서와 몇 통의 편지를 보내드립니다. 다른 대목구장들께 편지 쓰실 때 그분들께 우리의 조선 입국을 알려 주시기 바랍니다.

…[중략]…

도착 후의 생계를 위해 우리는 상해에서 떠나기 전에 유럽산 직물을 샀습니다. 그것은 두 배 값에 팔렸습니다. 우리는 (은괴를) 바꾸기 전에 중국 은괴를 녹여서 조선 은괴로 만들어야 합니다. 다행히도 여기에 그런 일을 아는 교우가 한 사람 있습니다. 그러면서 손해를 많이 보게 되지만 필요한 일입니다. 저희를 위하여 기도해 주십시오. 저희에게 기도가 필요합니다.

…[이하 생략]…

③ 페레올 주교가 포교성성 장관 추기경에게 보낸 서한

· 발신일 : 1845년 11월 6일
· 발신지 : 조선
· 수신인 : 포교성성 장관 추기경
· 출　　처 : AMEP vol. 577, f. 205

1845년 11월 6일, 조선

Eminentissime Domine,

...

D. Maistre et alter diaconus Coreanus in Tartaria adhuc morantur. Post aliquot menses cursores ibunt ad occursum eorum et in missionem introducent. Nominavi meum coadjutorem unum ex missionariis in Leao-Tong laborantibus.

...

④ Extrait d'une lettre de Mr Maistre à Mr Legrégeois
   (AMEP vol. 577 ; ff. 823~824)

Mongolie, 19 Janvier 1846

추기경님께,

…[중략]…

메스트르 신부와 다른 조선인 부제(최양업 토마스)는 아직 달단에 체류하고 있습니다. 몇 달 후에 밀사들이 그들을 입국시키기 위해 갈 것입니다. 요동에 있는 선교사 중에서 한 명을 저의 부주교로 임명하였습니다.[23]

…[이하 생략]…

④ 메스트르 신부가 르그레즈와 신부에게 보낸 서한

- 발신일 : 1846년 1월 19일
- 발신지 : 몽골
- 수신인 : 르그레즈와 신부
- 출　　처 : AMEP vol. 577, ff. 823~824

1846년 1월 19일, 몽골

---

[23] 페레올 주교는 1845년 7월 15일에 만주 대목구 선교사 베르뇌 신부를 조선 대목구장의 계승권을 가진 부주교로 지명하였다. 베르뇌 신부는 경험이 부족하다는 이유로 수락하지 않았고, 따라서 부주교 임명이 취소된 것으로 이해하고 있었다. 하지만 교황청은 페레올 주교가 선종한 후인 1854년 8월 5일 자로 베르뇌 신부를 조선 대목구장에 임명하였다. 그런데 이때는 이미 베르뇌 신부가 만주 대목구의 부주교로 지명된 후였다. 베르뇌 신부는 주교 서품식 3일 전, 즉 1854년 12월 24일, 조선 대목구장에 임명한다는 교황 칙서를 받았다.

Monsieur et bien cher confrère,

...

Les lettres que vous a écrites André sont bien de lui, je me souviens à peine si j'y ai corrigé une faute ou deux. Vous savez qu'il n'est pas toujours égal dans son style, quelquefois il écrit assez bien et d'autres fois mal : il est encore le même que vous l'avez vu à Macao. Malgré son imprudence et sa légèreté, il a donné des marques non équivoques de son dévouement, et il a rendu un vrai service à la mission en affrontant tous les dangers d'une navigation inconnue pour aller chercher son évêque au Kiangnan.

...

⑤ Extrait d'une lettre de Mr Maistre à Mr Albrand
(AMEP vol. 577 ; ff. 827~828)

Mongolie, le 20 janvier 1846

Reçue le 28 7bre 1846

친애하는 신부님께,

…[중략]…

(김대건) 안드레아가 신부님께 쓴 편지들은 그가 직접 쓴 것입니다. 제 기억에는 제가 한두 곳 고쳤던 것 같습니다. 신부님께서 아시는 대로 그의 문체는 늘 같지가 않습니다. 어떤 때는 상당히 잘 쓰고 또 어떤 때는 못 씁니다. 그는 여전히 신부님이 마카오에서 보신 그대로입니다. 그는 무분별하고 경솔하기는 하지만 확실한 헌신의 표시를 보였습니다. 그리고 강남으로 자신의 주교님을 모시러 가기 위해 미지의 항해에서 겪을 온갖 위험을 무릅씀으로써 (조선) 포교지에 큰 봉사를 하였습니다.

…[이하 생략]…

⑤ 메스트르 신부가 알브랑 신부에게 보낸 서한

· 발신일 : 1846년 1월 20일
· 발신지 : 몽골
· 수신인 : 알브랑 신부
· 출   처 : AMEP vol. 577, ff. 827~828

1846년 1월 20일, 몽골
1846년 9월 28일 수신

Monsieur et bien cher confrère,

Votre aimable lettre du 8 avril dernier m'a trouvé encore à la même place ; mais j'ai reçu en même temps l'assurance fondée que bientôt il me sera donné de transporter ma tente ailleurs. Mgr de Belline m'annonce son embarquement pour Corée, il est accompagné de M. Daveluy, et il a ordonné prêtre un de nos élèves qui avait affronté tous les dangers pour aller chercher son évêque au Kiangnan. Sa Grandeur m'annonce en même temps la nomination de M. Berneux pour coadjuteur de Corée, et me recommande de me rendre à la frontière nord pour la $1^{\text{ère}}$ lune. Vous pouvez bien compter que je ne manquerai pas cette fois au rendez-vous ; si je n'eusse été retenu ici par ordre de Mgr, il y a deux ans que je serais entré par cette voie : je vous dirai plus tard quelle aura été l'issue de mon voyage. Mgr nous a décrit dans une lettre fort intéressant la manière toute providentielle dont la barque coréenne est arrivée au Kiangnan, je ne doute pas qu'il ait écrit de même en Europe, et vous recevrez, en même temps que ma lettre, celles de Corée qui vous apprendront la manière non moins miraculeuse dont il a enfin abordé cette terre inhospitalière.

…

친애하는 신부님께,

　신부님의 4월 8일 자 편지를 저의 같은 거처에서 받았습니다. 동시에 곧 저의 거처가 옮겨지리라는 근거 있는 확신도 받았습니다. 페레올 주교님께서 조선으로 가기 위해 배를 타셨다고 제게 알려오셨습니다. 주교님은 다블뤼 신부와 동행하고 있으며, 강남에서 주교님을 모셔가기 위해 온갖 위험을 무릅쓴 우리 학생 한 명(김대건 안드레아)에게 사제품을 주셨다고 합니다. 동시에 주교님은 베르뇌 신부를 조선 부주교로 임명하셨다고 알리시며,[24] 저한테는 음력 정월에 북쪽 국경으로 오라고 하셨습니다. 저는 이번에는 약속을 놓치지 않을 것입니다. 2년 전 (페레올) 주교님의 지시로 제가 여기 붙들려 있지 않았더라면 저는 이 경로로 이미 (조선에) 들어가 있을 것입니다. 훗날 제 여행[25]의 결과를 이야기해 드리겠습니다. 페레올 주교님은 당신 편지에서 조선 배가 하느님의 섭리로 어떻게 강남에 도착하였는지 아주 흥미롭게 우리에게 말씀하셨습니다. 주교님께서 유럽에도 같은 편지를 보내셨으리라는 것을 의심치 않습니다. 신부님은 제 편지와 동시에 조선의 편지를 받으시게 될 것인데, 그 편지가 마침내 기적적인 방식으로 (페레올) 주교님께서 이 불친절한 땅에 도착하셨다는 소식을 신부님께 전해 드릴 것입니다.

　…[이하 생략]…

---

[24] 이에 대하여는 앞의 주 23을 참조.
[25] 메스트르 신부는 '1846년 3월 3일 자 서한'에서 알브랑 신부에게 최양업과 함께한 훈춘 여행 사실을 이야기하였다(『전교회 연보』, 1847년 제112호, pp. 242~246).

4. Carte de Corée du P. André Kim

① **Extrait d'une lettre de M̄ Maistre à M̄ Libois**
(AMEP vol. 579 ; ff. 230~231)

Changhai, le 8 Septembre 1848

Monsieur et cher Confrère,

...

Le Stella del mare se dispose à convoyer des jonques afin de les défendre contre les pirates, et déjà j'avais engagé le Commandant Des Cars à me recevoir à son bord et à pousser jusqu'en Corée ; mais comme cette opération de protéger les jonques, toute juste qu'elle paraisse, est faite à l'insu et contre le gré du mandarin Chinois et même des Consuls, y compris celui de France, j'ai été fortement dissuadé

4. 김대건 신부의 「조선 전도」

① 메스트르 신부가 리브와 신부에게 보낸 서한

- 발신일 : 1848년 9월 8일
- 발신지 : 상해
- 수신인 : 리브와 신부
- 출　　처 : AMEP vol. 579, ff. 230~231

1848년 9월 8일, 상해

친애하는 신부님,

…[중략]…

　스텔라 델 마레(Le Stella del mare)호가 해적선으로부터 정크선들을 보호하기 위해 호위할 준비를 하고 있습니다. 저는 이미 데 카르(Des Cars) 함장에게 저를 그의 배에 태워 조선까지 가달라고 부탁해 놓은 상태였습니다. 그런데 정크선들을 보호하는 아주 당연해 보이는 이 작전이 중국 관리를 비롯하여 프랑스 영사를 포함한 영사들조차도 모르게 세워졌고, 또 그들의 의견에 반하는 것이라며 마레스카[26] 주교님이 저를 완강히

---

[26] 마레스카(F.X. Maresca, 趙方濟, 1806~1855) : 나폴리 성가회 소속 선교사. 1840년 중국에 도착하였고, 1847년 남경교구(1856년부터는 강남 대목구) 부주교로 서품되었다. 1849년 4월 15일 상해에서 최양업 부제에게 사제품을 주었으며, 1855년 11월 2일 선종하였다.

par Mgr Maresca qui craignait que ma présence sur ce navire n'eut quelque mauvais résultat pour la mission et pour les autres. J'ai cru devoir me rendre à son avis afin de demeurer complètement étranger aux suites de cette affaire, d'autant plus que j'avais peu de chances de réussir. S'il ne se présente pas de meilleure occasion, je serai ici jusqu'à la 3e lune où je tâcherai de me procurer un véhicule quelconque jusqu'à l'île Peilintao, lieu du rendez-vous assigné par Mgr Ferréol. Vous me rendriez service si vous pouviez faire faire à mes frais par quelque Chinois une copie de la carte de Corée que vous a envoyée le P. André. Quoique cette carte soit loin de l'exactitude géographique, elle peut servir beaucoup pour reconnaître les îles et les côtes.

…

Thomas se porte assez bien et vous prie d'agréer ses très humbles respects. Veuillez prier pour moi.

Votre très humble et ob Ser.

Maistre, miss. ap

만류하셨습니다. 주교님은 제가 그 배에 있는 것이 (조선) 포교지와 다른 포교지들에 어떤 나쁜 결과를 초래하지 않을까 두려워하셨기 때문입니다. 성공할 가능성이 별로 없었던 만큼, 이 일의 결과와 완전히 상관이 없기에 저는 그분의 의견에 따라야 한다고 생각하였습니다. 더 좋은 기회가 나타나지 않으면 저는 여기에 음력 3월까지 머물면서 페레올 주교님이 정한 약속 장소인 백령도(白翎島)까지 가기 위해 탈 것을 준비해 볼까 합니다. (김대건) 안드레아 신부가 신부님에게 보낸 조선 지도[27] 한 장을 중국인을 시켜 저의 비용으로 사본을 만들어 주실 수 있다면 감사하겠습니다. 이 지도는 지리학적으로 정확하지는 않지만 섬과 해안을 인지하는 데는 많은 도움이 될 것입니다.

…[중략]…

(최양업) 토마스는 꽤 건강합니다. 신부님께 문안드린다고 합니다. 저를 위하여 기도해 주십시오.

지극히 미천하고 순명하는 종,
교황 파견 선교사 메스트르

27　김대건 신부의 「조선 전도(朝鮮全圖)」로 추정된다(이에 대하여는 김대건 신부의 1845년 4월 7일 자 서한 참조).

② Extrait d'une lettre de M︎ʳ Maistre à M︎ʳ Libois
(AMEP vol. 579 ; ff. 237~240)

Changhai, le 15 Mai 1849
Reçue le 20 Mai 1849

Me voici de nouveau en route pour Changhai, n'ayant pu réussir dans l'expédition de Pèlintao qu'allez-vous dire de ce coup de temps, mon Père Libois? Parce que je suis malheureux une fois de plus dois-je être lapidé sans pitié? J'ai meilleure confiance, c'est la seconde fois que j'échoue sur mer, la troisième sera bonne.

J'ai donc été aux îles Pèlintao, nous avons parcouru, visité, exploré ce groupe, nous y avons vu environ dix ou douze barques de pêcheurs, mais nullement la barque promise par Mgr Ferréol. Qu'y a-t-il en conclure? je vous avoue que la question me paraît embarrassante.

Je n'ai point aperçu non plus les barques du Chantong que mentionnait le P. André dans sa dernière lettre ; deux fois, j'ai fait chercher au Chantong des renseignements sur les barques de pêcheurs, et deux fois on m'a répondu qu'on ne connaissait pas de barques allant sur la côte de Corée. Je crois pourtant qu'il y en a, mais en tout cas

② 메스트르 신부가 리브와 신부에게 보낸 서한

· 발신일 : 1849년 5월 15일
· 발신지 : 상해
· 수신인 : 리브와 신부
· 출   처 : AMEP vol. 579, ff. 237~240

1849년 5월 15일, 상해
1849년 5월 20일 수신

　백령도 원정에 성공하지 못하고 다시 상해로 돌아가는 길입니다. 리브와 신부님, 신부님께서는 이 돌풍에 대해 뭐라고 말씀하시겠습니까? 저는 불운한 사람이니 한 번 더 가차 없이 돌을 맞아야 하는 걸까요? 저는 더욱 확신이 듭니다. 해로로 실패한 것이 이번이 두 번째인데, 세 번째는 성공할 것입니다.

　백령도로 가서 우리는 도서들을 돌아다니고 방문하며 탐색하였습니다. 그곳에서 10척 내지 12척의 어선들을 보았습니다만 페레올 주교님이 약속하신 배는 만나지 못하였습니다. 어떤 결론을 내려야 할까요? 솔직히 말씀드려 난처한 문제입니다.

　(김대건) 안드레아 신부가 그의 가장 최근 편지에서 말한 산동의 배들도 전혀 보지 못했습니다. 산동에서 사람을 시켜 이 어선들에 관한 정보를 두 번 알아보게 하였는데, 두 번 다 조선 해안으로 가는 배들은 알지 못한다고 하였습니다. 그러나 그리로 가는 배들이 있을 것으로 생각합니다. 어쨌든 이 경로는 저에게 매우 어려워 보입니다.

cette voie me paraît fort difficile.

...

A mon arrivée à Changhai, je rencontre votre lettre du 10 avril, avec de la cire à acheter, divers objets pour Mr Daveluy et la carte de Corée pour laquelle je vous remercie bien sincèrement, elle sera utile, j'en ai bon espoir. La caisse pour le P. Lemaitre est encore à Woosong.

J'ai trouvé aussi Mgr Verrolles et M. Berneux qui s'est rangé de mon avis pour reprendre la route du Léaotong, je pense que vous y donnerez votre approbation. Il doit partir sous peu de jours avec Mr Franclet et le P. Thomas. Je désire être de la partie, mais Mgr Maresca qui voit l'horizon de la mission s'obscurcir à cause des évènemens du Canton, me sollicite vivement à lui accorder quelques mois.

...

…[중략]…

저는 상해에 도착하여 4월 10일 자 신부님의 편지와 더불어 구입하려던 밀랍과 다블뤼 신부를 위한 여러 물품과 조선 지도를 받았습니다. 지도를 보내 주셔서 진심으로 감사드립니다. 우리에게 매우 유용할 것입니다. 거기에 큰 기대를 걸고 있습니다. 르메트르(Lemaitre) 신부님께 가는 상자는 아직도 오송에 있습니다.

베롤 주교님과 베르뇌 신부님도 만났는데, 베르뇌 신부님은 요동으로 다시 가려는 제 의견에 동조하였습니다. 신부님께서도 찬성하시리라 생각합니다. 베르뇌 신부님은 며칠 후에 프랑클레[28] 신부와 (최양업) 토마스 신부와 출발할 것입니다. 저도 같이 가고 싶습니다만, 광동 사건[29]으로 당신 교구의 전망이 흐려지는 것을 보신 마레스카 주교님께서 저더러 몇 달 더 머물러 있어 달라고 청하고 계십니다.

…[이하 생략]…

---

28 프랑클레(J.-B. Franclet, 1822~1907) : 전(前) 파리 외방전교회 선교사. 1848년 8월 9일 파리에서 선교지인 만주를 향해 출발하였다. 몽골로 파견되었으나 1850년 9월에 체포되었고, 이후에 광동으로 갔다.

29 1849년 3월에 광동에서 비적들이 일어나고, 이어 5월에는 정부에서 외국인과의 사통(私通)을 금지시킨 사실을 말한다.

색 인

ㄱ

가브리엘(Gabriel) 125, 133, 139, 153
강경(江景) 359, 375
강남(江南) 241, 247~249, 253~255, 265, 291, 303, 311, 315, 333, 343, 357, 365, 387~391
개주(蓋州) 183, 211, 259, 273, 285, 293, 303
게랭(A. Guérin) 209, 227, 267
고아(Goa) 93, 101
고(高) 우르술라 339
고틀랑(C. Gotteland, 南格祿) 239, 243, 255, 329, 333~335, 347
곤잘레스(Gonsalez) 149
광동(廣東) 95, 99, 103, 117~119, 137~139, 177, 211, 397
길림(吉林) 205, 237, 263, 277, 293, 303, 311
김가항(金家港) 239, 357
김대건(金大建, 안드레아) 41~43, 47~59, 67, 79, 89, 135, 149, 155, 159, 165, 175, 183, 187, 213, 217~219, 223~225, 231, 239, 243, 255, 259, 263, 271~275, 279, 283~287, 295, 307~309, 313~315, 319, 323, 329, 331, 335~347, 351~359, 363~369, 373, 387~395
김(金) 데레사 343
김인원(金仁元) 329
김제준(金濟俊, 이냐시오) 339
김종한(金宗漢, 안드레아) 337
김진후(金震厚, 비오) 337
김(金) 프란치스코 271, 287~289, 299, 301, 325

ㄴ

남경(南京) 43, 163, 243~245, 249, 251~253, 285, 351, 357, 391
남경조약(南京條約) 249
남양(南陽) 67
노언익(盧彦益) 329

ㄷ

다갱(Daguin) 219

다니쿠르(Danicourt) 243, 249

다락골 43, 67

다블뤼(A. Daveluy, 安敦伊) 347, 353, 363, 367, 377~379, 389, 397

달단(韃靼) 77, 81, 87, 185, 197, 207, 237, 281, 385

당(Dent) 129, 139

데 카르(Des Cars) 391

데플레슈(E.J. Desflèches, 范若瑟) 119, 121, 131~137, 141~143, 147, 153, 159, 165, 173~175

두(杜) 요셉 259, 263

뒤브와(J.A. Dubois) 105, 177

드 라 브뤼니에르(M.B. de la Brunière, 寶) 209, 227, 243~245, 251~259, 263~265, 279, 285, 313

르그레즈와(P.L. Legrégeois) 47~49, 55, 59, 69, 73, 79, 83, 87~103, 113, 117~121, 125~127, 137~139, 143~145, 151~153, 157~159, 173, 177~179, 183, 193, 201, 205, 219, 231~233, 269, 283, 295, 311, 385

르메트르(Lemaitre) 397

리브와(N. Libois) 89, 117~119, 127, 137, 145, 149, 151~153, 157~159, 167, 171~173, 177, 181, 185, 201~203, 215~221, 225, 229, 233, 239~241, 255, 259, 273, 291, 307~309, 313, 321, 329, 331, 349, 355, 381, 391, 395

ㄹ

라파엘라(Raphaela)호 181

라파엘(le Raphael)호 363, 371

랑글르와(C.F. Langlois) 51, 121, 129, 157

레제로(F. Régereau) 183

로(Lo) 씨 265

롤롬보이(Lolomboy) 95, 125~129, 133, 137~139, 145~149, 151~153, 159, 167, 173~175

ㅁ

마닐라(Manila) 47, 89~91, 95~99, 103, 117~121, 125~141, 145~147, 151, 173, 177~181, 201, 211, 215~221, 229, 235~237, 247, 251~253

마레스카(F.X. Maresca, 趙方濟) 43, 391, 397

마카오(Macao) 41~43, 47~49, 53~55, 59, 63, 73, 79~85, 89~103,

색 인

399

107, 113, 117~123, 127~131,
135~139, 143, 155, 161~163,
169, 177~183, 187~193, 201~
203, 209~211, 217~219, 225,
231~233, 245, 267, 297, 313,
319, 325~327, 335, 341~343,
349, 387
만사노(Mansano) 133, 147
만주(滿洲) 107, 143, 187, 205, 209,
237, 251, 271, 281, 299, 303,
385, 397
망첨(網尖) 353~355
메스트르(J. Maistre, 李) 187~189, 193,
201~203, 209~221, 227~231,
235~243, 247, 255, 259, 267,
271~273, 283, 291, 303, 311,
319~321, 381, 385~395
면천(沔川) 67
모라(Mora) 223
모방(P. Maubant, 羅伯多祿) 39, 49, 53~
59, 65~67, 73~75, 87, 107, 161,
169, 271, 289, 345
몽골(蒙古) 161, 269, 281, 303, 307,
319, 365, 385~387, 397
묵덴 → 봉천
물리(J.-M. Mouly, 孟振生) 161, 205~207
미란다(Miranda) 93

ㅂ

바랑(J. Barran) 225, 353, 359
바랑탱(A. Barentin) 53, 63, 73, 79, 93~
97, 101, 117
바타비아(Batavia) 127, 137
바트로즈(Watrose) 243
백령도(白翎島) 393~395
범(范) 요한 251, 255, 261~263, 293
베롤(J. Verrolles, 方若望) 143, 197, 201,
205, 211~213, 235~237, 257,
263~265, 271~277, 283~285,
303~305, 397
베르뇌(S.F. Berneux, 張敬一) 187~191,
347, 385, 389, 397
베시(Lodovico Maria [dei Conti] Besi, 羅
伯濟/羅類思) 243~245, 253~
257, 265, 357, 363~365
변문(邊門) → 책문
봉천(奉天) 69, 263, 271, 281, 295, 299,
313
봉황성(鳳凰城) 75, 161~163, 169, 171,
287
부비에(J.-B. Bouvier) 191
북경(北京) 51~55, 161~163, 167~171,
205, 211, 235, 271~273, 277,
287, 297, 369
북관 개시(北關 開市) 297
브뤼기에르(B. Bruguière, 蘇) 45, 53~57,

73~77, 111
브알(Beale) 129, 139
블랑생(V. Blanchin) 209, 217, 227, 235
비논도(Binondo) 본당 133
빌바이노(Bilbaino)호 153

숭명도(崇明島) 365
스텔라 델 마레(Le Stella del mare)호 391
심양(瀋陽) → 봉천

ㅅ

사천(四川) 57, 63, 89, 95, 103, 113, 119~121, 163, 209, 251
산동(山東) 243, 253, 329, 365, 373, 395
상해(上海) 239, 249~257, 265, 329~335, 339~341, 347~351, 355~357, 363, 383, 391, 395~397
샤스탕(J.H. Chastan, 鄭牙各伯) 47, 51, 55, 63, 69~75, 161, 169, 289, 345
서만자(西灣子) 57, 73, 161, 207
셰뇨(Chaigneau) 123, 127, 137
세실(J.-B. Cécille, 瑟西爾) 201~203, 207~217, 223, 231, 235, 243~245, 249, 311, 351
소주(蘇州) 351
소팔가자(小八家子) 183, 281, 303, 307, 313, 321
솔뫼[松山] 67
수아레스(Suares) 101
수알(Sual) 91~99, 117

ㅇ

아바드(Abbade) 131
알브랑(F. Albrand) 193, 215, 247, 253, 303, 319, 387~389
앙투안(Antoine) 93~95
앵베르(L. Imbert, 范世亨) 55~57, 73~79, 83, 103, 113, 161~163, 169, 183~185, 251, 261, 275~277, 289, 345
에리곤(l'Erigone)호 201, 211~221, 229, 235~239, 243, 247~253, 279, 285
에스테브(Estève) 255
엘리자베스(Elisabeth)호 101
엘리엇(C. Elliot, 義律) 145, 179
여힝덕(余恒德) → 유방제
오송(吳淞) 239, 249, 329, 339~341, 353, 397
요동(遼東) 45~47, 51, 55, 107, 143, 183, 209, 213, 235, 239, 247, 251~261, 265, 271~275, 281~285, 291, 303, 313, 327, 355, 365, 385, 397

유방제(劉方濟, 파치피코)　41, 53~55, 71, 77, 113, 161
유진길(劉進吉, 아우구스티노)　39, 51, 161, 167, 205, 299
의주(義州)　297, 319, 325
이사벨 세군다(Isabel Segunda)호　91
이재의(李在誼, 토마스)　329
임성실(林聖實)　329
임치화(林致化)　329

ㅈ

장가루(張家樓)　247, 255
장시니(A.P.D. de Jancigny)　211, 235
장춘(長春)　303
제주도(濟州島)　353, 373
조신철(趙信喆, 가롤로)　51, 161, 167
조인영(趙寅永)　301
주산(舟山)　211, 237, 243~245, 249, 355
쥐린느(Jurines)　247

ㅊ

책문(柵門)　53, 57, 63, 69~71, 75, 161~163, 169~171, 259, 271~275, 283, 293, 297, 307, 315, 319,　355
천(千) 요아킴　259
최방제(崔方濟, 프란치스코 하비에르)　41~43, 59~61, 67, 79, 105, 109, 163, 169, 349
최수(崔燧, 베드로)　61
최양업(崔良業, 토마스)　41~43, 47, 59, 67, 79, 89, 155, 165, 187, 209, 227, 259, 263, 271, 279, 285, 289, 293, 307, 313~315, 323, 381, 385, 389~393, 397
최인호(崔仁浩, 야고보)　67
최형(崔炯, 베드로)　61, 329, 351

ㅋ

카스트로(Castro)　205
칼르리(J.M. Callery)　79, 85, 95~99, 103~105, 113, 117~125, 129~139, 145~147, 177, 181, 193, 233
코메트(Comète)호　127
코친차이나(Cochinchina)　97, 119, 125~127, 137, 153, 183~185, 189, 211~213
쿠르베지(J.-P. Courvezy)　99, 137, 177
쿠트랭(Couptrain)　187~189
크노(E.T. Cuenot)　97, 183, 211

ㅌ

타이앙디에(L. Taillandier) 185, 197, 233
테송(J. Tesson) 79, 85, 247
토마(Thomas) 131
통킹(Tonking) 51, 125, 183~191, 197, 219, 239
트와네트(Toinette) 123, 135
티스랑(C. Tisserand) 185

ㅍ

파보리트(la Favorite)호 209~213, 235, 245~247, 251, 257
파브르(Favre) 221
파이바(Paiva) 99
페낭(Penang) 45~47, 57, 75, 103, 137, 183~185, 193, 205
페란도(Férrando) 223
페레올(J. Ferréol, 高) 183, 187, 201, 205, 237, 251, 261~263, 269~271, 277~281, 293~295, 303, 307~313, 319, 323~325, 331, 335, 347~349, 355~359, 381~385, 389, 393~395
페브르(Faivre) 257, 365
퐁디셰리(Pondichérry) 79, 105
프랑클레(J.-B. Franclet) 397

프레스농(J. Freycenon) 89
프리바(Privas) 219, 223
피레이라(C.P. Pireira, 畢學源) 163

ㅎ

현경련(玄敬連, 베네딕타) 343
현계흠(玄啓欽, 플로로) 343
현석문(玄錫文, 가롤로) 329, 343
현은석 343
홍시개(Hong-si-kai) 307
홍주(洪州) 67, 105
횡당(橫堂) 신학교 347, 357
훈춘(琿春) 307, 315, 389

'성 김대건 안드레아 신부님 탄생 200주년 희년'
(2020년 11월 29일~2021년 11월 27일)
기념 자료집 제1집

성 김대건 안드레아 신부의 서한

부디 서로 우애를 잊지 말고 돕고, 아울러 주 우리를 불쌍히 여기시어 환난을 물리칠 때까지 기다려라. 혹, 무슨 일이 있을지라도 부디 삼가고 극진히 조심하여 주님의 영광만을 위하고 조심을 배로 더하고 더하여라.

우리는 미구에 전장에 나아갈 터이니, 부디 착실히 닦아 천국에 가서 만나자. 마음 사랑하여 잊지 못하는 신자들에게, 너희 이런 어려운 시기를 당하여 부디 마음을 허투루 먹지 말고 주야로 주님의 도움을 빌어, 삼구(三仇)를 대적하고 고난을 참아 받아, 주님의 영광을 위하고 너희들의 영혼 대사를 경영하라.

— '회유문'에서 발췌

· · ·

기존의 판독 오류와 잘못 표기된 한자어를 바로잡고, 주석도 보충 수정하였으며, 이전에 찾아내지 못한 지명들을 새롭게 찾아내는 등 그동안의 연구 성과를 최대한 반영하여 개정하였습니다.

신국판 | 무선철 | 392쪽 | 2020년 | 20,000원

구입 문의 · 연구소 총무부(02-756-1691, 내선 2번)

한국교회사연구소

'성 김대건 안드레아 신부님 탄생 200주년 희년'
(2020년 11월 29일~2021년 11월 27일)
기념 자료집 제3집

성 김대건 안드레아 신부의 체포와 순교

"이 젊은 현지인 신부를 잃은 것이 내게 얼마나 가혹한 일이었는지 신부님은 쉽사리 생각하실 수 있을 것입니다. 나는 그를 아버지가 아들을 사랑하듯 사랑하였으므로 그의 행복만이 그를 잃는 데 대한 위로가 될 수 있습니다. 열렬한 믿음, 솔직하고 진실한 신심, 놀랄 만큼 훌륭한 언변으로 그는 대번에 신자들의 존경과 사랑을 얻었습니다. 성무를 행하는 데 있어서 그는 우리의 기대를 넘어섰으니 몇 해 동안만 수행하였더라면 지극히 유능한 사제가 되었을 것입니다. 그에게는 어떤 일이라도 맡길 수가 있었는데, 그의 성격과 태도와 지식이 성공을 보장해 주었습니다. (조선) 포교지가 지금 처해 있는 처지로 보아서 그를 잃는 것은 엄청나고 거의 회복할 수 없는 불행이 되는 것입니다."

— 페레올 주교 보낸 서한에서 발췌

...

기존의 판독 오류와 잘못 표기된 한자어를 바로잡고, 주석도 보충 수정하였으며, 이전에 찾아내지 못한 지명들을 새롭게 찾아내는 등 그동안의 연구 성과를 최대한 반영하여 개정하였습니다.

신국판 | 무선철 | 400쪽 | 2021년 | 20,000원

구입 문의 · 연구소 총무부(02-756-1691, 내선 2번)

한국교회사연구소